u)
Großonkel
J.B.H. Coleman
Ato Kwamina Essandoh)
6 Kinder
Großtante
Sarah Coleman
(Ama Okowa) †
8 Kinder
Ama Sam
UK
3 Kinder,
davon eines †
Kojo Atta
†
1 Kind
Kwesi Tawiah
Amissah
Obuasi
(Onkel Emma)
4 Kinder
Arabella Asereba
Cosima Kiesbauer
38
Jennifer Ama
Esarba Amissah
27
Kwesi Ahrin
Amissah
22 (USA)

© Robert Brembeck

Arabella Kiesbauer, geb. 1969, wuchs bei ihrer Großmutter Elisabeth auf, besuchte in Wien das Lycée Francais und studierte Publizistik und Theaterwissenschaften. Einem Millionenpublikum wurde sie durch ihre Talkshow *Arabella* bekannt, für die sie u.a. 1994 mit dem Bayerischen Fernsehpreis als »Beste Talk-Newcomerin« ausgezeichnet wurde. Zuletzt hat Arabella Kiesbauer auf N24 erfolgreich die Polit-Talkshow *Arabella Kiesbauer. Talk ohne Show* moderiert. Seit 2003 führt sie für den ORF an der Seite von Alfons Haider durch den Wiener Opernball.

Arabella Kiesbauer

MEIN AFRIKANISCHES HERZ

Pendo München und Zürich

1. Auflage 2007

Redaktion: Regina Carstensen
Umschlaggestaltung: Hauptmann & Kompanie Werbeagentur,
München – Zürich, unter Verwendung einer Fotografie von Robert Brembeck
Fotos im Innenteil: © Arabella Kiesbauer
Gesetzt aus der Perpetua
Satz: BuchHaus Robert Gigler, München
Druck und Bindung: Druckerei Pustet, Regensburg
Printed in Germany
ISBN 978-3-86612-132-4

www.pendo.de · www.pendo.ch

Inhalt

Ghana

Kumasi
Bekwai
Obuasi
Accra
Tema
Saltpond
Mankessim
Kuntu
Cape Coast
Sekondi

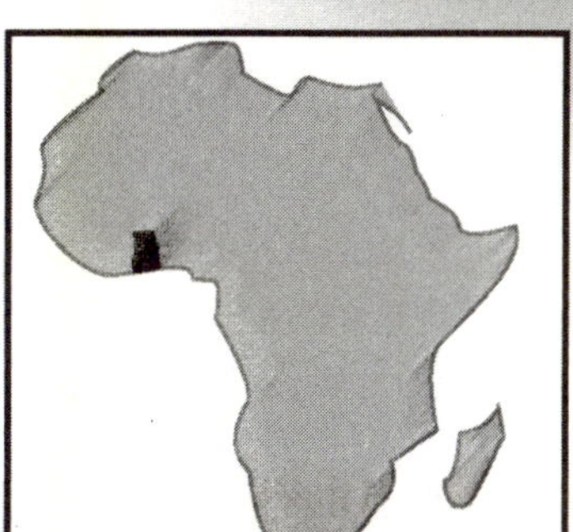

Mein Liebling,

ich küsse dich. Ich liebe dich. Bitte halt mich fest.
Das letzte Wochenende mit dir war wundervoll. Ich war der glücklichste Mensch der Welt, und ich werde die gemeinsamen Tage nie vergessen.
Wenn ich die Augen schließe, dann träume ich von unserer Zukunft. Ich sehe uns, wie wir gemeinsam durch die Straßen von Wien gehen, Arm in Arm. Wir werden eine richtige Familie sein, für den Rest unseres Lebens.
Ich fühle mich wie ein Mann, der die Frau getroffen hat, die für ihn bestimmt ist. Ich will mit dir leben, friedvoll, dankbar und in der Gewissheit, dass ich dein bin und du mein.
Ich denke an unser gemeinsames Baby. Es soll unser ganzer Stolz sein. Ich verspreche dir, dass ich dich und unser Kind immer lieben werde, mit all meiner Kraft und von ganzem Herzen. Unser Baby soll einen verantwortungsvollen Vater haben, einen richtigen Dad.
Lass mich nicht allein.

Alles Liebe, dein Sammy

Ich lege den Brief aus der Hand, nehme ihn mir noch einmal vor, lese ihn ein weiteres Mal, von der ersten bis zur letzten Zeile. Einmal, zweimal, fünfmal. Erst ganz schnell und hektisch, dann langsam, Wort für Wort, so, als würde ich nach einem versteckten Sinn suchen. Einem Sinn, der mir sagt, wer ich bin, woher ich komme. Aber da ist nichts. Es ist ein Liebesbrief, wie er millionenfach auf der Welt schon geschrieben wurde. Der Unterschied liegt in mir. Dieser Brief hier in meiner Hand stammt von meinem Vater, dem Mann, den ich nie kennengelernt habe. Er ist gerichtet an meine Mutter. Und er trifft mich mitten ins Herz. Denn das Baby, von dem darin die Rede ist – das bin ich.

Das Schreiben trägt ein Datum, 1. April 1969. Ganz oben steht, schon etwas verblasst, der Name eines Frankfurter Hotels, der mir nichts sagt. Vermutlich gibt es das Haus längst nicht mehr. Achtunddreißig Jahre sind eine lange Zeit. 1. April 1969 – eine Woche später bin ich auf die Welt gekommen.

Ich starre auf die Zeilen. In meinem Kopf erscheinen ständig neue Bilder, die einen Augenblick später wieder verschwinden. Manche sind undeutlich, und ich nehme sie wie aus weiter Ferne wahr, andere brennen sich ein in mein Gedächtnis. Es ist wie Kino in meinem Kopf, und der Film zeigt mich in der Hauptrolle. Mein Vater spielt darin mit, ebenso meine Mutter und natürlich meine Großmutter.

Ich sehe mich auf dem Arm meines Vaters, in einem weißen Taufkleid. Ich sehe grüne Wiesen, auf denen ich herumtolle, dann meine Schule. Ich trage ein buntes, luftiges Sommerkleid, das über dem Knie endet. Kurz darauf halte ich ein Foto meines Vaters in der Hand, es steckt in einem Goldrahmen. Er sieht ernst darauf aus, und ich betrachte es wie etwas Unwirkliches, nicht Begreifbares.

Plötzlich tropft eine Träne auf den Liebesbrief, schnell wische ich mir die Augen. Ich weiß eigentlich nicht, warum ich weine. Was ich hier zu lesen bekomme, klingt liebevoll und nicht die Spur traurig. Unsicher sehe ich mich um, ob mich jemand beobachtet. Aber das

Treiben um mich herum ist ganz offenkundig nicht darauf abgestellt, auf Einzelschicksale Rücksicht zu nehmen.

Ich sitze am Münchner Flughafen und komme gerade von einem Besuch bei meiner Mutter. Ich bin zu früh dran, aber das macht nichts, denn in der Welt, in die ich vor Kurzem eingetaucht bin, spielen Zeit und Raum nur eine untergeordnete Rolle. Wichtig sind die Bilder im Kopf. Die Realität nehme ich wie durch einen Schleier wahr.

Ich höre das Klappern von Pumps und das Geächze von schweren Männerschuhen, die in aller Eile über den Betonboden hetzen. Dazu kommt eine Geräuschkulisse aus Rollkoffern, Aufzügen, Stimmengewirr. Es klingt, als würden Orchestermusiker ihre Instrumente für einen Konzertabend stimmen.

Ich habe mich in eine Ecke des Flughafens zurückgezogen. Mein kleiner Koffer steht neben mir, meine Handtasche ist offen, aus ihr habe ich den Brief herausgeholt. Achtunddreißig Jahre hat meine Mutter die vielen Briefe aufbewahrt, ohne mir davon zu erzählen. Achtunddreißig Jahre habe ich nicht danach gefragt. Achtunddreißig Jahre war ihr Absender, mein Vater, ein Fremder für mich. Bis heute. Ich starre in die Ferne, vollkommen gefangen in meinen Gedanken. Wer mich in dieser Situation zu Gesicht bekäme, könnte sich wer weiß was denken. Das Bild der Arabella aus dem Fernsehen lässt sich jedenfalls nur schwer mit dem gedankenverlorenen Wesen hier in der Abflughalle in Einklang bringen.

Erneut geht mir das Gespräch mit meiner Mutter durch den Kopf; wie ich sie nach meinem Vater gefragt habe; wie sie auf einmal mit seinen Liebesbriefen vor mir stand; wie sie, erst zögernd, dann immer bereitwilliger zu erzählen begann. Und, vor allem, was die Briefe, was die Erzählungen in mir ausgelöst haben. Monoton war mein Leben bisher noch nie, aber es hatte seinen inneren Rhythmus. Auch wenn es manchmal stürmisch wurde, fühlte ich mich wie die Kapitänin eines Ozeandampfers. Die Macht der Entscheidung lag stets in meinen Händen. Und nun ist alles anders. Ich beginne die

Kontrolle über mein Leben zu verlieren. Das ist neu für mich, und es macht mir Angst.

Obwohl – angefangen hat es vor acht Jahren. Mit einer Situation, die der jetzigen auf fatale Weise gleicht. Damals saß ich auf dem Hamburger Flughafen. Hinter mir lag ein Tag voller Termine. Ich war erschöpft und wollte nur noch nach Hause. Die Sicherheit, mit der ich mich bis dahin durch die Welt bewegt hatte, war erstmals ins Wanken geraten. Sechs Monate zuvor, auf den Tag genau an meinem neunundzwanzigsten Geburtstag, war meine Großmutter, meine über alles geliebte Nana, gestorben. Seit ich denken konnte, hatte sie für mich gesorgt, während meine Mutter als Schauspielerin an stets wechselnden Orten das Geld für uns verdiente. Nana war diejenige, die mir in jeder Lebenslage Schutz und Sicherheit bot. Als sie mit sechsundachtzig Jahren in ihrer Küche einen Schlaganfall erlitt und tot umfiel, war es, als hätte man mir den Boden unter den Füßen weggezogen. Alles, was ich mit familiärer Geborgenheit verband, war von einer Sekunde zur nächsten verschwunden. Wo war künftig der Zufluchtsort in meinem Leben? Wer schützte mich von nun an vor den Bedrohnissen der Welt?

Tief erschüttert von Nanas Tod nahm ich zum ersten Mal im Leben Kontakt zu meinem Vater auf. Ich wählte die Telefonnummer, die er zuletzt bei meiner Großmutter hinterlassen hatte. Endlich war ich bereit, ihm gegenüberzutreten, mich auf ihn einzulassen – auf meinen afrikanischen Vater, von dem ich kaum etwas wusste. In nicht einmal drei Wochen wollte ich zu ihm in seine Heimat, nach Ghana, fliegen. Alles war gebucht und organisiert. Er freute sich auf mich – und ich mich auf ihn. Ich hatte ihn seit meinen frühen Kindertagen nicht gesehen, doch der Tod meiner Großmutter hatte eine tiefe Sehnsucht in mir ausgelöst: Unbekannt, wie mein Vater mir bislang war, wollte ich ihn endlich als einen Teil meines Lebens akzeptieren, ihn in die Arme schließen.

Doch das Schicksal hatte sich gegen eine solche Begegnung entschieden.

Erfüllt von dem Gedanken an ein Wiedersehen mit meinem Vater stand ich in Fuhlsbüttel am Gate, als mein Handy klingelte. Ich kramte lange in meiner Tasche, bis ich es endlich fand, dann drückte ich auf die Annahmetaste.

»Frau Kiesbauer?«, meldete sich eine weibliche, mir fremde Stimme.

»Wer ist dran?«, fragte ich nachdrücklich. Seit dem Briefbombenattentat, das 1995 auf mich verübt wurde, war ich vorsichtig geworden. Nur ganz wenige Menschen kannten meine Mobilnummer. Rief ein unbekannter Teilnehmer an, reagierte ich jedes Mal distanziert.

»Was möchten Sie?«, schob ich sofort nach.

»Ich habe leider schlechte Nachrichten für Sie«, antwortete die tiefe weibliche Stimme. »Ich rufe an, um Ihnen mitzuteilen, dass Ihr Vater gestorben ist. In Accra. Ich spreche Ihnen mein Beileid aus.«

Damit war das Gespräch zu Ende.

Ich saß wie versteinert da. Sah nichts. Spürte nichts.

Ich hatte überhaupt nicht weiter nachgefragt, so verdutzt war ich gewesen. Ich wusste weder, wer angerufen hatte, noch was genau passiert war. Hatte die Frau eigentlich Deutsch oder Englisch mit mir gesprochen? Im Nachhinein konnte ich selbst das nicht mit Bestimmtheit sagen.

Nach einer Weile stand ich auf und trat an die großen Glasscheiben, die den Blick auf das Rollfeld freigaben. Es war dunkel, und auf der Fensterfront zeichneten sich Regentropfen ab, die wie Perlenschnüre aussahen. Die Positionslichter der abflugbereiten Maschinen verschwammen vor meinen Augen.

Ein ungutes Gefühl kroch mir den Rücken hinauf bis in den Nacken. Tief in meinen Innern wusste ich, dass dieser Anruf kein übler Scherz gewesen war, sondern der Wahrheit entsprach. Mein Vater lebte nicht mehr. Doch noch bevor die Wucht dieser Erkenntnis mich treffen konnte, erwachte eine zweite Stimme in mir. Eine Stimme, die versuchte, mich vor dem Schmerz zu schützen, der mich in diesem Moment zu zerreißen drohte. Der Anruf war so irreal, er konnte unmöglich stattgefunden haben. In welch unterschiedlicher emotionaler Beziehung ich auch immer zu meiner Großmutter und meinem Vater stand, sie waren Eckpfeiler in meinem Leben. Das wurde mir durch den Schleier meiner Tränen hindurch klar. Die eine war mein ganzes Leben lang ein Hafen für mich gewesen, der andere war gerade durch seine Abwesenheit unglaublich präsent in meinem Leben geworden. Es konnte nicht sein, dass nach meiner Großmutter auch noch mein Vater gestorben sein sollte. Tot, bevor ich ihn in die Arme schließen durfte.

Der Schmerz war so stark, dass ich ihn nur verdrängen konnte. Ein Mechanismus, der sich in den folgenden Jahren wie ein Schutzschild um mich legte. Er war verantwortlich dafür, dass ich mich weigerte nachzuforschen, wer die Frau am anderen Ende der Leitung gewesen war. Er war es, der mich komplett lähmte, als ich in einem zaghaften Versuch der Annäherung an Afrika an die benachbarte Elfenbeinküste flog und dort an der Grenze zu Ghana stand – unfähig, sie zu überqueren. Nicht zuletzt verhinderte genau dieser Schmerz, dass ich meiner Mutter all die Fragen stellte, die der Tod meiner Großmutter und die Nachricht am Handy hervorgebracht hatten. Was hatte mein Vater empfunden, als er mich zum ersten Mal in Händen hielt? Warum war die Beziehung zu meiner Mutter schiefgelaufen? Wieso war er so früh aus meinem Leben verschwunden? Was hatte er in all den Jahren seit meiner Geburt getan? Und wie viel Anteile von ihm hatte ich in mir?

Die Fragen rumorten zwar ständig in mir, aber es gelang mir, sie durch die Tretmühle meines Lebens zum Schweigen zu bringen. Der berufliche Erfolg, meine TV-Karriere waren mir wichtiger. Immer schneller drehte sich das Rad, in dem ich mich befand. Doch mit Beginn meines achtunddreißigsten Lebensjahrs begannen die Prioritäten sich zu verschieben. Ich spürte auf einmal genau, dass irgendetwas nicht mehr stimmte. Tief in mir machte sich eine Unzufriedenheit breit, die immer drängender wurde und mit dem strahlenden Bild, das die öffentliche Person Arabella Kiesbauer darbot, nicht mehr in Einklang zu bringen war. Ich fühlte mich nur noch wie eine Marionette, wie jemand, der nicht aus sich heraus agiert und lebt, sondern sich von außen steuern lässt. Und ich wurde den Verdacht nicht los, dass es womöglich um etwas anderes ging, als ich mir bislang vorgemacht hatte. Nämlich darum, loslassen zu können, sich führen zu lassen, dahin, wohin das Herz einen trägt.

Damals war es mir nicht vergönnt, meinen Vater kennenzulernen. Jetzt, acht Jahre später, sitze ich auf dem Flughafen in München und halte seine Liebesbriefe, die meine Mutter bis vor Kurzem in der hintersten Ecke ihres Kleiderschranks versteckte, in meinen zitternden Händen. Der Mann, der sie geschrieben hat, ist mit einem Mal zu dem geworden, was er tatsächlich war – mein Vater. Er hat nun ein Gesicht, eine Biografie, eine Bedeutung.

Es kommt mir vor, als geriete damit etwas ins Rollen, etwas Unaufhaltsames, das schon seit einiger Zeit in mir gewachsen ist, ohne dass ich es zunächst bemerkte oder benennen konnte. War es tatsächlich Zufall, dass ich endlich den Mut gefunden habe, meine Mutter nach meinem Vater zu fragen? War es ein gerader Weg, der mich an diesen Punkt geführt hatte, oder doch das Schicksal, wie ich eher vermute? Einerlei, es macht keinen Unterschied, denn mit einem Mal fühle ich, als würde ein zweites Herz – mein afrikanisches – in mir zu schlagen beginnen. Eine Sehnsucht, die sich nicht länger unterdrücken lässt, weitet mir das Herz. Achtunddreißig Jahre lang hat es mich nicht wirklich gekümmert, wer mein Vater war, woher er kam, wie er lebte. Es war mir nicht wichtig, weil ich nicht begriff – nicht begreifen wollte –, was das mit mir zu tun haben sollte. Plötzlich aber wird mir klar, dass ein Teil von ihm in mir weiterlebt. Plötzlich habe ich eine afrikanische Seele.

Von nun an, das spüre ich, wird die Suche nach meinen zweiten Ich mich wie in einem Rausch vorwärtstragen. Mein Lebenskreis hat sich bisher rund und in sich geschlossen dargestellt. So zumindest dachte ich. Ich war immer zufrieden, jetzt fehlt auf einmal ein Stück. Ich fühle mich innerlich leer, ausgebrannt, unerfüllt in dem Leben, das ich bisher geführt habe. Ich beginne alles zu hinterfragen, ob es Bedeutung für mich hat oder wertlos ist. Beruf, Liebe, Familie, Leben. Ich bin auf dem Weg, ein neuer Mensch zu werden. Ob ich diese Reise antreten will, ist nicht meine Entscheidung. Mein Schicksal liegt nicht mehr in meinen Händen.

Ich will jetzt alles wissen. Meine Erinnerungen an meinen Vater sind vergilbt und diffus. Ich muss endlich ein scharfes Bild von ihm haben. Ich will wissen, wer er war, wie er dachte, fühlte, warum er mich damals verlassen hat. Ich will seine Heimat kennenlernen, seine Familie, die auch meine Familie ist. Jahrzehntelang hatte ich Großeltern, Schwestern, Neffen, Nichten, Tanten, Onkel, ohne sie jemals gesehen oder mit ihnen gesprochen zu haben. Mit einem Mal verspüre ich einen inneren Drang, auf sie zuzugehen. Nicht allein, um etwas über sie zu erfahren, sondern auch, um mich besser zu begreifen. Kein Baum wächst ohne Wurzeln. Meine liegen auch in Afrika. Das beginne ich nun zu begreifen.

Als ich vor wenigen Stunden den Garten meiner Mutter verließ, hatte ich nicht die leiseste Ahnung, wohin mich meine Reise führen würde. Ich war viel zu aufgewühlt und verwirrt. Inzwischen fühle ich mich wie eine verlorene Tochter, die aufbricht, um endlich heimzukommen.

Es ist ein gutes Gefühl.

1

»Es hat lange gedauert, bis ich dir deine Tochter gebracht habe«

Die Frauen um mich herum tragen lange weiße Gewänder mit schwarzen Mustern und Ornamenten. Ich mustere sie verstohlen, während ich mir den Schweiß aus der Stirn wische. Die Hitze macht mir unglaublich zu schaffen. Zum Glück ist es bis zum Friedhof nicht mehr weit. Keine fünf Minuten. Wir sind gleich da.

Die Friedhofsmauer ist von Gestrüpp überwuchert. Es gibt kein richtiges Tor, nur eine Art Durchlass, den wir passieren. Vor mir erstreckt sich eine riesige Fläche, so groß wie zwei Fußballfelder, gesäumt von großen Palmen und Affenbrotbäumen. Mittendrin verläuft ein schnurgerader Lehmweg, der vielleicht zwei Meter breit ist. Links und rechts sind zwischen einzelnen Büschen immer wieder Gräber zu erkennen. Der Abstand zwischen ihnen ist verblüffend groß, manchmal sogar bis zu fünfzig Meter. Während ich meinen Verwandten wie ferngesteuert folge, wandert mein Blick zu meiner Mutter, die neben mir geht. Sie weint. Das tut sie schon seit unserer Ankunft in Ghana. Der heutige Dienstag ist der dritte Tag, an dem sie mit einem Taschentuch in der Hand herumläuft. Sie ist völlig überwältigt von ihren Emotionen. Ihr Gesicht ist unnatürlich weiß, fast wächsern. Sie sieht völlig verändert aus. So kenne ich sie gar nicht, und ich kenne meine Mutter wirklich gut. Fast habe ich Angst, dass sie auf dem Weg zum Grab meines Vaters zusammenbricht. Seit wir in Afrika angekommen sind, habe ich das Gefühl, dass sie sich zu einem schutzbedürftigen Kind zurückentwickelt hat. Eigentlich bin ich davon ausgegangen, dass sie mir in dieser Fremde helfen würde, weil sie 1968 schon einmal mit meinem Vater in Ghana war, also mit dem Land und einzelnen Familienmitgliedern vertraut ist. Stattdessen muss ich ihr nun Kraft geben.

Ich halte als Einzige Blumen in der Hand. In Ghana ist es nicht üblich, dass man den Toten Blumen bringt und ihnen damit zu verstehen gibt, dass man sie nicht vergessen hat. Um nicht von der gleißenden Sonne geblendet zu werden, halte ich den Blick auf den schlammfarbenen Boden gesenkt.

Auf den einzelnen Gräbern liegen wuchtige Grabsteine mit massiven Deckplatten aus Sandstein, in die Inschriften mit Namen und kurzen Charakterisierungen der Verstorbenen eingemeißelt sind. Auf einmal spüre ich eine Hand in der meinen. Es ist nicht die meiner Mutter, sondern die von Jenny. Jenny ist eine von meinen Halbschwestern, von denen ich nichts wusste, bis ich mich auf die Reise nach Ghana gemacht habe. Wenige Tage vor unserem Abflug hat sie per E-Mail Kontakt zu mir aufgenommen. Auf einmal hatte ich neben meinem Halbbruder in Amerika auch noch eine jüngere Halbschwester in Ghana, und zwar von einer dritten Frau, mit der mein Vater Kinder gezeugt hat.

Klammert sich Jenny an mir fest oder ich mich an ihr? Bevor unser gemeinsamer Vater starb, hatte sie ihn sieben Jahre nicht gesehen. Sie wollte ihn auch 1999 besuchen, ein paar Wochen vor meiner geplanten Reise. Sie kam einen Tag zu spät aus Nigeria an und konnte nur noch an seiner Beerdigung teilnehmen. Seitdem war sie nicht mehr an seinem Grab gewesen. Ich kann mir vorstellen, dass sie ähnlich aufgewühlt ist wie ich.

Nach ungefähr vierhundert Metern haben wir unser Ziel erreicht. Alle bleiben wie auf Kommando stehen. Die Sonne scheint mir nun direkt ins Gesicht, ich bin völlig geblendet und kann zunächst nichts sehen. Dann entdecke ich zwei Grabsteine. Auf dem linken lese ich »Ida Sandra Amissah-Damalie«, auf dem rechten »Samuel Ekow

Amissah«. Mein Vater und seine zweitälteste Tochter, die ein Jahr vor ihm an Krebs gestorben ist, liegen nebeneinander. Ida Sandra ist die Tochter seiner ersten Frau, von deren Existenz ich nicht die geringste Ahnung gehabt hatte. Genau wie meine Mutter.

Ich spüre Salz auf meinen Lippen. Ich weine leise vor mich hin. Niemand sieht zu mir herüber, und wenn schon: Alle haben Tränen in den Augen.

Der Reverend, der unseren Trauerzug angeführt hat, fängt zu sprechen an. Er trägt einen grauen Anzug, dazu ein blaues Hemd. Leider verstehe ich kein Wort, denn er hält seine Rede auf Fanti, der Sprache des Handels.

Die Amtssprache in dem Vielvölkerstaat Ghana ist Englisch, seitdem die Briten 1874 den Küstenstreifen zur Kronkolonie erklärten. Aber die einzelnen Stämme sprechen im Alltag ihre eigene Sprache, und meine Familie gehört zum Stamm der Fanti. Am Ende seiner Ansprache vernehme ich zu meinem Erstaunen ein paar Worte auf Deutsch. Später erfahre ich, dass der Geistliche fünf Jahre in Ludwigshafen gelebt hat.

Während die Klänge einer singenden Säge die Luft erfüllen, laufen Tränen über meinen Kaftan. Er ist schwarz, bodenlang und aus dickem Leinen. Nun stimmen die Versammelten christliche Lieder an. Ich summe mit, so leise, dass es niemand hört. Meine Trauer gehört nur mir.

Da zieht der Reverend eine Flasche Parfum aus der Tasche und besprüht die beiden Gräber. Erst das von Ida Sandra Amissah-Damalie, dann das von Samuel Ekow Amissah. Meinem Vater, der für mich nie ein richtiger Vater war.

»Er war ein Visionär und Macher«, lese ich auf seinem Grabstein. Darunter entziffere ich: »Mashi Di'Nithelo.« Warum hat sich mein Vater wohl so genannt? Warum hatte er einen zweiten Namen?, schießt es mir durch den Kopf. Ich bin verwirrt.

Der Reverend reicht uns den Parfumflakon und wir treten einzeln vor die Gräber, versprühen etwas von dem Duft, geben den Flakon an den Nächsten weiter. Schließlich sollen die Ahnen an den angenehmen Dingen des Lebens teilhaben.

Als meine Mutter an der Reihe ist, dreht sie sich kurz um und holt mich an ihre Seite.

Unter Tränen sagt sie: »Sammy, es hat lange gedauert, bis ich dir deine Tochter gebracht habe. Aber jetzt ist sie da.«

Mein leises Weinen wird lauter. Ich stehe nicht nur vor dem Grab meines Vaters, ich sehe auch, wie sehr meine Mutter leidet.

»Es hat lange gedauert, aber jetzt bin ich da. Entschuldige, dass ich nicht schon früher gekommen bin.« Während ich diese Worte spreche, drücke ich meine Mutter ganz fest an mich. Im selben Moment höre ich die Stimme meines Vaters. Sie ist mir vertraut aus den Telefonaten, die wir miteinander führten. Als Kind und junges Mädchen konnte ich sie nicht beschreiben, dennoch kann ich sie nun deutlich hören: markant, selbstsicher, etwas rau, so, wie man sich die Stimme eines Mannes und Beschützers vorstellt.

Sobald meine Mutter und ich zurückgetreten sind, stürzt eine mir fremde Frau auf das Grab zu und umklammert die Sandsteinplatte. Mit schmerzverzerrtem Gesicht kauert sie nieder. Sie schreit, schluchzt, weint. Ich kann nichts von dem verstehen, was sie in ihrer Not sagt, dennoch verstört mich ihr Anblick. Sie hält sich krampfhaft an der Grabplatte fest und ruft weiterhin Sätze aus, die für mich unverständlich bleiben. Entsetzt blicke ich mich um. Wieso hilft denn niemand dieser Frau? Nur langsam begreife ich. Die Hilfe besteht darin, dass diese Frau ihren Schmerz auf ihre Weise zum Ausdruck bringen kann. Doch wer ist die Unbekannte? Sie muss meinen Vater sehr geliebt haben. Wie sehr, das werde ich später erfahren.

An einem Grab zu stehen, hat etwas Endgültiges. Dem Menschen, der vor einem liegt, wird man in diesem Leben nicht mehr begegnen, so besagt wenigstens mein Glaube. Ich werde meinen Vater also nie mehr wiedersehen. Das wird mir schlagartig klar, und dieser Gedanke tut weh.

Meine Knie werden weich. Ich mache ein paar Schritte, um meine

Beine wieder zum Leben zu erwecken. Ich schaue zu Boden und will in diesem Augenblick nur noch, dass diese nachträgliche Trauerzeremonie endlich vorübergehen möge. Alles, was ich sehe, höre und empfinde, kann ich in dieser Intensität kaum noch aushalten.

Der Chor aus Weinen, Wehklagen und Wehgeschrei schwillt zum Orkan an. Alle leben ihre Gefühle nach außen aus, nur meine Trauer ist nach innen gerichtet. »Entschuldige, Vater. Entschuldige, dass ich dich nicht früher gesucht habe«, murmele ich vor mich hin. Ich kann es nicht fassen, hier vor dem Grab meines Vaters zu stehen, eines Mannes, den ich in meiner Erinnerung nie berührt habe. Zu gern würde ich ihn in den Arm nehmen, ihn darum bitten, mir zu verzeihen. Aber es ist zu spät. Ich werde ihm auf andere Weise zeigen müssen, dass ich dennoch bei ihm bin – hier in Ghana.

Es ist mein zweiter Tag in Afrika, der zweite Tag einer Reise, mit der für mich ein neues Leben begonnen hat, ein Finden zu mir selbst – ein Finden zu Sammy, meinem Vater.

Während ich noch völlig in Gedanken versunken bin, schlägt die Stimmung um, und ich blicke verwundert auf. Die Trauernden sind mit einem Mal fröhlich. Alle lachen, treiben kleine Scherze, verhalten sich fast wie Kinder. Verständnislos mustere ich die Menschen um mich herum und suche den Blick meiner Mutter. Da raunt mir jemand zu, dies sei Tradition, ein Zeichen dafür, dass das Leben nach dem Gedenken an die Ahnen weitergehe. Außerdem sei es ein Wunsch der Toten. Mein Befremden hält nicht lange an, zu ansteckend ist die ausgelassene Stimmung. Auf dem Friedhof wird getanzt, undenkbar in Europa. Sofort würde jemand die Polizei oder womöglich seine Schrotflinte holen, um für Ruhe und Ordnung zu sorgen. Ich lache mit, fange schließlich selbst an zu tanzen, erst ganz zögerlich, dann regelrecht ekstatisch. Die Musik kommt von einem Handy. Jemand macht Fotos, dann zieht die Karawane lachend, singend und tanzend in Richtung Ausgang. Viele halten sich an den Händen.

»Vater«, sage ich leise zu mir, »ich muss noch viel über deine Heimat lernen.«

2

Akwaaba – willkommen in der Großfamilie

7.50 Uhr – normalerweise nicht meine Zeit. Ich brauche morgens immer sehr lange, um in die Gänge zu kommen und mich dem Tag stellen zu können. Heute ist alles anders. Munter und erstaunlich frisch stehe ich auf dem Flughafen Wien-Schwechat, obwohl ich die Nacht zuvor kaum ein Auge zugetan habe. Zwar bin ich früh ins Bett, um fit zu sein für die vor mir liegenden Anstrengungen, doch dann habe ich mich ewig hin und her gewälzt, ohne in den Schlaf zu finden.

Zu viele Gedanken gingen mir durch den Kopf, immerhin wusste ich nicht, was mich in dem Land meines Vaters erwartete. Als ich endlich einschlief, träumte ich die wirrsten Sachen über Afrika, meine Mutter – und mich. Dazwischen schreckte ich immer wieder aus dem Schlaf hoch, fühlte mich erschöpft, war völlig durchgeschwitzt. Meiner Mutter ist es nicht anders ergangen. Wir haben uns auf dem Flughafen verabredet, und als ich die Abflughalle betrat, war sie schon lange da.

Zum zweiten Mal wird sie nun nach Ghana fliegen. Bei der ersten Reise – eigentlich der Versuch einer Auswanderung – hatte sie die Hoffnung, sich zusammen mit meinem Vater in Ghana ein neues Leben aufzubauen. Sie war damals schwanger gewesen, so wie ich jetzt. Als ich sie vor Wochen fragte, ob sie mich auf meiner Spurensuche begleiten wollte, schüttelte sie erst mal verständnislos den

Kopf. »Was soll denn das bringen?«, meinte sie. »Dein Vater ist tot. Was erwartest du zu finden?« Allerdings bemerkte sie schnell, wie wichtig es mir war, dass sie mich begleitete, und sie willigte sofort ein, mit mir zu fliegen.

Eine insgesamt elfstündige Reise liegt vor uns. Erst geht es nach Frankfurt, von dort aus werden wir in eine andere Maschine umsteigen, die uns nach Lagos bringen wird, der Hauptstadt von Nigeria. Nach einem kurzen Zwischenstopp sollen wir am frühen Abend schließlich in Accra landen. Und dann? Was wird dann passieren? Ich habe nicht die leiseste Ahnung.

Ich habe absichtlich nur wenig Gepäck dabei, einen einzigen Koffer. Dazu eine weitere Tasche mit Geschenken: Silberschmuck aus meiner eigenen Kollektion, eine Vase, eine rotbraune Männerhandtasche aus Leder, Parfums, einige Kristallfiguren von Swarovski, CDs und DVDs – ein kleiner Gemischtwarenladen auf dem Weg nach Afrika. Die Auswahl habe ich getroffen, nachdem ich mit meinem Cousin Tony und meiner Halbschwester E-Mail-Kontakt hatte und ich von den einzelnen Familienmitgliedern zumindest eine vage Vorstellung hatte. Einige von ihnen kennt meine Mutter noch von früher, daher konnte sie mir bei meinen Kaufentscheidungen helfen.

Vor unserem Abflug-Gate hat sich mittlerweile eine afrikanische Delegation versammelt: Die meisten Männer und Frauen tragen farbenfrohe Gewänder aus Kente, einem handgewebten Baumwollstoff mit für uns Europäern ungewöhnlichen Farbkombinationen und komplizierten Mustern.

»Früher trugen nur Könige Kente«, sagt meine Mutter, als sie meinen Blick bemerkt. »Heute wird er meist zu offiziellen Anlässen getragen. Die einzelnen Muster haben eine bestimmte Bedeutung; sie verraten etwas über die jeweilige Gemütslage des Trägers. Genau kann ich dir allerdings nicht sagen, ob Quadrate nun eine fröhlichere Stimmung signalisieren als beispielsweise Rauten.«

Die Frauen in dieser Gruppe haben sich kunstvolle Frisuren flechten lassen. Später in Ghana erfahre ich, dass kein weibliches Wesen sich einfach die Haare wachsen lässt. Überall gibt es sogenannte »Beauty Parlors«, Schönheitssalons, in denen man sich die Krause glätten oder mit Dreads verlängern lassen kann.

Unbewusst fasse ich mir in mein eigenes Haar. Es reicht mir weit bis über die Schultern, noch immer ein völlig neues Gefühl. Einige Wochen vor meiner Abreise habe ich in Wien einen Afrofriseur aufgesucht, um mir Dreads machen zu lassen. Zehn Stunden hat die Prozedur gedauert, zehn Stunden, in denen ich zwei Bücher durchgelesen habe, zehn Stunden, in denen niemand mit mir gesprochen hat. Ganz sicher nicht böswillig, aber für die anwesenden Frauen war ich nun mal eine Fremde, die nicht in diesen Haarsalon passte.

Ich war ihnen zu hell, zu europäisch. Umgekehrt waren mir die Frauen dort vermutlich zu dunkel, zu afrikanisch, zu sehr in ihren Nationalsprachen verhaftet. Daher war es nicht weiter verwunderlich, dass ich mich isoliert fühlte, während die anderen Frauen unentwegt parlierten und lachten. Ich ließ mich allerdings von der Befangenheit auf beiden Seiten nicht abschrecken. Ganz im Gegenteil: Hartnäckig kehrte ich mehrere Male zurück, um spezielle afrikanische Haarprodukte zu kaufen und um tiefer in diese Welt einzutauchen. So änderte sich auch das Verhältnis zu den afrikanischen Haarkünstlerinnen. Bald war ich nicht mehr die Europäerin, die gerade mal auf einem modischen Trip war, sondern eine von ihnen. Schließlich gaben sie mir sogar etwas von ihrem mitgebrachten Essen ab.

Ein schwarzer, katholischer Priester und drei Nonnen im Habit, die ich mitten in der Menge der Passagiere entdecke, reißen mich aus meinen Gedanken. In der Abflughalle toben Dutzende afrikanische Kinder herum. Der Frankfurter Flughafen, sonst von eher schweigsamen Männern in Nadelstreifenanzügen und Frauen in Businesskostümen in Beschlag genommen, beginnt plötzlich zu leben.

Ich überlege, was wohl in dem Kopf meiner Mutter vorgeht, aber ich wage nicht, sie danach zu fragen. Wir tauschen nur hin und wieder Blicke aus, die der jeweils anderen zu verstehen geben, dass wir bereit sind für das Ungewisse, auch wenn wir eine gewisse Furcht davor haben.

Endlich wird unser Flug aufgerufen, und eine Stewardess beginnt die Bordkarten abzureißen. Die Lufthansa-Maschine präsentiert sich, als wäre die Apartheid erst gestern abgeschafft worden. In der Businessclass sitzen fast ausschließlich Weiße, in der Holzklasse drängen sich dafür nur Schwarze. Meine Mutter und ich sitzen in Reihe sieben, haben ausreichend Beinfreiheit und bekommen sogar Champagner angeboten. Mit einem Mal schäme ich mich. Der seltsame Gedanke, man könnte in mir eine Kolonialherrin, vielleicht auch eine Missionarin sehen, steigt in mir auf. Was für Afrikabilder trage ich bloß in mir herum? Ich will doch nur dorthin, um meine Familie, um letztlich über sie meinen Vater kennenzulernen. Und damit auch mich.

Nach sechs Stunden Flug, die ich trotz Schwangerschaft gut überstehe, landen wir in Lagos. Ich blicke aus dem Fenster in ein Meer aus Wellblechhütten.

Es regnet in Strömen, von einer Savanne und rotem Lehmboden, wie ich es erwartet hatte, keine Spur. Die Stadt ist fast so grün wie der Englische Garten in München. In Gedanken gehe ich rasch mein Gepäck durch. Eine Regenjacke habe ich zum Glück eingepackt, die wetterfesten Schuhe dagegen sind daheimgeblieben. Wohl die erste Fehlentscheidung bei dieser Reise.

Der Flieger leert sich fast komplett, nur etwa dreißig Passagiere bleiben sitzen. Eigentlich soll es gleich weitergehen, doch weil der Regen immer stärker wird, können wir nicht losfliegen. Nach einer Weile bekomme ich eine Niesattacke. Die Crew muss irgendein Desinfektionsmittel durch die Klimaanlage gejagt haben. Minutenlang huste und schnupfe ich vor mich hin. Die Taschentücher gehen mir aus, bald ist auch die letzte Klopapierrolle aufgebraucht. Erleichtert atme ich auf, als wir wieder starten und frische Luft ins Innere der Maschine geblasen wird.

Während des gesamten Fluges nach Lagos haben meine Mutter

und ich kein einziges Wort über all das geredet, was womöglich in Ghana passieren könnte. Der Verdrängungsmechanismus in uns beiden hat perfekt funktioniert. Nur einmal fragte meine Mutter: »Ob dein Baby jetzt wohl mitbekommt, dass es nach Ghana reist, um seinem Großvater nah zu sein?«

Im ersten Augenblick zucke ich zusammen. Sammy ein Großvater? Ich kann mir das nur schwer vorstellen, schließlich habe ich noch nicht einmal meinen Vater gefunden.

Meine Mutter bemerkt meine Irritation und bohrt nicht nach.

Nun, auf dem Flug in die Hauptstadt von Ghana, versucht sie es noch einmal: »Wer wird uns abholen? Hast du mit Tony oder Jennifer darüber gesprochen?«

»Tony hat keine Zeit, er muss arbeiten, das habe ich jedenfalls aus seiner E-Mail herausgelesen. Aber Jennifer hat versprochen da zu sein. Sie hat geschrieben, dass sie sich wahnsinnig auf uns freut.«

»Von ihr weißt du also, dass du noch eine ältere Schwester hast?«

Meine Mutter hat ebenso wie ich erst vor Kurzem erfahren, dass mein Vater mit mehreren Frauen Kinder gezeugt hat. Anfangs hat sie mit dieser Tatsache zu kämpfen gehabt, doch bald war sie mehr amüsiert als schockiert.

»Ja, sie heißt wohl Barbara.«

»Sammy hat mir nie erzählt, dass er vor mir schon mal mit einer Frau zusammengelebt hat. Ob er mit der Mutter von Barbara verheiratet war?«

»Hast du denn nichts davon erfahren, als du in Ghana warst?«

»Ich kann mich zumindest nicht erinnern. Es gab da zwar eine Frau, die sehr nett zu mir war, aber ich glaube, die hatte zwei oder drei kleinere Kinder. Nein, Sammy hat nichts erwähnt, er hat mir auch nicht irgendein Kind vorgestellt und gesagt, es sei seines. Wenigstens nicht bewusst.«

Die Worte meiner Mutter machen mich hellhörig. Hat sie vielleicht das eine oder andere überhören und -sehen wollen?

Weiter kann ich meinen Gedanken nicht nachhängen, denn wir

befinden uns im Landeanflug auf Accra. Ich bin nervös wie am ersten Schultag, und in meinem Bauch kribbelt und zwackt es. Als Kind bin ich im Wiener Prater einmal Hochschaubahn gefahren. Ich erinnere mich noch genau an das Gefühl, als der Wagen, in dem ich saß, in die Höhe gezogen wurde. In diesem Augenblick gab es kein Zurück mehr, kein Entrinnen, kein Davonlaufen. Genau wie jetzt. Ich habe an die Tür des Schicksals geklopft: Offenbar ist es bereit, mich zu empfangen.

Unzählige Überlegungen jagen gleichzeitig durch meinen Kopf. Wer wird tatsächlich am Flughafen sein? Wie werden sie meine Mutter aufnehmen? Wie mich? Was passiert danach? Jenny hat zwar versprochen, uns abzuholen. Allerdings weiß ich nicht einmal, wie sie aussieht.

Als wir uns nur noch wenige hundert Meter über dem Boden befinden, klebe ich geradezu am Bullauge. Accra ist ebenfalls viel grüner, als ich es mir vorgestellt habe. Zwischen die Grünflächen mischen sich viele rechteckige Punkte in einem undurchdringlichen Aquamarin. Ich halte die kleinen Flecken zunächst für Swimmingpools. Erst beim Näherkommen begreife ich, dass es sich bei den bläulich schimmernden Flächen um Hausdächer handelt. Sie sind die einzigen Farbtupfer in dem ansonsten recht tristen Bild. Alles ist grau in grau, was sicher an dem Regenwetter liegt, das auch hier herrscht. Gespannt horche ich in mich hinein, aber es stellt sich kein vertrautes Gefühl ein.

Als ich kaum zehn Minuten später aus dem Flugzeug steige, trifft mich eine Welle aus heißer, schwüler Luft. Es ist, als würde ich von einem riesigen Fön angeblasen. Zwar regnet es nicht mehr, aber die über der Stadt wabernden Wolken drücken die Hitze wie mit der flachen Hand nach unten. 30 Grad sind es, mindestens, und es ist furchtbar stickig. Im Flieger war es durch die Klimaanlage eiskalt, nun komme ich mir vor wie in der Sauna nach dem dritten Aufguss. Innerhalb weniger Sekunden ist mein T-Shirt klatschnass. Ich ziehe die Jacke aus und gehe langsam hinter meiner Mutter die Gangway hinunter. Neben dem Rollfeld ist nackter Lehmboden zu sehen. Es muss viel geregnet haben, der Boden ist glitschig, überall haben sich Pfützen gebildet.

Der Flughafen präsentiert sich als lang gestreckter einstöckiger Bau. Zumindest ähnelt er nicht mehr der Baracke, an die sich meine Mutter noch von ihrem ersten Besuch erinnert. »Kotoka International Airport« steht in großen Lettern auf dem Gebäude, »*Akwaaba*« – »willkommen« lese ich auf der Längsseite.

Nachdem alle Passagiere ausgestiegen sind, bringen uns zwei Busse zum Immigration Office. Die Bilder an den Wänden des langen Ganges, den wir passieren müssen, erinnern an Ghanas fünfzigsten Jahrestag der Unabhängigkeit im März 2007. Staatschef Kwame Nkrumah hat sie einst eingeleitet. Da den wenigen Passagieren acht Schalter zur Verfügung stehen, sind Pass- und Visakontrolle schnell erledigt.

Der Beamte mir gegenüber lächelt freundlich und winkt mich nach wenigen Sekunden weiter.

Unmittelbar hinter dem Schalter steht ein junger Mann mit einem Schild in der Hand, auf dem ich »Arabella« entziffern kann. »Tony?«, frage ich vorsichtig.

»Nein, ich bin Atu, dein Cousin«, antwortet der schmale Mann mit dem winzigen Oberlippenbart auf Englisch.

Er ist vielleicht so groß wie ich und strahlt über das ganze Gesicht. Ich kann mir ausmalen, welchen Triumph es für ihn bedeutet, meine Mutter und mich als Erster aus der Familie in Afrika empfangen zu dürfen.

Meine Mutter weiß sofort, wer Atu ist. »Ganze fünf Jahre warst du alt«, erzählt sie, »als ich bei Grandma Coleman zum Essen eingeladen war.

Du warst damals auch dort zu Besuch. Ich habe dir ein Papierschiff gebastelt, mit dem du in der Badewanne gespielt hast. Erinnerst du dich noch?«

Atu nickt, und sein Lächeln wird noch breiter.

Ich rechne nach. Wenn er damals fünf Jahre alt war, muss Atu inzwischen vierundvierzig sein. Tatsächlich sieht er aus wie achtundzwanzig.

Neben ihm steht ein weiterer Cousin von mir, der sich mir als Kuuku vorstellt. Kuuku trägt eine Brille mit Goldrand und ist ein Sohn von Grandpa Coleman, einem Bruder meiner afrikanischen Großmutter.

Die beiden Männer geben auf den ersten Blick ein groteskes Paar ab. Kuuku ist mindestens zwei Meter groß und ziemlich füllig. Er hätte in jungen Jahren sicher in der American Football League eine steile Karriere machen können.

Pat und Patachon in T-Shirts und dunklen Hosen nehmen meine Mutter und mich sofort in den Arm, und an Kuukus Brust versinke ich wie in einem Daunenbett. Alles geht so schnell, dass ich kaum dazu komme, »japs« zu sagen, und erst recht nicht dazu, einen klaren Gedanken zu fassen.

»Wunderst du dich denn gar nicht, dass wir euch hier bei der Gepäckkontrolle abholen?«, fragt Atu grinsend.

»Doch«, antworte ich schnell, um ihn nicht zu enttäuschen.

»Kuuku war früher bei der Flughafen-Sicherheitskontrolle und hat immer noch seine Kontakte.« Atu zwinkert mir vielsagend zu, als er das Wort »Kontakte« ausspricht.

Sofort fallen mir alle möglichen Bestechungsklischees ein, die über Länder der Dritten Welt kursieren, insbesondere über Afrika. Zugleich muss ich daran denken, das die weltweite Terrorpanik nach den Anschlägen in den USA im September 2001 Ghana offenkundig noch nicht erreicht hat.

Wie auf Kommando beginnen Pat und Patachon unser Gepäck auf einen kleinen Rollwagen zu laden. Währenddessen erzählen sie unentwegt Geschichten über die Familie. Ich fühle mich wie ein kleines Mädchen, das aus einem Feriencamp zurückkehrt und von seinen Brüdern am Bahnhof abgeholt wird. Jede Aufregung ist verflogen, alles fügt sich ganz selbstverständlich.

»Wir haben dich gleich erkannt, als du hinter dem Schalter aufgetaucht bist«, sagt Kuuku und deutet auf meine hohe Stirn. »Ganz charakteristisch für unsere Familie.«

Gemeinsam schieben wir den Rollwagen am Zoll vorbei. Eine Beamtin will meine Tasche mit den Geschenken öffnen lassen. Kuuku redet kurz mit ihr, und schon winkt sie uns ohne Formalitäten durch. Beziehungen – die einzige Sprache, die in jedem Land der Welt verstanden wird.

Als wir das Flughafengebäude verlassen, steht hinter der Absperrung eine riesige Menschentraube, die Geräuschkulisse ist laut wie in einem Fußballstadion, wenn die heimische Mannschaft ein Tor erzielt hat. Ich sehe in unzählige schwarze Gesichter, erkenne jedoch niemanden. Ist Jenny etwa nicht gekommen?

Als hätten sie auf ein unsichtbares Signal gewartet, beginnen zwanzig Menschen heftig mit kleinen ghanaischen Fahnen hin und her zu wedeln. Meinen die etwa uns? Ich werfe meiner Mutter einen Seitenblick zu, aber sie sieht genauso verunsichert aus wie ich. Kuuku und Atu jedoch steuern geradewegs auf das Flaggenmeer zu. Ich zögere erst, folge dann jedoch einfach den beiden. Kaum haben wir die Absperrung hinter uns gelassen, fallen mir gefühlte hundert Menschen in die Arme: Später erfahre ich, dass auch Jennifer darunter ist, ebenso Barbara, meine ältere Schwester, außerdem jede Menge Cousins und Cousinen, deren Namen ich mir erst nach Tagen werde merken können. Es ist ein unüberschaubares Gewirr und Gewusel aus Armen und Körpern, niemand hat Berührungsängste, jeder Einzelne strahlt eine große Herzlichkeit aus. Wir werden von einem zum anderen weitergereicht, wieder und wieder höre ich: »Ich bin deine Tante, ich bin dein Cousin, deine Schwester …« Für mich sehen sie im ersten Moment alle gleich aus, nur Auntie Ama, die älteste Schwester meines Vaters, hat mit ihren dreiundachtzig Jahren ein solch ausdrucksvolles Gesicht, dass ich sie sofort überall wiedererkennen würde.

Auf einmal vernehme ich ein Schluchzen. Meine Mutter weint. Sie steht wie angewurzelt vor Emmanuel, dem jüngsten Bruder meines Vaters, und die Tränen kullern ihr zum ersten Mal auf unserer Reise haltlos über die Wangen. Sie hat das Gefühl, in Sammys Gesicht zu blicken, in das Antlitz des Mannes, der so viel Freude, jedoch auch eine Menge Unruhe in ihr Leben gebracht hat.

Meine Mutter ist ein durch und durch emotionaler Mensch, aber als Schauspielerin kann sie sich eigentlich ganz gut disziplinieren und »in verschiedene Rollen schlüpfen«, und das nicht nur auf der Bühne. Dass ihre Gefühle sie nun mit einer solch großen Wucht übermannen, hätte ich nach so langer Zeit nicht für möglich gehalten.

Ich wende mich wieder den anderen zu, wohl wissend, dass ich mich mit der Ähnlichkeit der beiden Brüder noch genauer befassen will. Erst jetzt sehe ich, dass alle Verwandten T-Shirts tragen, auf die sie mein Konterfei haben drucken lassen.

Ich weiß nicht, ob ich lachen oder ebenfalls weinen soll. Der Anblick ist grotesk und berührend zugleich. Ich fühle mich nicht wie Arabella Kiesbauer, sondern als wäre ich Michael Jackson auf seiner ersten Afrika-Tournee.

Meinen Laptop und den Rest unseres Gepäcks habe ich längst aus den Augen verloren, aber was soll's. In einer solchen Situation muss man einfach den Überblick verlieren.

Da wir den Ausgang blockieren, werden wir vom Flughafenpersonal angehalten, endlich weiterzugehen. Sofort fangen meine neuen Familienmitglieder an zu schieben und drängeln, und ich weiß gar nicht, wie mir geschieht. Ich werde gekost und gedrückt, befragt und ausgequetscht.

Als wir endlich auf dem Vorplatz sind, taucht wie aus dem Nichts ein Auto mit Fahrer auf, das die Familie eigens für uns organisiert hat. »Wir treffen uns gleich im Hotel Shangri La«, ruft jemand, ohne auf eine Antwort zu warten. Alle wissen anscheinend Bescheid.

Jennifer steigt zu uns ins Auto und fängt im nächsten Augenblick an, über meinen Vater zu reden. Der Blitzkurs in Sachen Familiengeschichte enthüllt Erstaunliches.

»Wusstest du, dass unser Vater sechs Kinder hatte?«, platzt sie heraus. »Fünf davon waren Mädchen.«

»Sechs!«, rufe ich erstaunt aus. »Du willst mich wohl auf den Arm nehmen.«

»Nein, nein«, antwortet sie energisch. »Wir sind wirklich so viele. Die beiden ältesten Schwestern sind schon gestorben. Barbara ist achtundvierzig Jahre alt, als Nächste kommst du. Ich bin siebenundzwanzig, und dann ist da ja noch unser jüngster Bruder Kwesi.«

»Unser Vater«, »unser Bruder« – wie neu das alles für mich ist. Ich bin als Einzelkind aufgewachsen, vor einigen Wochen hat sich die Zahl meiner Geschwister verdoppelt. Nun bin ich noch nicht einmal seit einer Stunde in Ghana und habe schon wieder zwei neue Schwestern. Das Tempo, in dem ich all die Neuigkeiten erfahre, lässt mich schwindeln.

Jennifer sprudelt unterdessen weiter wie ein Wasserfall. »Die lebenden vier Kinder sind von vier verschiedenen Müttern«, erklärt sie. Alle im Auto fangen an zu lachen, als hätten sie den Witz des Jahres gehört. In Ghana, so erfahre ich später, wird jede Mutter als Frau anerkannt, egal ob sie mit dem Vater des Kindes verheiratet ist oder nicht.

Aus Erzählungen meiner Mutter weiß ich zwar, dass mein Vater kein Kind von Traurigkeit gewesen ist, aber dass er derart umtriebig war, damit habe ich nicht gerechnet. Andere Länder, andere Sitten, denke ich nur und werfe meiner Mutter einen besorgten Blick zu. Sie nimmt diese Erfahrung offensichtlich mehr mit, denn sie holt wieder ihr Taschentuch hervor. Da greift Jennifer über meine Beine hinweg zu der Hand meiner Mutter, auf deren Gesicht sich ein kleines, dankbares Lächeln zeigt.

Als wir Richtung Innenstadt fahren, kann ich meine Halbschwester aus dem Augenwinkel beobachten. Sie ist eine hübsche junge Frau, etwa einen Meter siebzig groß, trägt glatte Haare mit hellen Strähnen und einem Pony, den sie modisch in die Stirn geföhnt hat. Ich vermute, dass es eine Perücke ist, so glattes Haar kann bei einer Afrikanerin unmöglich echt sein.

Jenny ist etwas rundlicher als ich und hat wunderschöne Katzenaugen, die mindestens so einnehmend sind wie ihre offene Art. Sie freut sich sehr, dass ich da bin und hat sich eigens zwei Wochen Urlaub genommen, um möglichst viel mit mir zusammen erleben zu können.

»Ich habe vor einigen Jahren einmal ein deutschsprachiges Magazin geschenkt bekommen, auf dessen Cover dein Bild war«, erzählt sie mir freudestrahlend. »Ich habe weder die Schlagzeilen noch den Text verstanden. Aber die Zeitschrift habe ich gehütet wie meinen Augapfel.«

Jenny weiß offenbar schon länger von meiner Existenz als ich von ihrer. Bei dem Gedanken, dass mein Vater seiner Familie von mir erzählt hat, muss ich schlucken.

Hier war er anscheinend nicht so verschwiegen wie gegenüber meiner Mutter – möglicherweise konnte er auf mehr Verständnis hoffen.

Das Hotel ist nicht weit vom Flughafen entfernt, trotzdem kommen wir nur langsam voran. Während wir im Stau stehen, sehe ich aus dem Seitenfenster. Am Straßenrand verkaufen Jungen und Mädchen Kaugummis, Brot, Äpfel oder Klopapier. Ich mustere sie eingehend und versuche, mich in sie hineinzuversetzen. Meine Zeitreise hat eben erst begonnen, dennoch liegt mein altes Leben für mich unendlich weit zurück.

Endlich erreichen wir das Hotel. Es ist einfach, sieht aber mit den chaletartigen Hütten, die alle über Badezimmer und Klimaanlage verfügen, sehr einladend aus. Neben einer netten Poollandschaft entdecke ich einen gepflegten Garten, in dem wunderschöne Strelizien mit orangefarbenen Blüten wachsen, außerdem Feuerakazien, Fuchsien und einige mir unbekannte Blumen. Die meisten der Pflanzen sind hier bis zu sieben Meter hoch und schon allein deshalb beeindruckend.

Als ich ein wenig später durch die Anlage schlendere, fällt mir wieder dieser spezielle Geruch auf, den ich erstmals bemerkt habe, als ich aus dem Flugzeug gestiegen bin. Die Luft schmeckt feucht und süßlich, ein wenig wie ich es von meinen Asienreisen her kenne. Durch die hohe Luftfeuchtigkeit empfinde ich alles viel intensiver. Ich atme bewusst ein und aus, genieße diesen kurzen Moment der Einkehr. Es ist warm und schwül, dazu stockdunkel, obwohl meine Uhr erst sieben zeigt. Ich bin hundemüde und sehne mich nach nichts mehr als nach einem Bett. Gleichzeitig gibt es nichts Wichtigeres, als meine Familie genauer kennenzulernen, die im Hotelgarten auf mich wartet. Meine Mutter ist sicher auch schon dort.

Als ich auf die Terrasse trete, hebt eine ohrenbetäubende Geräuschkulisse an, einige Männer katapultieren sich aus ihren Stühlen hoch, stürmen auf mich zu und weisen mir wild gestikulierend einen Platz an. Nachdem ich mich hingesetzt habe, beginnt ein Ritual, wie ich es aus dem Kindergarten und der Schule kenne. Reihum steht ein jeder auf und stellt sich kurz vor.

Ich versuche mir möglichst viele Namen und Gesichter einzuprägen, doch ich verliere bald die Übersicht. Es wird viel gelacht, die Neonlampen, die den Garten erhellen, leuchten mir grell in die Augen, meine Zunge ist völlig trocken vor Anstrengung und klebt an meinem Gaumen. Die meisten haben ein Malzgetränk vor sich stehen, niemand trinkt Alkohol. Ich koste bei Jennifer von dem dunklen Gebräu, das sehr süß schmeckt. Daher entschließe ich mich, lieber ein Mineralwasser zu bestellen.

Aus meinem Gedächtnis krame ich einige Worte Fanti hervor, die meine Mutter gelernt hat, als sie in Ghana war. Seit dreißig Jahren habe ich sie immer nur in meinem Kopf gesprochen: »*Oiti seng?*« – »Wie geht es Ihnen?«, sage ich stolz in die Runde, und antworte mir selbst »*Meoe, meoe*« – »Gut«. Alle sind höflich und tun so, als hielten sie die Laute, die ich fabriziere, für bemerkenswert.

In diesem Moment muss ich daran danken, dass es erstaunlich ist, wie viel meine Mutter von ihrer Ghana-Reise von 1968 behalten hat.

Vielleicht hat sie die Begegnung mit meinem Vater in ihrer Bedeutung unterschätzt? Oder habe ich dies vielleicht getan?

Ich lehne mich in meinem Rattansessel zurück und beobachte meine Halbschwestern, die um die Wette reden.

»Weißt du eigentlich, dass du schon Großmutter bist?«, fragt meine ältere Schwester Barbara und reißt mich aus meinen Gedanken.

Ich sehe sie verdutzt an. Großmutter? Wenn ich den Aufklärungsunterricht aus der Schule recht in Erinnerung habe, hätte ich davon etwas mitbekommen müssen.

»Doch, glaub mir«, errät sie meine Gedanken, »du bist sogar zweifache Grandma. Genau wie ich.«

Barbara sieht mit ihren achtundvierzig Jahren deutlich jünger aus. Sie hat ein mondrundes Gesicht und trägt ihre langen, geglätteten Haare kunstvoll um den Kopf gelegt. Sie lacht fast immer, auch wenn sie mich gerade mal nicht auf die Schippe nimmt. »Ich habe vier Kinder«, sagt sie. »Meine älteste Tochter ist dreißig Jahre alt und hat selbst schon zwei Kinder. Nach afrikanischer Tradition bist du auch ihre Großmutter. Meine Enkel werden Grandma zu dir sagen.«

Ich komme gar nicht zum Überlegen, ob mir die Vorstellung, Oma zu sein, schmeichelt oder mich alt macht. Denn im nächsten Augenblick werde ich bestürmt, etwas über mich zu erzählen. Ich greife nach meiner Tasche und hole ein Bild meines Ehemannes Florens heraus. Neugierig betrachten meine Verwandten das Foto. Auf einmal ist es mucksmäuschenstill am Tisch.

»Was ist los?«, frage ich.

»Dein Mann sieht so jung aus«, sagt meine ältere Schwester. Sie hat sich offenbar als Erste gefangen.

»Ja«, sage ich leicht verunsichert und ohne zu verstehen, worauf sie hinauswill. »Ich bin vier Jahre älter als er.«

»Das ist bei uns undenkbar«, antwortet Barbara, dann setzt sie wieder ihr Lachen auf, und ihre Zähne blitzen so grell, dass sie blenden. »Ein ghanaischer Mann würde niemals eine ältere Frau nehmen, das würde man ihm als Schwäche auslegen.«

Ich merke, dass ich nicht mehr in der Lage bin, das Verhältnis von europäischen Männern und Frauen im Vergleich zu den ghanaischen Traditionen zu erklären.

Eine große Müdigkeit hat sich meiner bemächtigt, und meine Mutter kann sich ebenfalls kaum noch aufrecht halten. Verzweifelt versucht sie, ein Gähnen zu unterdrücken. Zum Glück merken alle, dass wir unsere Ruhe brauchen, und drängen allmählich zum Aufbruch. Vorher müssen wir ihnen noch mehrfach versichern, dass wir morgen früh in das Haus meines »Großvaters« zum Frühstücken kommen werden.

Bevor ich meiner Mutter vor ihrem Zimmer einen Gute-Nacht-Kuss gebe, sage ich zu ihr: »Für dich muss es seltsam sein, wieder hier zu sein. Bestimmt hat sich vieles verändert in den vergangenen vierzig Jahren?«

»Was soll sich schon groß verändert haben?«, braust meine Mutter unvermittelt auf. »Afrika bleibt Afrika. Alles wirkt genauso provinziell wie damals. Es gibt noch nicht einmal Gehsteige.«

»Du bist erschöpft«, versuche ich sie zu beruhigen.

Die heftige Reaktion meiner Mutter überrascht mich, aber tief in meinem Innern muss ich ihr recht geben. Alles ist unglaublich fremd. In diesem Moment fühle auch ich diese Hilflosigkeit, die sie offenbar so stark beherrscht, dass sie sich nicht anders als mit Schroffheit dagegen zu wehren weiß.

Meine Mutter kann sich einen Seitenhieb nicht verkneifen. »Na, jetzt bist du bei deiner Familie und bist hoffentlich zufrieden.«

»Sei nicht eifersüchtig, es ist auch deine Familie«, erwidere ich. »Dir wird nichts weggenommen, du kannst nur gewinnen.«

»Aber diese Reise hier ist dein Wunsch gewesen.«

Ich muss mutig zu sein, obwohl es in mir ganz anders aussieht. Es stimmt, die Spurensuche ist von mir ausgegangen. Doch am Ende haben wir beide das Wagnis dieser Reise auf uns genommen, und nun können wir uns nirgendwo festhalten, wissen nicht, wo wir landen, ob wir überhaupt landen werden.

Die Angst, die ich verspüre, ist nicht neu. Eine Woche vor unserer Abreise bin ich regelrecht in Panik geraten. Ich war durchaus bereit, nach meinen Wurzeln zu suchen, mein Herz zu öffnen und meine Familie kennenzulernen. Doch was würde passieren, wenn diese Sehnsucht nicht auf Gegenliebe stoßen würde? Immerhin hatte die Familie meines Vaters achtunddreißig Jahre ganz gut ohne mich gelebt. Die Herzlichkeit des heutigen Empfangs, den ich in dieser Form nicht erwartet habe, deutete auf alles andere als Gleichgültigkeit; aber es war schließlich erst der erste Tag. Wie würde sich das weiterentwickeln?

»Ich bin froh, dass du mitgekommen bist.« Ich blicke meiner Mutter in die Augen. »Alleine hätte ich mich vielleicht nicht getraut.« Ich umarme sie ein letztes Mal. »Danke.«

In meinem Zimmer gehe ich noch schnell unter die Dusche, ich bin von der Tropenhitze klitschnass. Anschließend falle ich erschöpft ins Bett.

Das Kopfkissen fühlt sich seltsam hart an, daher knülle ich drei T-Shirts zu einem Ballen, um eine weichere Alternative zu haben. Dem Surren der Klimaanlage gilt mein letzter Gedanke.

Zu meiner Überraschung schlafe ich tief, fest und traumlos. Als der Wecker am nächsten Morgen um sieben Uhr klingelt, fahre ich erschrocken auf. Kurzzeitig fehlt mir die Orientierung. Ich weiß nicht, wo ich bin, warum ich in diesem Bett liege. Doch es hilft nichts, ich muss aufstehen, denn in einer Stunde holt uns Onkel Emmanuel vom Hotel ab.

Emma, wie ihn alle hier nennen, ist siebenundfünfzig und damit genau zwanzig Jahre jünger als mein Vater. Insgesamt waren sie acht Geschwister, wobei Auntie Ama die Älteste war, als Nächster folgte mein Vater.

»Du siehst Sammy unglaublich ähnlich«, sagt meine Mutter auf dem Weg zum Wagen. Die Bluse, für die sie sich entschieden hat, sieht aus, als hätte sie sie in Ghana gekauft. »Ich habe mich gestern richtiggehend erschrocken, als ich dich das erste Mal gesehen habe.«

»Das kann ich mir vorstellen«, erwidert Onkel Emma. »Mir ist es mit deiner Tochter nicht anders ergangen. Sie ist das perfekte Abbild ihres Vaters. Ich konnte die Tränen ebenfalls nur schwer zurückhalten.«

Tatsächlich ist mir aufgefallen, dass Emma mich gestern Abend im Hotelgarten besonders genau beobachtet hat. Immer wieder hat er sich eine Träne aus den Augen gewischt und kaum ein Wort hervorgebracht. Ich mochte ihn sofort und freue mich, dass ich mich in meinen Gefühlen nicht getäuscht habe.

Onkel Emma ist kleiner als mein Vater, wie meine Mutter bemerkt, ungefähr einen Meter siebzig groß. Er ist ein drahtiger Typ und sieht entfernt aus wie eine afrikanische Ausgabe von Mahatma Gandhi. Die Leinenhose und das Leinenblouson lassen ihn für afrikanische Verhältnisse sehr schmal erscheinen.

Er hat vier Kinder, ist verheiratet und hat bis vor Kurzem in der Goldmine in Obuasi gearbeitet, einer Stadt, die in der Ashanti-Region liegt, im Herzen von Ghana. Die Mine gehört zu den ergiebigsten der Welt. Viele Europäer betrieben hier seit Ende des 19. Jahrhunderts modernen Goldbergbau.

»Danke, dass du mir bei der Suche nach meinen Wurzeln hilfst«, sage ich, als wir zu ihm in seinen Toyota steigen.

Richtiggehend liebevoll sieht er mich an. »Keine Ursache. Ich bin doch dein Dad.«

Im ersten Augenblick halte ich das für einen Scherz, aber Emma ist kein Meister in gut gesetzten Pointen.

»Die Familie hat mich nach dem Tod deines Vaters zum sogenannten Customer Successor auserkoren«, erzählt er. »Ich habe also eine Art familiäre Erbfolge angetreten.« Mein Onkel musste den Nachlass meines Vaters regeln und die Verantwortung für dessen Kinder und Frauen übernehmen. »So wird im Clan gesichert, dass die Witwen und alle Nachkommen weiter versorgt sind. Nach unseren Traditionen bin ich jetzt der zweite Mann deiner Mutter«, verkündet er schmunzelnd.

Ich lache lauthals auf – meine Mutter und Onkel Emanuel ein Paar. Aus dem Augenwinkel beobachte ich, ob meine Mutter dies falsch verstehen könnte. Aber sie starrt nur stumm aus dem Fenster, den Blick in eine Ferne gerichtet, die ich nicht wahrnehmen kann. Wahrscheinlich befindet sie sich gerade auf einer Reise in die Vergangenheit.

Ich bin völlig mit dem Gedanken beschäftigt, was meiner Mutter durch den Kopf gehen könnte, und bekomme daher zunächst gar nicht mit, dass Emma die Unterhaltung wieder aufgenommen hat.

»Somit bin ich nun auch dein Vater«, sagt er. »Du kannst mich also ruhig Dad nennen.«

»*Me dase*«, antworte ich. »Danke.« Meine ersten Worte heute auf Fanti.

Im Grunde weiß ich, dass es mir noch nicht möglich ist, Emma als Dad zu titulieren. Selbst meinen eigenen Vater habe ich nie so angesprochen, meist sage ich Sammy, wenn ich mich auf ihn beziehe, oder »mein Vater«.

Langsam fahren wir mit Emmas in die Jahre gekommenem Toyota durch die Gassen von Accra. Am Straßenrand stehen unzählige Plakate, auf denen die Köpfe der letzten Staatsoberhäupter zeichnerisch dargestellt sind. »*Ghana – great leaders, great people*« steht jedes Mal darunter. Anscheinend sollen sie schon jetzt daran erinnern, dass 2008, im nächsten Jahr, Wahlen stattfinden und das Amt des Präsidenten neu zu besetzen ist.

Alle paar Meter passieren wir kleine, notdürftig aus Brettern zusammengenagelte Holzhütten, in denen man Obst und Getränke erstehen kann. Es gibt tatsächlich nirgendwo einen Gehsteig, wie meine Mutter gestern bemängelt hat, aber es sind auch kaum Menschen auf der Straße zu sehen, die ihn benutzen könnten. An den Ampeln schlängeln sich Kinder zwischen den Autos entlang und versuchen allerlei Krimkrams zu verkaufen. Ihre Gesichter sind wunderschön, fast wie gemalt. Manche bleiben vor unserem Wagen stehen und starren mich neugierig an.

»Wundere dich nicht, wenn dir jemand *obruni* nachruft«, sagt Emma.

»Was heißt das?«, frage ich.

»Weiße Frau«, antwortet er.

»Ich bin alles andere als weiß«, erwidere ich leicht empört.

»In Europa mag das stimmen«, sagt Emma. »Aber in Ghana bist du eine Weiße. Die Menschen hier haben eine viel dunklere Haut.«

Grandpa Colemans Haus liegt in einer hübschen Wohngegend, gutbürgerlich würde man in Wien oder München wohl dazu sagen. Die meisten Villen verbergen sich hinter zwei Meter hohen Mauern, davor gibt es schmale Grünstreifen, die Straßen sind nicht geteert. Alles wirkt ruhig und gediegen.

Wir halten vor einem rotbraunen Eisentor. Es ist nicht abgeschlossen. Dahinter öffnet sich ein etwa 1500 Quadratmeter großes Grundstück mit viel Rasen und kaum Blumen. Eine lange Auffahrt führt zum Bungalow, der lang gestreckt daliegt. In diesem Haus wohnen meine Großeltern mit ihrem Sohn Kuuku. Grandpa ist einundachtzig Jahre alt, Grandma ein paar Monate jünger. Die meisten in der Familie sagen zu den beiden Mr and Mrs Coleman, wohl aus Respekt. Streng genommen sind sie Großonkel und Großtante für mich, aber in Afrika gelten für Familienbeziehungen andere Regeln als bei uns, so viel habe ich inzwischen begriffen.

Als wir aus dem Auto steigen, treten Grandpa und Grandma wie auf Kommando aus der Tür. Grandma hat einen weißen Bubu an, ein traditionelles ghanaisches Gewand, Grandpa trägt Hose und Hemd. Sie fallen mir in die Arme und murmeln etwas, das ich zwar nicht verstehen kann, das aber herzlich klingt.

Ihre Tochter Dinah ist ebenfalls herausgekommen, um uns zu begrüßen. Ihr Ehemann hat vier Jahre in der Nähe von Bonn gelebt, deshalb sagt sie ganz vorsichtig, als müsste sie sich erinnern, wie es ausgesprochen wird: »Guten Tag.« Dinah ist Ende vierzig und ziemlich kräftig. Sie ist Physikerin, arbeitet in einem Labor der Regierung und ist viel unterwegs in der Welt. »In zwei Wochen fliege ich nach Amsterdam«, erzählt sie mir auf Englisch. Ihre beiden erwachsenen Töchter, hübsch und wohlerzogen, stehen wie Orgelpfeifen neben ihr. Eines der Mädchen hat mit seinem Vater eine Zeit lang in Deutschland gelebt und zählt einige deutsche Wörter auf, die es behalten hat: »Kartoffel, Suppe, Fluss ...«

Noch ehe ich mich mit Dinahs Tochter unterhalten kann, kommt ein älterer, hagerer Mann auf mich zu. Er trägt einen festlichen, bodenlangen Bubu und hat sich offensichtlich für diesen besonderen Tag herausgeputzt. »Ich heiße Eko«, sagt er leise.

»Ich war ein enger Freund deines Vaters«, sagt er, und ich verspüre einen Kloß im Hals.

Eko wohnt ein ganzes Stück außerhalb von Accra. Um uns begrüßen zu können, ist der Zweiundsiebzigjährige mehrere Stunden lang mit dem Bus in die Hauptstadt angereist. Er war 1968 häufig mit meiner Mutter und meinem Vater in Accra unterwegs, ist mit ihnen essen gegangen und nach Kuntu gefahren, dem Geburtsort von Sammy. Meine Mutter kann sich noch gut an ihn erinnern, die beiden liegen sich lange in den Armen.

»Nie hätte ich das gedacht«, sagt sie wieder und wieder. Die Sticheleien, die sie mir gestern Nacht noch an den Kopf geworfen hatte, sind vergessen. Es muss die Übermüdung gewesen sein, die Konfrontation mit der Vergangenheit.

Für sie muss die ganze Situation noch verwirrender sein als für mich, denn ich lasse mich gerade auf etwas Neues ein, sie dagegen stellt sich Emotionen und Erinnerungen, die lange Zeit verschüttet lagen, muss mit der Art zurechtkommen, wie sie ihr Leben bisher gelenkt hat.

Ich beobachte Eko, der dürr und sehr schüchtern ist. Auf seinem Kopf entdecke ich kein einziges Haar, bloß die Adern treten hervor. Er hat nur noch fünf Zähne im Mund und spricht kaum Englisch, aber das macht nichts. Wir stehen eine ganze Weile zusammen, schweigend, jeder von uns hängt seinen Gedanken nach. Zwischendurch sagt Eko ein paar Worte zu mir. Ich nicke freundlich, obwohl wir beide wissen, dass ich ihn nicht verstehe.

Während meine Mutter noch ein wenig bei dem Freund meines Vaters bleibt – auf eine nicht zu beschreibende Art fühlt sie sich mit ihm verbunden –, werde ich zur überdachten Veranda des Hauses geführt.

Geradezu im Minutentakt stellen sich mir eintreffende Cousinen, Cousins, Nichten, Tanten, Onkel, Neffen vor – echte wie unechte. Ich fühle mich wie bei einer Audienz. Da die meisten meiner Verwandten kleiner sind als ich, muss ich den Oberkörper oft tief beugen, um sie zu begrüßen. Für Beobachter muss dieser Szene etwas ungewollt Komisches anhaften. Ich lächle unentwegt, wobei ich längst den Überblick über die vielen ungewohnten Namen verloren habe.

Schließlich lerne ich auch meinen Cousin Tony Nyamiah kennen. Er hat mir bei der Organisation dieser Reise am meisten geholfen, und ich kann ihm gar nicht genug danken. Tony ist ein paar Jahre älter als ich und wirkt sehr sympathisch.

»Deine E-Mails haben mich zum Teil irritiert«, sage ich zu ihm. »Du hast mir geschrieben, dass sich mein Vater, als er in den Staaten lebte, neben seinem ursprünglichen Namen Samuel Amissah auch Mashi Di'Nithelo genannt hat. Der Name steht außerdem auf seinem Grabstein. Warum das?«

»Die Erklärung ist viel einfacher, als du denkst«, sagt Tony. »Die Chinesen, mit denen dein Vater Geschäfte gemacht hat, konnten Amissah nicht aussprechen, also haben sie ihn Mashi genannt. Und Di'Nithelo ist ein spiritueller Name, den ihm ein geistlicher Führer gegeben hat.«

Nur zu gern würde ich diesen neuen Informationen über Sammy weiter nachgehen, aber momentan ist es unmöglich, denn die nächste Wolke aus Verwandten und engen Freunden der Familie zieht an mir vorbei.

Ununterbrochen höre ich *»akwaaba«*, »Willkommen«, schüttele

Hände, lächle, bemühe mich, meine zunehmende Konfusion zu verbergen. Familienverbände in dieser Größe sind mir fremd. Ich spüre Hierarchien, Verpflichtungen, die dieser Zusammenhalt mit sich bringt, kann sie aber natürlich nicht genauer benennen, weil ich noch nicht tief genug in die ghanaischen Traditionen eingestiegen bin.

Ich stehe nach wie vor auf der weiß gefliesten Veranda. Die Fenster reichen nicht bis zum Boden, sondern sind halbhoch und haben für Ghana typische unterteilte Scheiben, die sich kippen lassen. Es ist unerträglich schwül, obwohl sämtliche Fenster geöffnet sind. Alle dreißig Minuten donnert Flugzeuglärm über uns hinweg, der Airport muss in unmittelbarer Nähe liegen.

Endlich habe ich die Zeit, mich mal umzusehen. Überall in dem lichten Raum sind gemütliche Fauteuils platziert, in der linken Ecke steht ein großer runder Tisch, auf dem Unmengen von Schüsseln mit Speisen für das Frühstück aufgebaut sind. Mit Bedauern registriere ich, dass noch keiner Anstalten macht zuzugreifen. Ich selbst traue mich nicht, obwohl ich großen Hunger habe.

Ich lasse den Blick schweifen, um nicht ständig auf das Büffet starren zu müssen. Er fällt auf eine große Anrichte, die im angrenzenden Wohnzimmer steht. Auf dem Boden liegen Teppiche, die Möbel sind mit Plastikschonern überzogen.

In der Mitte des Raumes thront ein Fernseher, links und rechts haben Familienfotos Aufstellung genommen wie eine Armee aus Zinnsoldaten. Soweit ich es von meinem Standort aus erkennen kann, zeigen die Bilder vor allem Mr und Mrs Coleman mit ihren Kindern.

Das Frühstück ist meiner Mutter und mir zu Ehren gedacht, trotzdem tun alle so, als wären sie nur zum Plaudern vorbeigekommen. Wir stehen inzwischen eng wie die Ölsardinen herum, bis zu dreißig Familienmitglieder drängeln sich auf der Veranda. Endlich löst sich eine Gruppe von dem Pulk und geht hinaus in den Garten, andere folgen. Die Luft wird spürbar besser.

Ich bleibe die ganze Zeit an der Seite von Grandma und Grandpa. Die beiden haben eine Bedienstete, die sie tagsüber betreut.

»Wie viele Leute arbeiten für dich?«, fragt mich Mr Coleman unvermittelt.

»Niemand«, antworte ich. »Ich brauche kein Personal. Ich kann alles selber erledigen.«

Grandpa sieht mich an, als wäre ihm soeben ein Marsmännchen erschienen. Vor einigen Jahren habe er einen Herzinfarkt erlitten, erzählt er mir nun, seitdem sei er mehr oder minder ans Haus gefesselt.

Jahrzehntelang hat er für die Regierung gearbeitet, man hat ihn dafür auch geehrt.

Die Auszeichnungen hängen als Trophäen an der Wand im Wohnzimmer, wie er mir zeigt.

Weil Grandpa nicht lange stehen kann, sitzen wir inzwischen nebeneinander auf wuchtigen Fauteuils. Vorher hat er noch einen kleinen Karton aus der Anrichte geholt, der Aufnahmen von meinem Vater und seiner Familie enthält. Sie müssen in den Siebzigerjahren entstanden sein.

»Hier trägt dein Vater die ghanaische Nationaltracht.« Grandpa deutet auf ein Foto, das er ganz unten im Karton gefunden hat.

Ich halte es lange in der Hand. Ein Hauch von Stolz steigt in mir hoch.

Sammy sieht in dem Kente-Gewand unglaublich gut aus. Groß, schlank, edel. Stolz ist eine Empfindung, die ich für meinen Vater noch zu keiner Zeit gespürt habe, nun taucht sie auf einmal in mir auf.

Ein anderes Foto zeigt ihn 1995 beim Begräbnis seiner Mutter, meiner richtigen Großmutter, Mary Coleman Ekua Asereba. Wieder trägt er einen Überwurf, diesmal in Schwarz. Auf einem weiteren sehe ich meine Großmutter, die auf einem Sessel sitzt. Sie trägt ein weißes Festtagskleid, dazu den traditionellen schwarzen Hut mit Goldapplikationen und einer goldenen Bommel an der Spitze. Ich vertiefe mich immer weiter in die Bilder. Es ist, als hätte ich auf dem Speicher eine Schachtel alter Aufnahmen entdeckt und würde nun in meine Vergangenheit eintauchen. Bald sind das Stimmengewirr rings um mich herum und die vielen Leute vergessen. Ich habe nur noch Augen für die leicht vergilbten, abgegriffenen Aufnahmen in meiner Hand.

Die Ghanaer fotografieren vor allem zu feierlichen Anlässen, und das reichlich. Die Bilder sind für mich Markierungen auf dem Weg zu meinem Vater. Ich deute auf ein Foto, das Mr und Mrs Coleman in wunderschönen Gewändern zeigt, blaue, aufeinander abgestimmte Bubus mit einem Kente-Schal.

»Das war an unserem fünfzigsten Hochzeitstag, vor sieben Jahren«, erklärt Grandpa Coleman.

Die Aufnahmen nehmen mich so gefangen, dass ich kaum höre, wie zum Essen gerufen wird. Erst als Grandpa mich sanft anstößt, blickte ich auf und lege die Bilder zurück in den Karton. Ganz vorsichtig, wie einen lang verloren geglaubten Schatz, den man gerade wiedergefunden hat.

Grandma Coleman spricht ein Tischgebet auf Englisch, dann stürzen sich mindestens dreißig Menschen wie eine hungrige Busreisegesellschaft auf die dargebotenen Köstlichkeiten. Viele der Speisen bedeuten für mich ein völlig neues Geschmackserlebnis. Ich spüre die vielen Blicke, die auf mir haften, sobald ich etwas probiere. Es gibt *bean cake*, eine Art Kuchen aus gemahlenen Bohnen, unglaublich lecker, aber verflixt scharf, dazu süßen Hirsebrei, genannt *koko*. Ich nehme mir ein Stück davon und lade mir noch ein paar Sandwichs gefüllt mit Corned Beef und Ei auf den Teller. Außerdem greife ich zu einem Stück Blätterteigfladen, der sehr verführerisch aussieht. Er ist ebenfalls mit Wurst sowie mit Bohnen, gebratenem Speck und hart gekochten Eiern gefüllt. Von dem *fufu*, einem Brei aus Maniok und Kochbananen, will ich auch noch probieren. Kaffee gibt es nur in Pulverform, Kakao ebenfalls, das heiße Wasser kommt aus Thermoskannen.

Etwas später wird noch *kenkey* hereingebracht, eine Art Polenta. Dazu gibt es gebratenen Fisch und eine scharfe Tomatensauce. Gegessen wird mit den Fingern, was ich gern mag, weil es sinnlich ist. Doch als ich zugreifen will, winken alle ab. »Nicht so essen, das ist zu scharf für dich!«, ruft Jenny und reicht mir Ketchup, den ich geflissentlich ignoriere. Stattdessen nehme ich ein Stück Fisch und tunke es in die Soße. Kaum führe ich es Richtung Mund, als ich einen spitzen Schrei vernehme. Eine meiner vielen Cousinen – verflixt, wann werde ich mir bloß alle Namen merken können? – fuchtelt aufgeregt mit den Händen vor meiner Nase herum, als wollte sie Wespen verscheuchen.

»Nicht die linke! Du darfst niemals in Ghana mit der linken Hand essen«, stößt sie entsetzt hervor.

Ich sehe sie entgeistert an. »Warum nicht?«, frage ich.

»Sie gilt als unrein. Mit der linken Hand zeigt man nicht auf Menschen, begrüßt niemanden und isst auch nicht damit. Niemals.«

»Entschuldigung«, sage ich kleinlaut. »Das wusste ich nicht.«

Wenig später kann ich den Fauxpas zum Glück wieder gutmachen. Ich kippe reichlich Chili in die Tomatensoße, die ohnehin schon so scharf ist, dass sie Tote ins Leben zurückholen könnte. Es schmeckt herrlich pikant, und ich verziehe keine Miene. Danach bin ich die Königin des Tages.

Das Essen dauert lange, weil alle schwatzen und lachen. An Appetitlosigkeit leidet hier offenbar niemand. Als ich nichts mehr essen kann, ist die Zeit der Ansprachen gekommen. Ich danke meiner Familie für die liebevolle und herzliche Aufnahme und die Unterstützung bei der Organisation der Reise. Als Nächstes heißt Onkel Emma meine Mutter und mich offiziell willkommen. Danach bedankt er sich bei den Göttern, dass sie mich endlich heimgeführt haben.

Auf einmal wird es still, wie zu Weihnachten vor der Bescherung. Ich sehe, wie ein älterer Herr, den mir zuvor jemand als Mr Denis vorgestellt hat (das habe ich seltsamerweise behalten), ein langes Metallblatt mit Holzgriff in die Hand nimmt und zu einem

Geigenbogen greift. Damit streicht er über die gezackten, scharfkantigen Zähne des Metalls. Eine singende Säge, jetzt erkenne ich das Instrument.

Indem Mr Denis das Metallblatt vor und zurück biegt, entlockt er der Säge höhere und tiefere Töne. Er schafft eine ganze Oktave, und ich bin schwer beeindruckt. Die Atmosphäre auf der Veranda, die schwüle Luft, die sphärisch klingenden Töne fügen sich zu einem Ganzen. Ich gebe mich der Musik hin. Alle tun das. Die Stimmung ist feierlich, kraftvoll, heiter.

Mr Denis spielt inzwischen Spirituals, alle singen auf Fanti mit, und weil ich die Sprache nicht beherrsche, stimme ich summend ein. Zu meinem Entsetzen sehe ich, wie Grandpa in Tränen ausbricht. Ich bin wie gelähmt. Weiß nicht, was ich tun soll. Ich habe keinen Codex für richtiges Verhalten in Ghana abrufbereit. Das hier ist meine Familie, meine afrikanische Familie, aber ich weiß noch so wenig über sie.

»Warum weinst du?«, frage ich ihn vorsichtig.

Er dreht sich zu mir. »Das war das Lieblingslied deines Vaters. Er hat es bei jeder Gelegenheit gehört.«

Ich schlucke, gleichzeitig steigt Furcht in mir hoch. Ich habe Angst, dass ich mich vor meiner Familie blamiere, weil ich nicht passend reagiere oder nicht die richtigen Worte des Trostes finde. Ich spüre, wie Traurigkeit meinen Körper erfasst, gleichzeitig arbeitet mein Verstand auf Hochtouren und sucht nach einer Lösung. Was erwarten sie von mir? Soll ich Grandpa in den Arm nehmen? Ihn trösten? Ich weiß es nicht.

Die schwierige Situation dauert nur wenige Sekunden, dennoch kommt es mir wie eine Ewigkeit vor. Mr Denis spielt weiter auf seinem Musikinstrument, als passiere rings um ihn herum nichts Besonderes. Dann löst sich Okowa aus der Menge. Sie ist Grandpas Enkelin und lebt seit zwanzig Jahren in Texas, in Austin. Seit neun Jahren ist sie zum ersten Mal in der Heimat zu Besuch.

Okowa nimmt Mr Coleman in den Arm und drückt ihn. Beide weinen, bis ihre Tränen versiegt sind.

Als Nächstes spielt Mr Denis etwas Fröhliches, die Stimmen heben wieder an. Auch Grandpa fängt sich verblüffend rasch und singt aus vollem Herzen mit. Es ist, als hätte die traurige Szene zuvor nicht stattgefunden.

Verwirrt sitze ich da. Niemand nimmt Notiz von mir, so wie mich offenbar auch niemand beobachtet hat, als Grandpa Coleman weinte. Die Unsicherheit lag ausschließlich in mir. Der Empfang am Flughafen, die Begrüßung im Hotel, das Frühstück, all das passierte wie von selbst, ohne mein Zutun, ohne dass ich mir viel Gedanken darüber machen musste.

Dennoch empfinde ich nun Hilflosigkeit – und Scham, weil ich so unsicher bin. Ich werde brutal ins Jetzt zurückgeholt. Das hier ist keine Urlaubsreise. Ich sitze inmitten meiner Familie, die ich noch nie gesehen habe, von deren Existenz ich so viele Jahre nichts wusste. Ich merke schmerzlich, dass ich den Schutzpanzer um mich herum noch nicht abgelegt habe. Ihn habe ich gebraucht, um hierher reisen zu können, um gegen die mir möglicherweise entgegengebrachte Gleichgültigkeit gewappnet zu sein.

Ich fühle auch, dass ich einen sehnlichen Wunsch in mir herumtrage. Ich will alle Menschen, die in diesem Haus versammelt sind, als meine Familie ansehen können. Ich will sie lieben wie meine Mutter, meine österreichische Großmutter, meinen Ehemann, mein ungeborenes Kind. Aber dieser Wunsch ist sehr groß, er lässt sich nicht so leicht realisieren. Auch wenn sich alle mir als Cousins, Schwestern, Tanten oder Grandpas vorgestellt haben, sie sind dennoch Fremde für mich. Mein Verstand ist bereit, sie an mich heranzulassen, mein Herz ist es noch nicht. Man kann alles und jeden in seinem Leben belügen. Nur nicht seine Gefühle.

»Dein Vater ist in den Achtzigerjahren nach Amerika gegangen«, sagt Grandpa, nachdem Mr Denis die singende Säge aus der Hand gelegt hat.

»Erzähl mir mehr von ihm«, bitte ich ihn, knie mich vor ihm auf den Boden und versuche die ersten Teile eines komplizierten Puzzles zusammenzufügen. Noch kann ich mir nicht vorstellen, dass daraus jemals ein ganzes Bild in meinem Kopf entstehen könnte.

»Er hat in Ohio, genauer gesagt in der Stadt Marion, eine Recycling-Fabrik für alte Autoreifen geführt. Er war damit sehr erfolgreich«, fährt er fort. »Anfang der Neunzigerjahre ist er immer öfter nach Ghana zurückgekommen.«

»Sicher hat ihn das Heimweh zu euch geführt«, vermute ich.

»Nein, das weniger«, erwidert Mr Coleman. »Es gab hier eine zweite Fabrik in Tema, bei der er immer wieder nach dem Rechten sehen musste.

Dort wurde Holzparkett hergestellt. War dein Vater in Marion, liefen die Geschäfte nicht ganz so gut. Erst wenn er auftauchte, florierte das Business wieder.«

Zum zweiten Mal an diesem Tag empfinde ich Stolz. Sammy war also doch als Geschäftsmann erfolgreich. In den Briefen an meine Mutter hatte er immer wieder irgendwelche ominösen »Businesstransaktionen« erwähnt, die er da und dort betrieb. Als ich die Briefe las, glaubte ich kein Wort davon, und meine Mutter erst recht nicht. Zu oft hatte sie Schecks von ihm erhalten, die sich zwei Tage, nachdem sie sie zur Bank getragen hatte, als ungedeckt herausgestellt hatten.

Als Teenager war ich selbst einmal Leidtragende gewesen. Damals rief der Bankangestellte sogar bei uns zu Hause an, um mir mitzuteilen, dass auch dieser Scheck geplatzt sei. Ich hätte vor Wut heulen können. Nun zeigt sich, dass Sammy wohl doch nicht das Blaue vom Himmel heruntergelogen hatte.

»Dann hatte mein Vater also Geld?«, frage ich Grandpa Coleman vorsichtig.

»Ja, aber auch viele Verpflichtungen. Er hat immer gewusst, dass es euch im Vergleich zum afrikanischen Teil seiner Familie gut geht. Deshalb hat er hauptsächlich die anderen unterstützt.«

»Wie hast du ihn als Menschen eingeschätzt?«

»Er hat es geliebt, ständig neue Dinge in Gang zu setzen. Er war ungemein kreativ. Mal hat er Schulmöbel entwickelt, dann eine Maschine zur Herstellung von Teppichen aus Deutschland geordert – ständig ist er mit neuen Ideen angekommen. Zugleich war er aber auch sehr sozial, hatte viele Freunde, um die er sich kümmerte. Nie ließ er jemanden im Stich, wenn jemand Hilfe brauchte.«

Dieses Verhalten kenne ich nur zu gut von meiner Mutter. Ich muss kurz allein sein, um das Gehörte in mir aufzunehmen und bitte Grandpa, mich zu entschuldigen. Auf dem Weg in die Küche sehe ich, wie meine Mutter sich intensiv mit Grandma unterhält. Sie ist immer noch sehr bleich. Ich hoffe, dass sie es nicht bereut, mich begleitet zu haben, und dass sie von allen genauso herzlich aufgenommen wird wie ich.

Vor der Küchentür fängt mich Auntie Ama ab, die älteste Schwester meines Vaters, eine gertenschlanke Frau. Ihre Augen sind unergründlich. Tiefschwarz, man erkennt kaum ein Fleckchen Weiß darin. Sie ist reizend und lächelt freundlich, aber irgendwie macht sie mir auch Angst.

Ich kann sie mir sehr gut als Voodoo-Priesterin vorstellen, die die Menschen in ihren Bann ziehen kann.

Auntie bewegt sich langsam, sehr hoheitsvoll. Als sie mich anspricht, muss ich mich tief zu ihr herunterbeugen. Sie ist ein gutes Stück kleiner als ich und redet sehr leise, ja, sie flüstert fast. Ich verstehe kein Wort. Sie kann kein Englisch, ich beherrsche kein Fanti.

Mein Cousin Eko beobachtet unsere Versuche der Kontaktaufnahme aus der Ferne und gesellt sich schließlich zu uns.

»Auntie«, sagt er schmunzelnd. »Du weißt doch, dass Arabella dich nicht verstehen kann.«

Ama nickt höflich, wirkt aber dennoch leicht pikiert.

Ich bitte Eko, für uns zu dolmetschen, denn ich fühle, dass mir Auntie Ama etwas Wichtiges mitteilen will.

Tatsächlich erzählt sie mir, dass sie dabei war, als ich im November 1999 mit meinem Vater telefonierte, um ihm zu bestätigen, dass ich über Neujahr nach Ghana kommen wollte. »Er war außer sich vor Freude, als du ihm das mitgeteilt hast«, sagt sie. »Das ist mein Glückstag!«, hat er mehrfach gerufen. Am Vormittag hatte er mit seinem Sohn Kwesi in den Vereinigten Staaten telefoniert. Zu Mittag bestätigte ihm ein niederländischer Geschäftspartner einen Abschluss.

Am Nachmittag hast dann du angerufen.«

Ich bin verwirrt. Warum erzählt mir Auntie Ama das? Worauf will sie hinaus?

»Er hat seinen Glückstag hoffentlich ausgiebig gefeiert«, sage ich, weil mir in diesem Moment nichts Besseres einfällt.

Auntie Ama mustert mich ernst. »Nein«, sagt sie. »Er ist nicht zum Feiern gekommen. Bei ihm stellten sich vor lauter Freude Herzprobleme ein. Er musste noch am selben Tag ins Krankenhaus gebracht werden.«

Ich merke, dass ich rot werde, mein Herz schlägt wie wild, und ich bekomme kaum mehr Luft.

»Wir haben deinen Vater im Krankenhaus besucht«, fährt Auntie Ama fort.

»Ich habe eine Woche später noch einmal mit ihm telefoniert«, sage ich leise.

»Ja«, antwortet Ama, und ihre Stimme hat plötzlich mehr Kraft und Wucht, als ich es ihr zugetraut hätte. »Eine halbe Stunde danach ist dein Vater verstorben.«

Eine furchtbare Angst steigt in mir hoch. Hat ihn das Telefonat am Ende so stark mitgenommen, dass sein Herz in Mitleidenschaft gezogen wurde? »Woran ist er gestorben?«, frage ich vorsichtig. »An einem Herzinfarkt?«

»Nein«, erwidert Ama. Ich atme auf. »Er hatte wohl ein Nierenproblem.«

»Davon habe ich nichts gewusst.«

»Er hätte sich dringend in Amerika operieren lassen müssen.« Auntie Ama blickt mir bei diesen Worten direkt ins Gesicht. »Aber da du ihm versprochen hast, über Neujahr nach Ghana zu reisen, wollte er nicht weg. Er hat die Operation mehrfach hinausgezögert.«

Ich stehe wie versteinert da. Mir wird abwechselnd heiß und kalt. Davon hatte ich keine Ahnung. Bin ich womöglich schuld am Tod meines Vaters?

Verzweifelt überlege ich: Denkt nur Auntie Ama so oder hält mich die gesamte Familie für mitschuldig? Machen sie mich alle dafür verantwortlich, dass mein Vater starb? Werfen sie mir vielleicht insgeheim vor, dass ich nicht früher nach Ghana gekommen bin? Rechtzeitig, um meinen Vater noch einmal in die Arme schließen zu können?

Noch ehe ich mir die Antworten auf all diese quälenden Fragen ausmalen kann, werde ich gerufen. Man möchte mit mir ein Familienfoto im Garten machen.

Wie in Trance gehe ich auf die anderen zu, versuche in ihren Gesichtern zu lesen. Doch ich kann nichts entdecken, was auf Schuld oder Abwehr hinweist. Also setze ich das beste Lächeln auf, das mir im Augenblick zur Verfügung steht. Als Fernsehprofi habe ich gelernt, eine Fassade um mich zu errichten.

»War es wirklich der größte Wunsch meines Vaters, dass ich ihn in Ghana besuche?«, frage ich meinen Großvater etwa eine Stunde später zum Abschied.

»Ja«, antwortet er. »Er hat von nichts anderem mehr geredet.«

Bis ich erfahre, wie sich die Dinge wirklich zugetragen haben, wird noch einige Zeit vergehen.

3

Sehnsucht nach einem Kind

Als ich zweieinhalb Jahre alt war, machten meine Mutter und meine Großmutter zum ersten Mal mit mir Urlaub am Meer. Wir flogen nach Gran Canaria, und ich war selig, zwei Wochen lang den ganzen Tag am Strand herumtollen zu dürfen. Ich konnte kaum stillsitzen, während die beiden Erwachsenen lieber die Sonnenliegen in Beschlag nahmen. Kampfbräunen war angesagt. Hautkrebs war damals noch kein Thema, daher rieben sie sich allmorgendlich kräftig mit Olivenöl ein. Davon sollte man innerhalb kürzester Zeit den perfekten Teint bekommen, so hatten es ihre Freundinnen versprochen. Kein Wunder, der Lichtschutzfaktor lag praktisch bei null. Was die Sonne auf Anhieb nicht schaffte, wurde mit einem Kunstgriff erledigt. Man hielt sich einen Spiegel oder ein Stück Alufolie unter das Kinn und lenkte so die Sonnenstrahlen auf Stellen, die sonst weiß geblieben wären. Wie gesagt, es waren andere Zeiten. Klimawandel, Ozongefahr, Hautkrebs durch übermäßigen Sonnengenuss – das kannten wir alles nicht.

Jeden Tag um die Mittagszeit erhob sich meine Mutter aus der Sonnenliege und holte von der Strandbar Sandwichs für uns. Als sie eines Tages wieder einmal voll bepackt zurückkam, hatte ich mich auf ihrer Liege breitgemacht. Ich lag auf dem Rücken und streckte die Handflächen und Fußsohlen in die Sonne.

»Arabella, was machst du denn da?«, fragte sie verwundert.

»Braun werden«, antwortete ich neunmalklug und deutete auf meinen Bauch und meine Schenkel. »Sieh doch mal. Da bin ich schwarz und hier auch, aber auf den Fußsohlen und den Handflächen bin ich ganz weiß.«

Meine Mutter und meine Großmutter brachen in schallendes Gelächter aus. Ich sah die beiden nur verständnislos an. Schließlich fing sich meine Mutter und setzte zu einer Erklärung an. »Aber Mäuselchen, an diesen beiden Stellen wirst du immer weiß bleiben. Das ist nun mal so. Dafür hast du sonst überall am Körper das ganze Jahr über genau die Farbe, die wir alle gern hätten.« Dabei deutete sie mit der ausgestreckten Hand auf die Sonnenanbeter, die am Strand lagen. »Du hast es gut. Wir müssen für einen solchen Teint erst mal stundenlang in der Sonne schwitzen.«

Ich war erstaunt. »Mein Vater muss auch nicht in der Sonne liegen, oder?«

»Nein, das muss er nicht«, antwortete meine Mutter geduldig. »Er ist so dunkel, dass er dir sogar noch etwas von seiner Farbe abgegeben hat.«

Meinen Vater hatte ich das letzte Mal vor mehr als einem halben Jahr gesehen, dementsprechend waren meine Erinnerungen an ihn verschwommen. »Warum besucht er uns nicht?«, fragte ich meine »Eltern« als Nächstes.

Meine Mutter zuckte zusammen. Sie hatte nicht damit gerechnet, dass sich unser Gespräch in diese Richtung entwickeln könnte. Jetzt aber stellte ich genau jene Frage, die sie am meisten fürchtete. Sie wusste, dass ich mich irgendwann nach meinem Vater erkundigen würde, nach seiner Hautfarbe und warum er nie da sei. Nur wie teilt man einem Kleinkind die Wahrheit mit? Was ist zumutbar, was nicht? Sie wollte kein schlechtes Wort über ihn verlieren, und mit Sicherheit hatte sie sich vorab Dutzende von verschiedenen Antworten überlegt. Trotzdem begann sie jetzt zu stottern: »Sammy, äh, lebt in Afrika, äh, und das ist weit weg. Der Flug kostet viel Geld, hmm, deswegen kann er nicht so oft bei uns sein.«

Ich krabbelte von der Liege, setzte mich in den Sand und starrte wortlos auf den Boden. Meine Mutter warf meiner Nana einen fragenden Blick zu und zuckte mit den Achseln. Wie hatte ich das wohl aufgenommen? War die Antwort kindgerecht genug? Warum fragte ich nicht weiter? Offensichtlich beschäftigte mich das Thema sehr, denn ich blieb noch einige Zeit stumm und in mich gekehrt, bis ich mich wieder meinen »Eltern« zuwandte.

»Mein Vater passt sowieso nicht zu uns«, brach es plötzlich aus mir heraus.

»Wieso denn nicht, mein Schatz?«

»Zu dir passt er nicht, zur Omi passt er nicht, na ja, zu mir passt er schon« – ich blickte auf meine dünnen braunen Ärmchen – »aber ich mag ihn nicht, weil er so dick ist.«

Damit war das Thema für mich erledigt. Für Jahre.

Ich habe in meiner Kindheit und auch als junge Frau nie ernsthaft mit meiner Mutter über meinen Vater gesprochen. Natürlich kannte ich zahlreiche Anekdoten über ihn, Geschichten über die man lacht oder sich wundert, doch das war es auch schon. Ich habe ihn nie vermisst, selbst dann nicht, als in der Schule meine Klassenkameradinnen anfingen, von ihren Vätern zu erzählen. Dabei verdrehten sie theatralisch die Augen, denn meistens ging es um die sonntägliche Wanderung auf irgendeinen Hausberg. Wanderungen fanden wir damals total »uncool«. Und so war ich froh, dass mich in Ermangelung eines Vaters niemand zum wöchentlichen Gipfelsturm antrieb.

Das Bild, das ich von meinem Vater hatte, blieb diffus. Es bestand aus einer Mischung aus Wahrem und Erdachtem, manches davon kam vermutlich der Realität ziemlich nahe, anderes war wohl meilenweit davon entfernt. Allerdings kümmerte mich das nicht weiter. Mein Vater hatte in meinem Leben zu keiner Zeit einen Platz eingenommen – und das war in Ordnung so. Ich fühlte mich nicht im Stich gelassen. Ich hatte meine Großmutter und meine Mutter, die mir »Eltern« genug waren. Ich vermisste keine männliche Bezugsperson, und ich verspürte auch kein Bedürfnis nach Nähe zu einer solchen. Mein Vater war nicht dafür verantwortlich, dass wir kein Verhältnis zueinander aufbauen konnten. Niemand war schuld daran.

Im Laufe des Jahres 2006 änderte sich mein Leben schlagartig. Ich machte seit mehr als fünfzehn Jahren Fernsehen, weil mich das Medium von Kindesbeinen an fasziniert hatte. Auf einmal merkte ich, dass die alte Liebe mir zunehmend Schwierigkeiten bereitete. Ich fühlte mich einerseits gelangweilt und unterfordert, andererseits völlig ausgebrannt.

Dieses Gefühl war neu für mich, und ich wusste nicht, wie ich aus dieser Sackgasse wieder herauskommen sollte. Ich spürte, dass es nicht nur eine vorübergehende Phase war, sondern sehr ernst. Seit meinem neunzehnten Lebensjahr hatte ich mich dem Fernsehen verschrieben. Ich machte keinen Job, ich folgte einer Leidenschaft.

Von 1989 an hatte ich im österreichischen Fernsehen meine erste regelmäßige Sendung, ein Jugendmagazin namens *X-Large*, das ich bis 1993 moderierte. Nebenbei studierte ich Publizistik und Theaterwissenschaften. Seit 1990 stand ich auch in Deutschland vor der Kamera, zunächst für 3sat mit der Städteserie *Inter-City*, ein Jahr später dann für den Privatsender ProSieben, bei dem ich unter anderem das Magazin *Rund um Hollywood* präsentierte.

Im Jahr 1994 erfüllte sich dann mein großer Traum. Ich bekam meine eigene tägliche Talkshow, *Arabella*, die zehn Jahre lang erfolgreich laufen sollte. Daneben übernahm ich Gastrollen in dem Kinohit *Das Superweib* und in der Fernsehserie *Kommissar Rex*.

Durch die Erfolge in Deutschland wurde man auch in meiner Heimat wieder aufmerksam auf mich. Ich erhielt das Angebot, *Starmania* zu präsentieren, die österreichische Ausgabe von *Deutschland sucht den Superstar*. Dreimal in Folge war ich Gastgeberin dieser Castingshow, und 2005 tanzte ich aus Spaß in *Dancing Stars* mit, dem Pendant zu *Let's Dance*, und führte fünfmal für das österreichische Fernsehen durch den Wiener Opernball. Ich surfte auf einer Woge des Erfolges.

Nie hätte ich damals gedacht, dass die Welle einmal über mir zusammenbrechen könnte.

Im Fernsehen hielten damals immer mehr Talkshows Einzug, bei denen den Gästen (meist Laienschauspielern) von Drehbuchautoren Wort für Wort vorgeschrieben wurde, was sie zu sagen hatten. Die Ironie an den sogenannten Scripted-Reality-Formaten war, dass sie bei den Zuschauern ungemein beliebt waren. Genau das, was Kritiker den Talkshow-Moderatoren der ersten Stunde, einem Hans Meiser, Johannes B. Kerner oder mir, jahrelang vorgeworfen hatten, dass alles in ihren Sendungen nur erfunden sei, wurde nun ein Hit. Einst hat man uns in der Luft zerrissen, weil die Geschichten unserer Gäste nicht glaubhaft genug klangen (obwohl sie das echte Leben widerspiegelten). Jetzt dagegen passierte alles nach Drehbuch und war zudem erlogen, aber nicht der kleinste Protest regte sich. Für mich hatten diese Formate nichts mehr mit Neugierde an Menschen zu tun und dem Wunsch, anderen für ihre Gedanken und Sorgen eine Plattform zu bieten.

Heute bin ich froh, dass ich den Verlockungen der eigenen Eitelkeit und des Geldes widerstanden und mit meinem Weggang bei ProSieben im Juni 2004 den Sprung ins kalte Wasser gewagt habe.

Meine Mutter sah das anders. Sie fürchtete um meine Karriere und um mein finanzielles Auskommen. »Du wirst dich noch nach der Zeit zurücksehnen, als du jeden Tag im Fernsehen auftreten durftest«, warnte sie mich.

Es half nichts. Ich hatte meinen Entschluss gefasst und war im Juni 2004 felsenfest davon überzeugt, mit dem Schlussstrich bei ProSieben die richtige Entscheidung getroffen zu haben. Schließlich wollte ich mich beruflich weiterentwickeln. Im Januar 2006 fing ich dann an, für den deutschen Nachrichtensender N24 einen wöchentlichen Late-Night-Talk zu moderieren. Ich freute mich sehr über die neue Aufgabe, denn statt mit enttäuschten Liebhabern, frustrierten Ehefrauen und pubertierenden Kids saß ich nun jeden Dienstagabend mit Politikern, Wissenschaftlern und Experten in einem kleinen Studio in Berlin zusammen und führte gesellschaftspolitische Gespräche zu Themen wie etwa der Vogelgrippe, dem Karikaturenstreit, der Fußballweltmeisterschaft und, angesichts des Korruptionsskandals bei VW, auch über Ethik in der Wirtschaft.

Über den erfolgreichen Wiedereinstieg hätte ich eigentlich glücklich und zufrieden sein sollen. Ich war es jedoch nicht. Tief in meinem Innern stellte sich eine Leere ein, das Gefühl, nicht komplett zu sein. Die Gewissheit, dass etwas fehlte. Natürlich war mir bewusst, dass es mir sehr gut ging. Leider sorgte das nicht etwa für Erleichterung, sondern belastete mich zusätzlich.

Zum ersten Mal in meinem Leben bekam ich Schlafstörungen. Nach einer Weile griff ich zu Medikamenten, zwar waren es nur homöopathische Kapseln mit Baldrian, aber immerhin. Sie halfen nicht. Ich war in der Nacht derart angespannt und überdreht, dass ich oft stundenlang wach lag. Abends fiel ich zwar todmüde ins Bett und schlief auch sofort wie ein Stein, wurde aber Nacht für Nacht pünktlich auf die Minute um 3.45 Uhr munter – und blieb es bis zum Morgengrauen. Grübelnd lag ich im Bett, zu erschöpft, um einen klaren Gedanken zu fassen, zu aufgekratzt, um wieder einzuschlafen. Ich warf mich von einer Seite auf die andere, sehnte die ersten Sonnenstrahlen herbei.

Mir wurde schnell klar, dass ich so nicht weitermachen konnte. Also entschloss ich mich nach der Moderation des Wiener Opernballs im Februar 2007 die Notbremse zu ziehen. Es ging nicht mehr. Ich war an einem Tiefpunkt angelangt, schnell gereizt, für nichts mehr motivierbar, dazu unglaublich leicht zu verletzen. Selbst die kleinste falsche Bemerkung genügte, um mir die Tränen in die Augen schießen zu lassen.

Ich setzte einen radikalen Schnitt. Mir war klar geworden, dass ich aus meinem bisherigen Leben herausmusste. Konsequent lehnte ich alle Angebote ab, die an mich herangetragen wurden, ja, ich prüfte sie noch nicht einmal. Ich benötigte eine Auszeit, und zwar augenblicklich.

In dieser schweren Zeit schüttete ich einem Freund mein Herz aus. »Mach doch ein Coaching!«, riet er mir, nachdem ich ihm von meiner diffusen Seelenlage erzählt hatte.

»Ein Coaching, nie im Leben«, antwortete ich im Reflex. »Ich bin doch nicht verrückt. Wozu soll das gut sein?«

Ich stellte mir irgendeinen abgedrehten Psychofreak vor, der mir für viel Geld vorschreiben wollte, wie ich zu denken und zu fühlen hatte, wie ich mich wieder positiv motivieren könnte. Doch da ich aus eigenen Stücken einfach nicht aus meinem Dilemma herauskam, beschloss ich, dem Rat des Freundes zu folgen. Auf Empfehlung landete ich tatsächlich bei einem Coach, einer Frau. Vor unserem ersten Treffen telefonierten wir ausgiebig. So erfuhr sie vorab, dass ich Probleme mit meiner Talkshow auf N24 hatte. Die Sendung lief zwar erfolgreich, wurde gelobt, doch meine Ansprüche an mich selbst lagen höher. »Ich bin unglücklich, obwohl ich vor Glück platzen müsste«, sagte ich am Ende des Telefonats.

Kurz darauf besuchte sie mich in meinem Haus. Als wir auf der Terrasse saßen und den traumhaften Ausblick auf einen bayerischen See genossen, brach plötzlich etwas aus mir heraus, das sich als der wahre Grund meiner Frustration herausstellte. Ich wusste schlicht und ergreifend nicht mehr, ob ich überhaupt noch Fernsehen machen wollte. Sie legte den Finger auf die Wunde – und bohrte nach. Ihre Fragen waren unbequem, aber entscheidend: Was genau mich an meinem Beruf störe? Was mir fehle? Was ich mir für mich wünsche?

Mit einem Mal begann ich, meine Probleme aus einem anderen Blickwinkel heraus zu betrachten. Je mehr Vertrauen ich zu ihr fasste, umso mehr konnte ich ihr erzählen. So sagte ich ihr, dass es mir in den letzten Jahren zunehmend zu schaffen gemacht habe, was andere Menschen über mich dachten. Mit meinem alten Image, dem der lauten und überdrehten Quasselstrippe, kam ich nicht mehr zurecht.

Ich hatte feststellen müssen, dass die Zeiten vorbei waren, in denen ich als Zwanzigjährige völlig von mir eingenommen war und nur nach meinem eigenen Gutdünken handelte. Damals fand ich sogar Gefallen daran, andere Leute durch mein Verhalten oder meine Aussagen bewusst zu provozieren. Als ich 1995 ein Angebot für Nacktaufnahmen im *Playboy* bekam, freute ich mich nach der Veröffentlichung der Fotos diebisch über die mediale Aufmerksamkeit und den kleinen damit verbundenen Skandal. Es störte mich nicht, zu polarisieren, ich war gewohnt auszuteilen, und ich konnte auch gut einstecken.

Das hatte sich radikal geändert. Nun wünschte ich mir nichts sehnlicher als meine Ruhe. Ich wollte so gut ich konnte meinen Job machen. Den Diskussionen über meine Urlaubspläne, die neue Frisur oder den Mann an meiner Seite mochte ich mich jedoch nicht mehr stellen. Der Moment im Scheinwerferlicht, in dem ich einen direkten Kontakt mit dem Publikum und den Gästen hatte, dieser Augenblick war immer noch magisch für mich. Das ganze Drumherum, wenn die Kameras ausgeschaltet waren, setzte mir dagegen mehr und mehr zu.

Hatte ich früher für die mich angreifenden Journalisten nur ein müdes Lächeln übrig, schlugen mir die Attacken mit einem Mal auf den Magen. Ich fühlte mich angreifbarer als je zuvor, war nicht mehr bereit, alles hinzunehmen, vielleicht auch, weil ich wusste, dass mein Beruf nicht länger die Hauptrolle in meinem Leben spielen durfte.

Zwischen zwanzig und dreißig hatte ich mich über meine Fernsehtätigkeit definiert. Ich war ein Homo moderensis durch und durch. Hundertprozentig stand ich zu dem, was ich tat. Da konnten Landfrauenverbände bis hin zum bayerischen Ministerpräsidenten gegen meine Sendung wettern und mich für den Untergang des Abendlandes verantwortlich machen, es kratzte kein bisschen an meinem unerschütterlichen Selbstvertrauen.

Nun dagegen stand mein Privatleben an erster Stelle, und die vielen Eitelkeiten, die ich früher ausgelebt hatte, wurden zu unwichtigem Beiwerk.

Mein Coach fragte nach meiner Ehe. War ich glücklich? Gab mir mein Mann Halt?

»Ja«, antwortete ich ohne zu zögern.

Dennoch fehlte etwas: Ich wollte eine Familie mit allem Drum und Dran.

»Da wundert es mich nicht, dass du in deinem Job keine Zufriedenheit findest«, sagte sie mir auf den Kopf zu. »Du lebst derzeit für ein anderes Projekt. Du willst Mutter werden.«

Mein Mann und ich wünschten uns schon seit geraumer Zeit ein Baby, doch ich wurde nicht schwanger. Wir ließen uns beide untersuchen, um medizinische Ursachen auszuschließen. Die Untersuchungen ergaben, dass kein organischer Grund für eine Unfruchtbarkeit vorlag.

Verschiedene Ärzte, die ich konsultierte, vertrösteten uns und sprachen uns Mut zu. Wir sollten uns nicht so sehr auf den Kinderwunsch konzentrieren. Am besten sei es, Urlaub zu machen, und zwar in einer lockeren, ungezwungenen Atmosphäre. Da sei schon so manche Frau schwanger geworden.

An Entspanntheit war allerdings nicht mehr zu denken. Im Gegenteil. Das »Projekt Empfängnis« wuchs sich schnell zu einem absurden Wettlauf um ideale Spermien und fruchtbare Tage aus. Da ich in Deutschland, der Schweiz und in Österreich zu tun hatte, mein Mann dagegen in Wien lebte, begann ich, meine fruchtbaren Tage genau zu berechnen und sie mit unseren beiden Terminplänen zu koordinieren. Das konnte schon mal bedeuten, dass ich mittwochs mit der letzten Maschine von Köln nach Wien flog und donnerstags mit der ersten an den Rhein zurück. Dazwischen »arbeiteten« wir an unserem gemeinsamen »Baby-Projekt« – anders kann man es im Nachhinein nicht nennen. Von Romantik bei Kerzenschein und Barry-White-Musik war schnell keine Spur mehr.

Trotz dieser Anstrengungen wurde jeder Monat zur Enttäuschung. Wir zitterten regelrecht den Tagen meiner Periode entgegen, in der Hoffnung, dass sie diesmal ausbleiben möge. Ich weiß noch genau, dass ich immer zwei, drei Tage vor dem errechneten Termin ein Ziehen in der Region der Gebärmutter verspürte. Für mich ein sicheres Zeichen, dass es endlich funktioniert hatte. »Ja, es hat geklappt«, sagte ich mir dann und gab mich sofort neuen Tagträumen hin.

Ich schwebte für die nächsten achtundvierzig Stunden auf rosa Wolken, sah mich Babywäsche kaufen, stillen, meinen Augenstern im Arm wiegen. Doch wenn der Traum dann platzte, fiel ich jedes Mal in ein tiefes Loch. Ich wurde einfach nicht schwanger, und ich verstand nicht warum.

Nach einigen Gesprächen gab mir mein Coach den Rat, an einem einwöchigen Retreat auf Mallorca teilzunehmen, um meinem Körper und meiner Seele eine kleine Auszeit zu gönnen. Ohne groß darüber nachzudenken, folgte ich diesem Rat. Bislang hatten mir die Gespräche mit ihr gutgetan, daher bestand für mich kein Zweifel daran, dass diese Reise nur richtig für mich sein konnte. Schon in der nächsten Woche hatte ich meine Koffer gepackt und die Reise nach Palma angetreten.

Das Ziel von Miriam, der Seminarleiterin, war es, uns Teilnehmer, die wir alle mit einer Reizüberflutung zu kämpfen hatten, dazu zu bringen, besser auf unser Inneres zu hören.

Der Tagesablauf in dem Retreatcenter war streng geregelt und durch Meditation und Körperarbeit bestimmt. Schon kurz nach dem Aufstehen begannen wir mit einer Schweigemeditation. Ich genoss es, dabei meine Gedanken loszulassen und allein auf meine Atmung zu achten.

Ausgerechnet ich, die »Quasselstrippe vom Dienst«, machte dabei die Erfahrung, dass ich am liebsten den ganzen Tag über nicht mehr reden wollte.

In anderen Übungen sollte ich meine inneren Organe mit Aufmerksamkeit bedenken. »Danke, liebe Leber. Danke, lieber Magen. Danke, liebe Milz.« So lernte ich Demut gegenüber meinem Körper.

Der Höhepunkt der Morgenmeditation war Lu Jong, tibetisches Yoga. Ich hatte bisher nur davon gehört, konnte mir darunter jedoch nichts weiter vorstellen. Nun hörte ich, dass es die älteste Bewegungslehre der Menschheit sei – älter als das indische Yoga oder das chinesische Qi-Gong. »Lu« ist das tibetische Wort für »Körper«, und »Jong« bedeutet »Schulung«. Es handelt sich bei dieser Technik um eine spezielle Art von sanften Bewegungen, verbunden mit einer konzentrierten Atmung.

Erst hatte ich Angst, dass ich mich nicht so gut dehnen und strecken könnte wie die anderen Teilnehmer, aber als ich sah, dass Dorothee, die mit ihren siebzig Jahren die Älteste in unserem Retreat war, problemlos mithalten konnte, überwand ich meine Scheu.

Am zweiten Tag sollten ein jeder einen anderen Seminarteilnehmer auswählen und sich ihm gegenüber aufstellen. Meine Wahl fiel ohne langes Nachdenken auf Dorothee, und sie hatte anscheinend ein ähnliches Bedürfnis. Wir beide hatten uns am Abend zuvor unterhalten. Dabei erzählte sie, warum sie diesen Kurs gebucht hatte. Dorothee war vor einigen Jahren an Krebs erkrankt. Nachdem sie die Chemotherapie erfolgreich hinter sich gebracht hatte, bekam ihr Sohn schwere Herzprobleme. Nur eine Transplantation konnte ihn retten. Er musste allerdings lange auf ein Spenderorgan warten, und in dieser Zeit war sie Tag und Nacht an seiner Seite, immer in Angst, ihn zu verlieren. Sobald die Herztransplantation gut verlaufen war, fiel Dorothee in ein tiefes Loch. Erst ihre eigene Erkrankung, dann die des Sohnes hatten ihre ganze Kraft verbraucht. Nun war sie erschöpft und fühlte sich orientierungslos in einem Leben, das jahrelang nur aus Hoffen und Bangen bestanden hatte.

Als ich Dorothee nun gegenüberstand und ihr in die Augen sah, fühlte ich eine unendliche Trauer in mir aufsteigen. Ich wusste zunächst nicht, woher diese Emotion kam, vermutete aber, dass mich das Schicksal von Dorothee so sehr bewegte. Ich litt mit ihr, der Schmerz kroch regelrecht in mich hinein und in mir hoch. Ich konnte mich der Tränen bald nicht mehr erwehren. Es dauerte einige

Zeit, bis ich bemerkte, dass es gar nicht ihre Trauer war, die ich da spürte, sondern meine eigene. Ich weinte um meine über alles geliebte Großmutter und darum, dass mein Leben seitdem unterteilt war in eine Zeit *vor* ihrem Tod und eine Zeit *danach*.

Während ich so vor Dorothee stand und leise vor mich hin weinte, fühlte es sich auf einmal so an, als ob mir jemand über den Kopf streichelte. Sofort umfing mich ein Gefühl der Liebe, allumfassender Liebe. Ich blickte auf, aber Dorothee stand nach wie vor wie angewurzelt vor mir, den Kopf gebeugt, ganz in sich versunken. Sie war viel zu weit weg, als dass sie mich mit ihren Händen hätte erreichen können. Ich blickte um mich. Erst vorsichtig nach links, dann nach rechts, schließlich über die Schulter. Aber da war niemand. Alle in der Gruppe waren vollkommen mit sich selbst beschäftigt. Niemand beachtete den anderen, jeder versuchte mit seinen eigenen Empfindungen zurechtzukommen, sie zu ergründen und zu begreifen. Wer also hatte mir da gerade den Kopf gestreichelt?

Augenblicklich wurde mir klar, dass ich diese Berührung nur gespürt hatte. Ein warmes Glücksgefühl erfasste mich. Ich wusste nun, dass die Seele meiner geliebten Großmutter immer für mich da sein würde. Sie war es, die mir über das Haar gestrichen hatte. Ihre Kraft reichte offenbar weit über ihren Tod hinaus. Sie schickte mir ein Signal, ein Zeichen. »Arabella, solange du lebst, kannst du dich immer auf meinen Schutz verlassen.« Es war ein wunderschönes, befriedigendes und befreiendes Gefühl. Endlich. Ich hatte lange unter dem Tod meiner über alles geliebten Großmutter gelitten. Über ein Jahr lang konnte ich nicht über meine Großmutter sprechen. Wenn jemand mich fragte: »Lebt deine Oma eigentlich noch?«, dann erstarrte ich zu einem Eisblock oder bekam einen Heulkrampf. Ich wollte ihren Tod nicht annehmen, so wie ich auch den meines Vaters nicht annehmen wollte. Doch auf einmal war etwas ganz leicht in mir.

Zwei Tage später machte ich eine ähnliche Erfahrung. Miriam gab uns am Nachmittag die Anleitung für eine neue Körperübung. Wir sollten uns zu den Rhythmen einer Rock-CD, die sie gleich abspielen würde, völlig frei bewegen. »Nehmt die Energie der Musik in euch auf, die im Raum schwebt. Die Bewegungen werden ganz natürlich aus euch herausfließen. Macht euch frei von jeglicher Scham, denkt nicht, dass ihr komisch aussehen könntet.«

Da hatte sie bei mir einen wunden Punkt getroffen. Ich bin schon allein aus beruflichen Gründen darauf trainiert, mich stets unter Kontrolle zu haben. Als Fernsehgesicht steht man vierundzwanzig Stunden am Tag in der Öffentlichkeit, egal, ob man U-Bahn fährt, beim Metzger einkauft oder sich mit Freundinnen in einem Kaffeehaus trifft. Ich kann nicht einfach den Schalter umlegen und so tun, als wäre ich ein Hippie in Woodstock, befreit von allen Zwängen und Regeln. Trotzdem wollte ich es zumindest versuchen, dieses eine Mal wenigstens.

Also entschied ich, einfach die Augen zu schließen und die Dinge sich entwickeln zu lassen. Bald spürte ich, wie alle um mich herum tanzten, hüpften und sprangen. Ich kannte das aus Erzählungen und von Filmen – und es hatte mich immer eher zum Lachen denn zum Mitmachen angeregt. Menschen, die auf Knopfdruck irrwitzig aussehende Bewegungen vollführen, das erschien mir doch eher wie ein Thema für eine Nachmittags-Talkshow, die ich vielleicht noch moderieren würde, aber nicht wie etwas, an dem ich selber teilnehmen sollte.

So stand ich zunächst eine Weile starr im Raum. Wie lange, das kann ich im Nachhinein gar nicht sagen. Was sollte ich tun? Die Energie des Raumes in mich aufnehmen? Ich spürte überhaupt nichts, und es sollte noch eine ganze Weile dauern, bis ich anfing, mich dem Rhythmus zu öffnen und der Musik hinzugeben. Zuerst begann ich mich sanft hin und her zu wiegen, und irgendwann fühlte sich dieses leichte Schaukeln ganz natürlich an. Ich ließ es einfach geschehen. Zwischendurch verharrte ich immer wieder regungslos in einer bestimmten Haltung, bis sich die nächste Position wie von selbst ergab.

Auf einmal ließ ich den Oberkörper nach vorne kippen – Stillstand. Ich setzte mich auf den Boden – Stillstand. Später krümmte ich mich wie ein Embryo – Stillstand. Irgendwann holte ich mir einen Hocker und legte mich bäuchlings quer über die Sitzfläche. Was von außen wie eine höchst unbequeme Stellung anmuten mochte, entpuppte sich für mich in dieser Situation als die einzig mögliche Position. Nicht mein Kopf steuerte jetzt meine Bewegungen, sondern mein Gefühl.

Nach einer Weile verklang die Musik. Miriam bat uns, in unseren letzten Stellungen zu verharren. Mittlerweile hatte ich jedes Zeitgefühl verloren. Die Seminarleiterin verriet uns später, dass wir uns eine Dreiviertelstunde bewegt hätten und eine Viertelstunde in der letzten Haltung geblieben seien.

Nachdem die Musikübung beendet war, mussten wir uns erneut einen Partner suchen. Diesmal kam ich gar nicht dazu, eine Wahl zu treffen, denn Charlotte kam direkt auf mich zu. Sie war zum Retreat gemeinsam mit ihrer Tochter gekommen, einer Zwanzigjährigen, die gerade ein Auslandssemester auf Kuba verbracht hatte. Die Studentin hatte ihre nach Mallorca ausgewanderte Mutter besucht und wollte die ersten Tage an dem Entspannungskurs teilnehmen. Am Vorabend hatten wir gemeinsam zu Abend gegessen. Während wir unseren gegrillten Fisch verspeisten, erzählte sie mit leuchtenden Augen von ihren Erlebnissen und dem täglichen Überlebenskampf in Havanna. Ich beobachtete dabei ihre Mutter, die sie immer wieder mit einem stolzen und liebevollen Blick bedachte. Es war ein sehr harmonischer Abend, und für einen Moment fühlte ich mich, als wäre ich ein Teil dieser Familie. Von diesem Zeitpunkt an betrachtete ich Charlotte mit anderen Augen. Die Art, wie sie ihre Tochter zu einem selbstständigen Menschen erzogen hatte, machte sie mir sympathisch und irgendwie auch zu einem Vorbild.

An diesem Nachmittag sollten wir nun unserem Gegenüber in die Augen schauen und unseren Empfindungen und Gedanken freien Lauf lassen. Charlotte fixierte mich, und ich tat es ihr gleich.

Zunächst blieb ich an Äußerlichkeiten hängen. Ich bemerkte Charlottes intensive Augenfarbe, ein undurchdringliches Grün mit einem leichten Unterton ins Blaue, wie bei einem Ozean. Doch bald verlor ich mich in ihren Pupillen, versank darin wie in einem Meer. Ich hatte das Gefühl, in ihre Seele einzutauchen. Plötzlich stiegen seltsame Bilder in meinem Kopf auf. Ich ließ mich im Wasser treiben. Ich spürte die Wellen, die mich umfingen und mich genauso sanft hin und her schaukelten wie zuvor beim Klang der Musik. Ich fühlte mich geborgen, zog im Wasser ganz instinktiv die Beine an und rollte mich zusammen. Als Nächstes sah ich einen Embryo. Ja, genau das war es, ich war ein Embryo, der im Fruchtwasser schwamm. Ich musste lächeln. Was für ein Erlebnis!

Zu dieser angenehmen Erfahrung kam etwas, was mich verstörte. Auf einmal war es, als ob jemand zu mir sprach: »Alles ist in Ordnung. Du bist angekommen.« Dann schaltete sich mein Verstand wieder ein. Was sollte das alles? Konnte es wirklich sein, dass ein Kind, mein Kind, zu mir gesprochen hatte? Oder war das wieder nur eine Wunschvorstellung, wie so viele zuvor?

Nach zwei weiteren Tagen war der Kurs vorbei. Verwirrt flog ich nach Wien zurück, unsicher und aufgewühlt zugleich. Was hatte das alles zu bedeuten?

Ich sollte es bald erfahren. Ein neuer Weg sollte sich in meinem Leben auftun – und er führte in eine völlig unerwartete Richtung.

4

Eine Liebe vor vierzig Jahren

Heute weiß ich: Ich musste erst zu meinen afrikanischen Wurzeln stehen, um empfangen zu können. In all dem Chaos, in das mein Leben in den letzten Jahren geraten war, hatte ich mehr und mehr begonnen, über meine Familie nachzudenken. Dabei fiel mir auf, dass es sehr viele blinde Flecken in meinem Leben gab. Ich erinnerte mich mit Freude an meine Jugendzeit. Ich war ein geliebtes, umsorgtes Kind und hatte dennoch viele Freiheiten genossen. Ich wurde geleitet, aber nicht unterdrückt.
Vielleicht war das der Grund, warum ich selten Fragen stellte und warum ich bis zu diesem Zeitpunkt so wenig über meine Familie wusste. Alles ging seinen natürlichen Gang – weshalb es unnötig intensiv beleuchten?

Die Familie meines Vaters blieb deshalb vollkommen ausgeblendet aus meinem Leben. Ich vermutete zwar, dass es irgendwo Großeltern, Onkel, Tanten und Cousinen gab, so wie ich immer angenommen hatte, dass an einem mir unbekannten Ort ein Mensch sitzt, der mein Vater ist und der mich liebt. Dennoch verspürte ich nicht den Wunsch, auf meine afrikanische Familie zuzugehen.

Mit dem Tod meiner Großmutter hatte es angefangen, mit dem meines Vaters setzte es sich fort, doch es brauchte dieses Retreat, bis mein afrikanisches Herz wirklich zu schlagen begann. Sobald ich es einmal vernommen hatte, hörte es nicht mehr auf zu pochen.

Neben all der Schwangerschaftshysterie ergriff dieses zweite Thema zunehmend von meinem Leben Besitz. Damals war mir noch nicht klar, dass auch diese beiden Dinge eine Einheit bildeten.

Es fing damit an, dass ich mir die Fotoalben vornahm, die meine Großmutter angelegt hatte, als ich noch klein war. Ich hatte sie in irgendeinem Schrank verstaut und benötigte einige Zeit, um sie zu finden.

Die Spurensuche verlief zunächst enttäuschend. Ich konnte aus den Bildern nicht viel über meinen Vater herauslesen, zuweilen hatte ich sogar Mühe, überhaupt zu erahnen, wann und wo dieser und jener Schnappschuss entstanden war. Schon als Kind hatte ich die Aufnahmen häufig betrachtet, aber so sehr ich auch danach gesucht hatte, ich konnte keine Ähnlichkeit mit ihm entdecken. Mein Vater nahm als Mensch keine Kontur an, weil ich ihn nie bewusst angefasst oder gerochen hatte, nie von ihm in den Arm genommen worden war, wenigstens nicht in meiner Erinnerung. Als Baby schon.

Ich erinnerte mich an eine Geschichte, die mir meine Mutter einmal erzählt hatte. Sie lag im Hera-Krankenhaus in Wien, im neunten Gemeindebezirk. Gerade hatte sie mich zur Welt gebracht und wartete sehnlichst darauf, dass mein Vater zu Besuch kam. Als er endlich erschien, gut gekleidet und mit seiner Goldrandbrille, muss er einen solchen Eindruck gemacht haben, dass man ihm sofort einen weißen Arztkittel brachte, »Herr Doktor« zu ihm sagte und ihn durch das gesamte Krankenhaus führte. Man nahm an, dass er Arzt sei, und weil er wahrscheinlich der erste dunkelhäutige Besucher in diesem Spital war – in der österreichischen Hauptstadt gab es zu dieser Zeit kaum Schwarze –, behandelten ihn alle mit besonders großer Höflichkeit. Er muss es genossen haben, denn es dauerte eine Ewigkeit, bis er bei meiner Mutter eintraf. Doch als er endlich vor ihr stand, grüßte er nur kurz von der Tür aus und wandte sich gleich wieder zum Gehen.

»Willst du mir denn keinen Kuss geben?«, fragte meine Mutter erstaunt.

»Erst das Kind«, antwortete mein Vater und verschwand mit einer Krankenschwester. Damals waren die Babys noch nicht bei der Mutter im Zimmer, sondern konnten nur durch eine Glaswand betrachtet werden. Mein Vater identifizierte mich sofort an meiner Hautfarbe, zufrieden war er allerdings nicht. Ich war ihm zu hell. Er war sogar richtiggehend enttäuscht, hatte er doch insgeheim gehofft, dass ich so dunkel werden würde wie er selbst. Zu mehr als einem Café-au-lait-Teint hat es aber bei mir nicht gereicht.

Als ich die wenigen Fotos betrachtete, auf denen ich meinen Vater erkennen konnte, bestätigte sich, was meine Mutter stets behauptet hatte: Er war ein ansehnlicher Mann, schlank, groß, die dünnrandige Brille ließ ihn tatsächlich wie einen weltläufigen Intellektuellen, wie einen Arzt aus Afrika aussehen. Die schmal geschnittenen, italienisch anmutenden Anzüge unterstrichen diesen Eindruck. Auf einem Foto steht mein Vater vor der Wiener Servitenkirche und hält mich stolz in seinen Armen. Ich bin gerade getauft worden. Auch auf dieser Aufnahme trägt er einen seiner obligaten Dreiteiler, ich nehme an in Dunkelblau, doch man kann es nicht richtig erkennen, da das Foto schwarzweiß ist.

Auf einem anderen Bild sind meine Eltern zusammen abgelichtet. Meine Mutter blickt Sammy vergnügt über die Schulter. Ich bin mittlerweile geschätzte eineinhalb Jahre alt, mein Vater trägt mich auch diesmal auf dem Arm. Meine Eltern sind sommerlich gekleidet und sehen sehr entspannt aus. Es ist mein Lieblingsfoto, weil es eine besondere Art von Intimität ausstrahlt. Ich weiß heute, dass es zu diesem Zeitpunkt zwischen meiner Mutter und meinem Vater schon gekriselt haben muss, allerdings ist davon auf der Aufnahme nichts zu erkennen.

Ich nahm die wenigen Bilder, auf denen mein Vater zu sehen war – es waren nur fünf Fotografien –, aus dem Album heraus. Den ganzen Tag trug ich sie mit mir herum, abends legte ich sie auf den Nachttisch neben meinem Bett. Am nächsten Tag wusste ich, was zu tun war. Ich rief meine Mutter an.

»Ich möchte, dass du mir alles über meinen Vater erzählst«, schoss ich sofort los.

Ich überrumpelte sie regelrecht mit meinem Vorhaben, aber sie sollte gar nicht erst auf die Idee kommen, irgendwelche Ausweichmanöver zu starten.

Ihre Reaktion war genau so, wie ich es geahnt hatte »Um Gottes willen«, rief sie. »Was willst du denn wissen?«

»Alles, einfach alles«, erwiderte ich. Ich durfte jetzt nicht lockerlassen. »Wie ihr euch kennengelernt habt. Wie mein Vater nach Deutschland gekommen ist. Wieso du plötzlich nach Ghana ausgewandert bist – einfach alles!«

»Das ist alles schon so lange her, das meiste habe ich vergessen! Ich weiß gar nicht, ob ich die alten Geschichten überhaupt noch im Kopf habe.« Es war zu merken, dass sie versuchte, mich von meinem Vorhaben abzubringen.

»Ach komm, das schaffst du schon!«, schmeichelte ich. »Wenn du erst einmal mit dem Reden angefangen hast, fällt dir bestimmt wieder eine Menge ein.

Da kommen dann Dinge hoch, von denen du gar nicht geahnt hast, dass sie noch in dir sind.«

»Gerade das kann auch ein Problem sein.« Trotz ihrer Bedenken ließ sie sich erweichen, und wir vereinbarten, dass ich sie nächste Woche in Bayern besuchen würde.

Meine Spurensuche hatte begonnen.

Es war ein herrlicher Tag Anfang April und schon so warm, dass wir uns auf die Terrasse setzen konnten. Meine Mutter hatte Kaffee vorbereitet, auf dem Tisch stand ein Teller mit Kuchen.

»Ich wundere mich, dass du plötzlich so neugierig bist«, sagte sie. »Ich habe dich vor vielen Jahren schon einmal auf deinen Vater angesprochen. Du musst damals vierzehn oder fünfzehn Jahre alt gewesen sein. Ich habe dich gefragt, ob du Sammy nicht kennenlernen willst.«

»Ich weiß, ich kann mich daran erinnern«, antwortete ich. »Ich habe so getan, als wäre ich taub.«

»Ich habe dich dann nie wieder gefragt«, erwiderte meine Mutter. »Deine Botschaft war bei mir angekommen.«

»Vielleicht hat es damit zu tun, dass ich selbst ein Kind haben möchte und sich dieser Wunsch nun erfüllt. Ich weiß, dass ich alles verdrängt habe, was mit meinem schwarzen Vater zu tun hat. Ich habe mich immer als Weiße gesehen. Aber mein Kind wird ebenso einen Teil von Sammy in sich tragen. Ich denke, dass es sich, wenn es älter ist, mit seinem afrikanischen Großvater auseinandersetzen will – mehr, als ich es bisher wollte.«

»Ich denke gerade an eine Geburtstagseinladung bei einem Klassenkameraden von dir. Er kam aus Bamako ...«

»Ja, seine Eltern haben in der Botschaft von Mali gearbeitet«, unterbrach ich meine Mutter. »Marcel ist damals acht geworden, und er war mit mir das einzige dunkelhäutige Kind in der Klasse, wobei er wirklich kohlrabenschwarz war.«

»Du warst das einzige Kind, das er zu seinem Geburtstag eingeladen hat, und für dich war es dein erster Besuch bei einer afrikanischen Familie. Deine Großmutter hat dich damals hingebracht.«

»Für mich war dort alles seltsam. Marcels Eltern waren nicht so eingerichtet, wie ich es kannte. Ich musste auf dem Boden sitzen, auf irgendwelchen Teppichen und Kissen, alle trugen lange, festliche Gewänder, und am schlimmsten war für mich das Essen. Lauter fremde Sachen, ein wahrer Albtraum im Vergleich zu Nanas böhmischer Küche mit Braten und Knödeln. Ich war überglücklich, als sie mich wieder abgeholt hat.«

»Nie wieder wolltest du da hingehen«, sagte meine Mutter. »Du hast damals keine Verbundenheit zu Menschen aus Afrika empfunden.«

Nachdenklich rührte sie die Milch in ihrem Kaffee um. Auf einmal stand sie auf und verschwand im Haus. Ich vermutete, dass sie Kuchennachschub holen wollte. Sie blieb eine ganze Weile weg, und ich wollte schon nachsehen gehen, ob alles in Ordnung sei. Da stand sie plötzlich vor mir. Ihr Gesicht war erhitzt, in der Hand hielt sie einen dicken Aktenordner.

»Da«, sagte sie, legte ihn auf den Tisch und versetzte ihm einen leichten Schubs, damit er ein Stück in meine Richtung glitt.

Ich rührte mich nicht, sondern sah sie nur fragend an.

»Da«, wiederholte sie. »Nun schau schon rein.«

Zaghaft zog ich den Aktenordner näher zu mir heran. Er fühlte sich sehr schwer an. Noch immer traute ich mich nicht, den Deckel zu öffnen.

»Nun mach ihn endlich auf.«

Als ich den Aktenordner öffnete, verstand ich nicht sofort. Ich sah unzählige Klarsichthüllen, in denen Briefe und Postkarten steckten, wahrscheinlich, wie ich meine Mutter kenne, fein säuberlich nach Datum sortiert. Ich blickte sie erneut fragend an.

»Das sind die Briefe und Karten deines Vaters«, sagte sie leise. »Ich habe sie alle aufgehoben.«

Ich zuckte zusammen. »Wo hast du die denn plötzlich her?«, rief ich aus, und wusste im selben Augenblick, dass dies mit Sicherheit die unwesentlichste Frage des Tages war.

»Ich habe sie immer bei mir gehabt, verborgen im Schrank«, gab meine Mutter zur Antwort und blickte in die Ferne, wohl um mir nicht in die Augen sehen zu müssen. Ich spürte, dass sie Angst vor meiner Reaktion hatte. Mein ganzes Leben lang hatte sie die Briefe mir gegenüber mit keinem Wort erwähnt. Jetzt saß sie da, sank immer mehr in sich zusammen, so, als lastete die Vergangenheit schwerer und schwerer auf ihren Schultern.

Vorsichtig zog ich den ersten Brief aus einer Hülle, dahinter befand sich das zugehörige Kuvert. Er war an meine Mutter adressiert, Hannelore Kiesbauer, 75 Karlsruhe, Jollystraße 31. Das Papier war sehr dünn und fühlte sich an wie altes Pergament. Auf der Vorderseite entdeckte ich mehrere sorgfältig aufgeklebte Marken und einen Poststempel, der leider unleserlich war. Der Umschlag war mit einem Messer aufgeschnitten. Ich faltete die Seite auseinander und las zögerlich die ersten Zeilen des Schreibens.

Liebe Honey, ich muss schon wieder schreiben. Ich bin von meiner Liebe besessen.

Ich konnte es nicht glauben. Diese Zeilen hatte tatsächlich mein Vater zu Papier gebracht. Bevor ich den ersten Absatz erreicht hatte, schossen mir Tränen in die Augen. *Ich liebe dich. Ich bin bei dir jeden Tag, obwohl du mich nicht siehst. Mich nicht umarmst*. Meine Hände zitterten. Jeden Satz musste ich mehrere Male lesen, um begreifen zu können, dass es einmal eine innige Beziehung zwischen meiner Mutter und meinem Vater gegeben hatte. Ein paar Tränen tropften auf das Papier und wellten es, zum Glück waren die Worte mit Kugelschreiber geschrieben und nicht mit Tinte, sonst hätten sie sich auflösen können. Aus dem Augenwinkel sah ich, dass auch meine Mutter dagegen ankämpfte, zu weinen. Sie versuchte stark zu bleiben.

Ich fuhr mir mit dem Handrücken über die Augen und las den ersten Brief zu Ende. Danach steckte ich ihn sorgfältig in die Hülle zurück. Dann zog ich den zweiten, den dritten Brief heraus, manche waren mit der Schreibmaschine geschrieben, auf einem Papier, auf dem »Consolidated Industrial Complex Limited« stand, darunter »Bankers: Barclays Bank, High Street, Accra«: *Liebling, lass uns einen Weg finden. Wir müssen einfach für eine längere Zeit zusammen sein. Ich brauche dich doch. Was gibt es Schöneres auf der Welt als zwei Verliebte? Mit 1000 Küssen und einem Herz für dich. Bleib mir treu, wenn du kannst. Für immer dein, Samuel.*

Ich hatte keine Ahnung, wie lange ich mich in die Zeilen meines Vaters vertiefte. Ich verlor jedes Zeitgefühl, ich verkroch mich regelrecht in die Briefe, nahm jeden einzelnen in die Hand, legte sie wieder weg. Faltete einen zusammen, nahm den nächsten, alles passierte wie durch eine unbewusste Choreografie geleitet. Die Welt hätte neben mir untergehen können, ich hätte es nicht bemerkt.

Es machte mir keine Mühe, die Schrift meines Vaters zu entziffern, obwohl er Englisch und Deutsch wild mischte, manchmal mitten im Satz die Sprache wechselte. Man merkte genau, wenn er aufgewühlt war, denn dann formulierte er seine Emotionen auf Englisch, worin er sich offenbar sicherer fühlte, obwohl auch sein Deutsch weit besser war, als ich beim anfänglichen Lesen vermutet hatte. Seine Schrift faszinierte mich.

Er schrieb völlig gerade, obwohl das Briefpapier unliniert war, seine Worte hatten Schwung, Dynamik und Stil. Ich sah ihn in Gedanken vor mir, wie er in einem Hotelzimmer saß, an einem winzigen Schreibtisch, oder in einem Büro, weil er gerade Pause hatte und an meine Mutter dachte.

Honey, ich werde euch beschützen, dich und unser gemeinsames Kind. Ich werde euch immer lieben, von ganzem Herzen. Unser Baby, wir sollten es Samuel Amissah nennen.

»Samuel?«, sagte ich gedehnt »Amissah?« Ich sah auf.

»Ja«, antwortete meine Mutter. Zum ersten Mal lächelte sie an diesem Nachmittag. »Dein Vater dachte zunächst, dass du ein Junge wirst. Das ist wohl ein typischer männlicher Reflex.«

»Aber Amissah«, erwiderte ich. »Wollte Sammy, dass ich seinen Nachnamen trage, obwohl ihr nicht verheiratet wart?«

»Es war ihm sehr wichtig«, antwortete meine Mutter. »Er hat sich in einem Brief auch mal genauer dazu geäußert.«

Sie griff zum Aktenordner, um ein bestimmtes Schreiben zu suchen. Sie schien genau zu wissen, wie es aussah, woraus ich schloss, dass sie die Briefe öfter gelesen haben musste, öfter, als sie mir gegenüber zugegeben hatte. Es waren nicht gerade wenige Schreiben, nie hätte ich gedacht, dass die beiden sich so häufig geschrieben hatten. Schon nach kurzer Zeit wurde meine Mutter fündig und zog einen Brief ohne einen aufgedruckten Briefkopf hervor.

»Sieh nur, hier steht's: *Ich bin nicht glücklich über die Idee, das Kind Kiesbauer zu nennen. Ich liebe es so wie du. Ich möchte euch immer bei mir haben. Dich als meine Frau und das Baby als unser Kind, als deines und meines.*«

Ich konnte es nicht fassen. Bislang war ich der festen Überzeugung gewesen, dass mein Vater aus dem Leben meiner Mutter, und damit auch aus meinem, einfach verschwunden war. Von einem Tag auf den anderen nicht mehr da. Ich hatte keine Ahnung, dass er Pläne für mich hatte. Dass er sich intensiv damit auseinandergesetzt hatte, was aus mir werden sollte. Dass er mich liebte.

Auf einigen anderen Briefen entdecke ich einen aufgedruckten Briefkopf, der meinen Atem stocken lässt: »Cosima Induco Promotions Ltd.« Mein Vater hatte anscheinend eine Firma nach mir benannt. »Cosima« war mein erster Vorname, den er selbst ausgesucht hatte – die ersten Jahre hatte er mich auch nur Cosima genannt.

Wir schwiegen eine Zeit lang. Meine Mutter durchlebte wohl noch einmal in Gedanken die gemeinsamen Jahre mit Sammy, die Zeit der Liebe und des Schmerzes. Ich fühlte mich merkwürdig unentschieden. Ich wusste nicht, was ich von alldem halten sollte. Es faszinierte mich, nach so vielen Jahren mehr über meinen Vater zu erfahren, gleichzeitig hatte ich Angst vor zu viel Nähe zu einem Menschen, der bis dahin ein Fremder für mich gewesen war.

»Hattest du noch in Erinnerung, dass Sammy so viele Briefe geschrieben hat?«, fragte ich nach einer Weile.

»Nein, das hat mich selbst überrascht«, sagte meine Mutter. »Ich habe die gesamte Korrespondenz vor Jahren sortiert und seitdem nicht mehr in der Hand gehabt.

Ich hatte angenommen, durch meine vielen Umzüge sei der Aktenordner verschwunden oder irgendwo auf dem Müll gelandet. Aber wahrscheinlich habe ich instinktiv gespürt, dass du ihn einmal bekommen solltest.«

Ich hatte keine Ahnung, ob dies die volle Wahrheit war. Kann man vergessen, dass man solche Liebesbriefe erhalten hat? Oder war es nicht eher so, dass es meiner Mutter bislang zu peinlich war, mich mit den Briefen zu konfrontieren? Vielleicht hatte sie auch nur den richtigen Zeitpunkt dafür verpasst.

Letztlich spielte das keine Rolle mehr. Wichtig war allein, dass meine Mutter nun das Bedürfnis mit mir teilte, mit mir über die Briefe und über meinen Vater zu reden. Es war, als hätte jahrelang etwas in ihr geschlummert und würde nun zum Leben erweckt. Das Reden wirkte befreiend für sie.

»Was empfindest du, wenn du die Zeilen heute hier liest oder von mir vorgelesen bekommst?«, fragte ich behutsam. »Sammy beteuert doch selbst nach eurer Trennung wieder und wieder seine große Liebe zu dir.«

»Ich habe ein furchtbar schlechtes Gewissen«, antwortete meine Mutter nach einigem Zögern. »Ich frage mich, was ich für ein fürchterlicher Besen gewesen bin.« Sie stockte. Ich hatte sichtlich eine empfindliche Stelle getroffen. »Vielleicht war es ausschließlich meine Schuld, dass wir es nicht geschafft haben, eine gemeinsame Zukunft aufzubauen«, fuhr sie schließlich fort. »Ich habe ihn möglicherweise nie richtig verstanden, nicht die nötige Geduld für ihn und seine afrikanische Seele aufgebracht. Vielleicht wollte ich einfach etwas anderes als er. Es stimmt mich auch nach all den Jahren noch sehr traurig, dass ich eher meinen Blickwinkel im Sinn hatte.«

»Denkst du, dass du die Liebe seines Lebens warst?«, fragte ich.

»Ich glaube schon. Sammys Briefe strotzen nur so von Liebesbeteuerungen. Sieh nur, da steht: *Oh honey, you are my love. The love of my life*. Aber irgendwann war mir das alles zu viel. Es hat mich eingeengt, mich gefesselt. Diese Schwüre haben sich ständig wiederholt und sind mir nach einer Weile wie große Luftblasen vorgekommen. Ich hatte das Gefühl, hier schreibt ein Charmeur, ein Filou. Du wirst es auch feststellen, wenn du dir die Briefe noch einmal in Ruhe durchliest. Viele sind so verfasst, als müsste er für einen Geschäftspartner einen Punktekatalog aufstellen. Da fragt er erst nach dir, dann nach Nana, nach dem Wetter und fügt erstens, zweitens und drittens dazu. Es war, als würde eine ganz andere Person schreiben, wie bei Doktor Jekyll und Mister Hyde. Nach der Trennung habe ich deshalb seine Briefe teilweise nicht mehr aufgemacht, sondern sie einfach zu den anderen gelegt.«

Noch eine Familie: Mit meiner Mutter und meinem Vater 1971 in Wien

Meine afrikanische Großmutter Mary Coleman, die ich nie kennengelernt habe und nach deren ghanaischem Namen Asereba ich benannt bin

»Sammy, es hat lange gedauert, bis ich dir deine Tochter gebracht habe. Aber jetzt ist sie da«: Meine Mutter mit Jenny und Barbara am Grab meines Vaters

In Ghana mit meinen neuen Schwestern: Jenny (lks.) und die ältere Barbara im Sommer 2007

Das ausdrucksvolle Gesicht von Auntie Ama, der ältesten Schwester meines Vaters, ist mir vom ersten Augenblick an im Gedächtnis geblieben

Freunde und Familie meines Vaters in afrikanischen Gewändern: Mr Denis, Nana Ato Dazie, meine Schwester Jennifer, Onkel Emma (v.lks. n. r.)

Meine Taufe in der Wiener Servitenkirche

Weihnachten 1973 mit meiner Großmutter: Cousine Tanja und ich im Dirndl

Mit Mutter und Großmutter 1973 in Venedig

Balance zwischen zwei Welten – mit Hilfe meiner starken Großmutter

»Hast du sie in der Zwischenzeit gelesen?«, fragte ich.

»Ja«, erwiderte meine Mutter. »Als du angerufen hast. Auch wenn es mir nicht leichtgefallen ist. Oft musste ich mittendrin aufhören, weil ich einfach nicht mehr konnte.

Ich heulte, dann war ich wieder zornig, auf mich, auf Sammy, auf die ganze Welt. In mehreren Briefen flehte er mich richtiggehend an, die Trennung noch einmal zu überdenken. Dann wieder wand er sich seitenlang heraus, warum bestimmte Kindersachen, die er für dich kaufen wollte, nie bei mir eintrafen und wer alles Schuld an dem Dilemma hatte.«

Meine Mutter schluckte über die Wucht ihrer eigenen Worte. Vermutlich war ihr erst in diesem Moment bewusst, was das alles zu bedeuten hatte. Sie wandte sich ab, ich sollte ihre Tränen wohl nicht sehen. Sie saß da wie ein Häuflein Elend. Spontan legte ich meinen Arm um sie, und im selben Augenblick schossen die Tränen aus ihr heraus, als hätte sich eine Schleuse geöffnet. Sie weinte, dass es ihren ganzen Körper durchschüttelte.

»Was hätte ich denn machen sollen?«, presste sie heraus. »Was in aller Welt hätte ich tun sollen?«

»Ich glaube nicht, dass du eine Wahl hattest«, sagte ich. »Früher oder später wärt ihr ohnehin auseinandergegangen.«

Sie griff nach einem Taschentuch und schnäuzte sich. »Weißt du, bei deinem Vater hat vieles nicht gestimmt. In seinen Briefen schwor er mir ewige Liebe, aber im täglichen Leben hat er mich enttäuscht. Und zwar mehr als einmal.«

Ich wusste, wovon meine Mutter sprach. Sammy hatte es mit der Treue nicht so genau genommen, obwohl er sie beständig von ihr einforderte. Ganz zu schweigen von den vielen ungedeckten Schecks.

»Ich musste schließlich auch an dich denken«, sagte meine Mutter und schnäuzte sich ein zweites Mal hörbar ins Taschentuch. »Ich war langfristig finanziell nicht abgesichert. Die Engagements am Theater beschränkten sich auf ein oder zwei Jahre. Danach wusste ich nie, wie es weitergehen würde. Als ich mit dir schwanger wurde, freute ich mich riesig. Gleichzeitig hatte ich eine große Angst vor dem, was da auf mich zukam. Deine Großmutter hatte nur eine sehr kleine Rente, und ich musste sie jeden Monat unterstützen.«

»Ich habe es wirklich so gemeint, als ich sagte, dass eure Beziehung aufgrund all der Schwierigkeiten irgendwann zerbrochen wäre. Ihr kommt mir vor wie zwei Planeten, die sich immer weiter voneinander entfernt haben. Vielleicht siehst du das ja anders. Glaubst du, ihr hättet unter anderen Umständen eine Chance miteinander gehabt?«

»Bestimmt«, antwortete meine Mutter. »Aber du musst meine damalige Situation verstehen. Ich war in Köln am Schauspielhaus engagiert, Erstes Fach, hatte große Erfolge. So etwas wirft man nicht einfach hin.

Wenn ich in einem Büro gearbeitet hätte, dann hätten wir vielleicht etwas Gemeinsames aufbauen können. An Ideen hätte es sicher nicht gemangelt, und zupacken konnte ich auch. Aber die Bühne ist eine Welt, die deinem Vater tatsächlich sehr fremd war. Nicht umsonst war dein Stiefvater auch ein Schauspieler. Ich habe aus dieser Erfahrung gelernt.«

Nach der Trennung meiner Eltern im Jahr 1972 zog mein Vater nach London, bevor er sich von dort aus nach Amerika aufmachte.

»Sammy hat immer wieder nach dir gefragt«, erzählte mir meine Mutter außerdem. »Er wollte, dass du ihn in England besuchen kommst, aber ich hatte Angst, dass er dich bei sich behält und nicht mehr zurücklässt. Ich hatte Angst, dich zu verlieren.«

Meine Eltern lernten einander im Frühjahr 1967 kennen, viel mehr wusste ich bisher nicht von ihrer ersten Begegnung. Jetzt, fast vierzig Jahre später, wollte ich endlich erfahren, wie es wirklich gewesen war. Als ich meine Mutter danach fragte, sagte sie, sie habe damals für zwei Jahre ein Engagement am Stadttheater Bonn gehabt. Aber schon nach kurzer Zeit sei sie aus dem Ensemble geflogen. In der Karl-Millöcker-Operette *Der Bettelstudent* spielte sie einen Grenadier. Der Dirigent der Inszenierung war der Österreicher

Paul Angerer. Man hatte ihm aufgrund eines internen Intrigenspiels gerade gekündigt, was sie als eine himmelschreiende Ungerechtigkeit empfand. Dagegen wollte sie aufbegehren und überlegte sich, wie sie dem verantwortlichen Generalmusikdirektor von Bonn eins auswischen konnte.

»Bei deinem Temperament bist du sicherlich schnell zur Höchstform aufgelaufen«, sagte ich.

»Darauf kannst du Gift nehmen«, antwortete meine Mutter. »In der Operette gibt es ein Couplet, in dem der Grenadier einen Offizier namens Wangenheim besingt.

Der damalige Generalmusikdirektor der Stadt hieß zufälligerweise auch so. Das passte wie die Faust aufs Auge. Ich brauchte nur noch die Strophen ein wenig umzudichten, und schon hatte ich meine Revanche.«

Ich war nicht im Geringsten über dieses Verhalten verwundert. Sich für andere einzusetzen, ohne auf die Konsequenzen zu achten, das entspricht ganz und gar dem Charakter meiner Mutter. Dieser Gerechtigkeitssinn ist etwas, das wir gemeinsam haben.

»Den Streich hast du doch nicht im Alleingang durchgezogen?«, fragte ich.

»Gezwungenermaßen schon. Meine Kollegen hatten mich zwar in meinem Unmut bestätigt und gesagt: ›Na klar, da gehen wir solidarisch vor den Vorhang und protestieren gegen die Kündigung!‹ Bei der nächsten Vorstellung haben sie dann trotzdem alle schön brav den Mund gehalten. Also habe ich mir etwas anderes einfallen lassen.«

Meine Mutter sang daraufhin mit Inbrunst ihr Schmählied gegen den obersten Musikdirektor. Ich sehe sie vor mir, wie der Dirigent Paul Angerer immer mehr in sich zusammensank, als er begriff, was meine Mutter da wagte. Es war ein Riesenskandal, und sie fiel natürlich sofort in Ungnade. Ihr Vertrag wurde vorzeitig aufgelöst, sie musste sich nach einem neuen Engagement umsehen.

Sie hatte Glück. Zwar war sie für ihr aufbrausendes Temperament bekannt, genoss aber gleichzeitig einen hervorragenden künstlerischen Ruf.

Deshalb nahm man sie sofort am Schauspielhaus in Köln unter Vertrag. Da sie ihre Wohnung in Ippendorf bei Bonn behalten wollte, musste sie sich ein Auto zulegen.

»Ich habe mir von den Ersparnissen meiner Gagen einen VW Käfer gekauft, mit dem ich tagtäglich auf der Autobahn zwei Stunden zwischen Köln und Bonn unterwegs war«, erzählte sie. »Das war ziemlich eintönig, und aus Langeweile fing ich bald an, mir während der Autofahrt die Zeit zu vertreiben.«

»Wie denn?«, erkundigte ich mich.

»Meistens hatte ich ein aufgeschlagenes Textbuch auf dem Beifahrersitz liegen und lernte Dialoge. Eines Tages blickte ich auf und bemerkte, dass ein weiterer Wagen auf meiner Höhe fuhr. Eine richtige alte Rostlaube. Ich musste zweimal hingucken, denn ich sah gar keinen Fahrer, nur zwei weiße Zahnreihen, die mich anstrahlten. Das war dein Vater, der mich bei Tempo hundert mitten auf der Autobahn angeflirtet hat.«

Sammy war mit seinem Freund Kwesi (nach dem er später seinen einzigen Sohn benennen sollte), einem Botschaftsangestellten, unterwegs. Die beiden machten sich einen Riesenspaß daraus, meiner Mutter in Zeichensprache zu erklären, sie solle bei der nächsten Ausfahrt abfahren und etwas mit ihnen trinken. »Ich bin den beiden tatsächlich gefolgt. Für einen Kaffee hatte ich allerdings keine Zeit, denn ich musste ins Theater. So haben wir uns für den übernächsten Tag verabredet.«

Die Schilderung entsprach nicht dem Bild, das ich von meiner Mutter hatte. Ich war gespannt, warum sie einem Treffen mit zwei wildfremden Männern zugestimmt hatte. »War da vielleicht so etwas wie Liebe auf den ersten Blick mit im Spiel?«

»Du meine Güte, nein! Mit den beiden Männern war es von Anfang an einfach ungemein lustig und völlig unkompliziert. Das hat mich fasziniert.«

»War mein Vater in deinen Augen ein hübscher Kerl?«, fragte ich vorsichtig weiter.

»Ehrlich gesagt nein! Zumindest nicht im landläufigen Sinn. Sammy sah nicht aus wie Harry Belafonte oder Sidney Poitier, dafür hatte er einen unglaublichen Charme. Wenn er lachte, ging die Sonne auf, und dieser ansteckenden Fröhlichkeit konnte sich kaum jemand entziehen.«

Meine Mutter war damals sechsundzwanzig, mein Vater vier Jahre älter. Er lebte zu dem Zeitpunkt schon seit mehr als acht Jahren in Deutschland, nach seinem Studium als Automobilingenieur in Ost-Berlin hatte er ein Stipendium der Bundesrepublik erhalten und 1963 in West-Berlin seine Ausbildung im Maschinenbauwesen erfolgreich abgeschlossen.

»Erzähl mir genauer von eurer ersten Verabredung«, bat ich.

Es war zu spüren, dass meine Mutter das Thema übergehen wollte.

»Nun komm schon, so etwas vergisst man nicht«, hakte ich nach.

»Na ja, spontan fällt mir nur ein, dass ich mir für dieses Rendezvous unbedingt ein neues Kleid anfertigen wollte. Damals war Stricken ja noch modern, und ganz besonders ›in‹ waren Minis, die mit dicken Nadeln gefertigt waren.

Einen Durchmesser von zwei Zentimetern mussten sie mindestens haben. Damit konnte man natürlich nur sehr grobmaschig arbeiten, doch das kam meiner Ungeduld sehr entgegen. Ich suchte mir also in einer Zeitschrift die Anleitung für ein entsprechendes Kleid heraus …«

»Das muss bei den großen Lochmaschen sehr sexy ausgesehen haben!«

»Und wie! Eigentlich bestand das gesamte Strickmuster nur aus Löchern. Und weil ein Mini kurz unterhalb des Pos aufhörte, fing ich erst am Vormittag unseres Verabredungstages mit dem Stricken an. Ich dachte mir, das ginge sich locker aus.«

»Und?«

»Das Muster hat sich als sehr tückisch entpuppt. Ich musste acht verschiedene Wollknäuel gleichzeitig miteinander verarbeiten, und so stand mir bald der Schweiß auf der Stirn. Ich habe das Kleid bis zum Abend zwar fertig bekommen, allerdings hatte ich weder einen Unterrock noch Zeit zum Vernähen, und so erschien ich am Abend mit einem Hauch von Nichts zum Date. Kein Wunder, dass Sammy sich Hals über Kopf in mich verliebt hat.« Meine Mutter legte den Kopf leicht schief und zwinkerte mir zu.

»Habt ihr Englisch oder Deutsch miteinander gesprochen?«

»Die meiste Zeit unterhielten wir uns auf Denglisch, einer Mischung aus Deutsch und Englisch. Nur wenn wir stritten, dann sprach Sammy ohne Ausnahme Englisch und ich Deutsch.«

Mein Vater lebte damals zusammen mit acht Afrikanern in einer Jugendstilvilla in Bad Godesberg. Es war eine Art Wohngemeinschaft, ein richtiges *open house*, in dem der Botschafter von Dahomey, dem heutigen Benin, ebenso residierte wie einige Studenten. Besucher waren jederzeit willkommen, und die Männergemeinschaft nahm meine Mutter sofort herzlich auf.

»Noch heute läuft mir das Wasser im Mund zusammen, wenn ich an die riesige Küche im Erdgeschoss denke«, erzählte sie.

»Haben sie dort große Essen veranstaltet?«

»Nein, auf dem Herd stand allerdings immer ein gewaltiger Topf, meistens köchelte da ein würziges Hühnergulasch vor sich hin. Es hat herrlich gerochen und noch besser geschmeckt.«

Gäste wurden in der WG stets großzügig verköstigt, bezahlen musste man nichts dafür. Manche brachten beim nächsten Mal selbst etwas zum Essen mit. Doch auch das war keine Bedingung. Diese Großzügigkeit kannte meine Mutter bislang nicht, und sie war davon unheimlich beeindruckt.

Sammy und meine Mutter sahen sich oft. Nach der Vorstellung im Theater fuhr sie meistens zu ihm in die Villa. Da saßen dann alle in der Küche, aßen gemeinsam, redeten und lachten. Manchmal lag auch eine Schwermut im Raum, da viele Heimweh und Sehnsucht nach ihren Familien hatten. »Anders als ich es bisher kannte, wirkte diese Traurigkeit jedoch nicht wirklich bedrückend auf mich, eher war alles sehr stimmungsvoll, sehr intensiv. Ich habe mich gern diesem Gefühl hingegeben. An solchen Abenden war es äußerst still im Haus, dann wurde Whisky getrunken, und wir hörten leise Musik.«

»Kannst du dich noch an die Musik erinnern?«, fragte ich.

»Natürlich. Black Music. Percy Sledge und seine Songs ›What Am I Living For‹ oder ›When A Man Loves A Woman‹, außerdem die südafrikanischen Lieder von Miriam Makeba.«

Ob mein Vater auch starkes Heimweh hatte? Meine Mutter weiß es nicht genau.

»Wahrscheinlich gab es in ihm diese tiefe Sehnsucht nach Ghana«, antwortet sie, als ich sie danach frage. »Zugleich lebte er schon viele Jahre in Europa und hatte sich in vielen Dingen angepasst. Er war kein richtiger Afrikaner mehr, aber auch noch längst nicht Deutscher. Er musste mit zwei Kulturen zurechtkommen und versuchen, sie in sich zu vereinen, was sicher nicht einfach war. Damals konnte ich das noch nicht so fassen, was wussten wir seinerzeit in Deutschland schon von diesen Zerrissenheiten.

Als in den Sechzigerjahren die ersten Türken und Griechen ankamen, die sogenannten Gastarbeiter, beschäftigte sich niemand mit ihren kulturellen Problemen. Das Versäumnis begreifen viele erst jetzt.«

Je mehr ich mit meinen Fragen in die Tiefe drang, umso deutlicher trat zutage, dass meine Mutter sie nicht beantworten konnte. Diese Erkenntnis war neu für sie, erschreckte sie regelrecht.

Sie arbeitete damals am Theater, fast wie eine Besessene, und Sammy war viel unterwegs. Das Geld war knapp, woher das kam, was mein Vater hatte, weiß sie bis heute nicht, aber die beiden stritten wohl oft über finanzielle Dinge. Mein Vater legte auch bei diesem Thema eine legere Haltung an den Tag.

»Wenn du seine Briefe nochmals liest, wirst du sehen, dass er sich immer sehr nebulös über seine Geschäfte ausgedrückt hat«, sagte meine Mutter. »So in der Art: ›Habe gute Leute kennengelernt. Habe ein interessantes Geschäft getätigt. Habe einen Verrechnungsscheck bekommen. Bitte lass ihn über dein Konto laufen.‹«

Monat für Monat spielte sich dasselbe Ritual der ungedeckten Schecks ab. Sie machte meinem Vater eine Szene, er redete sich heraus, sprach von Bekannten, Helfern und Helfershelfern, die ihn hintergangen hätten. Was wirklich los war, erfuhr sie nie.

Meine Mutter unterstrich ihre Enttäuschung über die ungedeckten Schecks mit einer Geschichte. Als ich schon auf der Welt war, bat sie Sammy, einen Kinderwagen zu kaufen. Da er wieder einmal auf Geschäftsreise im Ausland war, beauftragte er einen Bekannten, Mr Bartholomé, dies für ihn zu erledigen. »Ich habe über die Jahre erfahren, dass es in Afrika gang und gäbe ist, alles zu delegieren«, berichtete sie.

»Bevor man selbst etwas in die Hand nimmt, wird ein Freund mit der Aufgabe betraut. Der kontaktiert einen Freund, der wiederum einen anderen Freund anspricht, und das setzt sich dann bis ins Unendliche fort. Ob es je zur Erledigung der Aufgabe kommt, ist mehr als fraglich. So war es auch mit deinem Kinderwagen. Auf den warte ich nämlich heute noch.«

»Von welchem Geld habt ihr eigentlich gelebt?«, fragte ich. »Hast du Sammy etwa ausgehalten?«

»Nein, jeder ist für sich selbst aufgekommen. Das war ja das Wunder. Plötzlich besaß Sammy wieder Geld, ich wusste nur nie, woher er es hatte.«

Mir war das Thema langsam unangenehm. »Meinst du, er hat krumme Dinger gedreht?«

»Nein, das bestimmt nicht«, versicherte meine Mutter. »Er war ein ziemlich findiger Geschäftsmann, hat immer mit irgendjemandem irgendetwas gedealt. Aber das waren stets nur einmalige Sachen. Er konnte nie ein richtiges Business aufziehen.« Ein Lächeln huschte über ihr Gesicht.

»Woran denkst du gerade?«, fragte ich.

»Daran, welche Ziele deinem Vater vorschwebten. Er wollte immer reich werden und das perfekte Geschäft aufziehen, das ihn zum Millionär machen sollte. Nur wie dieses Geschäft aussehen könnte, das wusste er nicht. So hat er einfach alles ausprobiert. In der Pharmabranche ebenso wie im Holzhandel. Er hat immer schnell gemerkt, dass er es als Einzelner nicht schaffen konnte, dass er Partner, Fachleute, Investoren brauchte. Leider ist er in seiner unendlichen Gutmütigkeit stets auf die Falschen hereingefallen. Er bekam so viele ungedeckte Schecks, dass ich damit mehrere Wände hätte tapezieren können.«

»Dafür hättest du sie aufheben müssen«, warf ich ein.

Meine Mutter verschwand für ein paar Minuten und kehrte mit einer Schachtel zurück. »Hier sind die ungedeckten Schecks, die dein Vater erhalten hat. Ich habe sie alle aufbewahrt.«

Die Kiste war randvoll. Ich nahm ein paar der Papierstücke in die Hand. Manche davon sahen wie kleine Kunstwerke aus – ähnlich dem Scheck, den ich als Teenager von Sammy erhalten hatte. Wahrscheinlich lag er jetzt ebenfalls irgendwo zwischen all den anderen wertlosen Verheißungen.

»Sein Verhältnis zum Geld hat mich immer wieder zur Weißglut getrieben«, sagte nun meine Mutter. »Nicht zuletzt, weil dein Vater extrem großzügig war.«

»Ein solches Verhalten kannst du ihm wohl kaum vorwerfen!«

»Großzügigkeit ist ein schöner Charakterzug, da hast du recht. Allerdings nur, wenn man es sich leisten kann.«

»Was meinst du damit?«

Meine Mutter dachte kurz nach, dann sagte sie: »Nachdem wir zusammengezogen waren, du warst da schon auf der Welt, stand fast jeden Tag halb Afrika vor meiner Tür. Heute irgendein ghanaischer Verwandter, der einen Wintermantel, morgen ein anderer, der einen

Schal oder eine Mütze brauchte. Es hatte sich wohl herumgesprochen, dass wir eine gute Anlaufstelle waren. Wann immer also ein Mitglied von Sammys großer Clique vor der Tür stand und um Hilfe bat, ging dein Vater mit ihm einkaufen – so lange, bis unser ganzes Geld aufgebraucht war.«

»Die Familie muss man unterstützen!« Ich ergriff Partei für meinen Vater.

»Das habe ich mir eingangs auch gedacht. Ich bin ja kein Unmensch. Und wir haben jedem geholfen. Als ich deinen Vater fragte, wie viele Verwandte er denn noch habe, antwortete er mit seinem unwiderstehlichen Lächeln: ›980.‹ Und das hat er ernst gemeint.«

»980?«, sagte ich mit einer Stimme, als hätte ich mich an einem Apfel verschluckt. »980 Verwandte? Das gibt's doch nicht.«

»In Afrika schon. In Sippengesellschaften wird absolut kein Unterschied gemacht zwischen Verwandten zweiten, dritten oder vierten Grades. Es gilt: Wer hat, der gibt, und zwar in dem Bewusstsein, dass einem selbst in einer Notsituation ebenfalls geholfen wird.«

Auf Dauer kam meine Mutter mit dieser Lebensart nicht klar. Hier prallten zwei Mentalitäten aufeinander. Immer wenn sie zur Kritik ansetzte, konterte mein Vater: »Warum regst du dich auf? Du hast doch alles, was du brauchst: Essen, Kleidung, ein Dach über dem Kopf.« Vorsorgen für schlechte Zeiten, Sparen für Lebensziele, Geld beiseitezulegen für ein größeres Auto oder eine Urlaubsreise – all das konnte mein Vater nicht verstehen. Dem weitläufigen Familienclan zu helfen, das hatte immer Priorität.

»Wie hat Sammy mit seiner Familie in Ghana Kontakt gehalten? Hat er sie regelmäßig angerufen?«, fragte ich.

»Mit seiner Mutter nicht, die lebte in Kuntu, einem kleinen Buschdorf am Atlantischen Ozean. Dort gab es damals kein Telefon. Sicherlich hat er hin und wieder seinen jüngsten Bruder Emmanuel und seinen Onkel, Grandpa Coleman, in Accra angerufen.«

»Eines verstehe ich nicht«, fragte ich weiter. »Wenn mein Vater wirklich aus einem Dorf mitten im afrikanischen Dschungel stammt, wie ist er überhaupt zum Studieren nach Ost-Berlin gekommen?«

»Sammy war sehr begabt«, antwortete meine Mutter. »Ich weiß nur, dass die Regierung unter Präsident Kwame Nkrumah damals eine Initiative startete. Es war kurz nach der Unabhängigkeit. In allen höheren Schulen des Landes sollte nach den begabtesten Kindern Ausschau gehalten werden. Er hatte an der U.A.C. Caterpillar Unit Training School in Accra technische Vorlesungen belegen können. Seine Leistungen waren so hervorragend, dass er sofort nach dem Abschluss eine Lehrverpflichtung erhielt. Anschließend hat er von der Regierung in Ghana das DDR-Stipendium bekommen.«

»Habt ihr eigentlich nie ans Heiraten gedacht?«

Meine Mutter verdrehte die Augen. »Nein, bevor ich deinen Vater kennengelernt habe, war ich schon mal verheiratet, und das hat mir gereicht.«

Ich musste tief Luft holen, auch darüber hatte ich mit meiner Mutter bislang nur oberflächlich gesprochen. Mit ein wenig Ironie wollte ich die Situation überspielen. »Wer war denn der Unglückliche?«

»Ein Schauspielkollege«, antwortete sie ungewohnt einsilbig. »Knapp zwei Jahre habe ich die Ehe ausgehalten, von 1964 bis 1966, und das war eine Erfahrung, die ich kein zweites Mal in meinem Leben machen wollte. Heiraten war für mich nie wieder ein Thema. Und dein Vater hat nicht darauf gedrängt.«

Noch lange saßen wir schweigend auf der Terrasse zusammen. Eigentlich war es dafür schon zu kalt, aber das bemerkten wir nicht, so sehr hingen wir unseren Gedanken nach.

»Dass ich das noch einmal durchmachen muss«, sagte meine Mutter unvermittelt in die Stille hinein. »Lass uns ins Haus gehen, Arabella. Es ist Zeit, uns aufzuwärmen.«

»Ich will nach Afrika«, sagte ich zu meiner Mutter, als ich sie das nächste Mal besuchte. Es war ein Entschluss, der langsam in mir gereift war. Immer wieder hatte ich die Briefe gelesen, die Sammy an sie geschrieben hatte. Sie erzählten mir viele unbekannte Einzelheiten über meinen Vater, aber das Bild von ihm gewann dadurch nicht an Klarheit.

Im Gegenteil, je mehr Details ich in Erfahrung brachte, desto größer kamen mir die Lücken vor. Zwar konnte ich nachvollziehen, was meine Mutter mir während unseres langen Gesprächs am Schliersee gesagt hatte. Er schien mir tatsächlich ein Schlawiner zu sein, viele Briefe waren, ehrlich betrachtet, recht oberflächlich. Da stand oft nichts anderes, als dass er gerade in London sei, dieses und jenes Geschäft versuche, bald nach Zürich fliegen werde und so weiter.

Auch die ständig wiederkehrende Formulierung »Ich kann nicht ohne dich leben« wirkte in meinen Augen auf einmal wie eine leere Hülse. Gleichzeitig las ich aus den Briefen eine andere Seite von Sammy heraus, eine Seite, die meine Seele berührte. Ich spürte, dass er ein unglaublicher Familienmensch war, was ihm Afrika bedeutete. Nur konnte meine Mutter ausgerechnet über diese Seite meines Vaters nichts berichten, sein Innerstes, das zum Teil auch mein Innerstes war, konnte sie mir nicht offenbaren. Es gab für mich keinen anderen Weg. Ich musste dorthin gehen, wo mein Vater herkam. Nach Afrika, nach Ghana.

»Was soll das bringen, in der Vergangenheit herumzuwühlen? Warum willst du deine afrikanische Familie kennenlernen, nach all den Jahren? Was glaubst du, was sich dadurch ändern wird?« In der Stimme meiner Mutter schwang Angst mit, als ich ihr von meinem Vorhaben erzählte. Angst wovor? Was sollte ich schon groß ans Tageslicht befördern, was sie überraschen oder mich schockieren könnte?

»Mutti, das kann ich im Vorfeld nicht wissen. Noch war ich nicht dort.«

»Willst du nach deiner Rückkehr etwa zweimal in der Woche mit deiner Familie telefonieren? Sammy ist tot. Es wäre etwas anderes, wenn er noch lebte.«

»Ich weiß nicht, was danach kommt. Das ist auch nicht wichtig. Ich muss mich erst einmal auf diese Reise einlassen.«

»Es ist dir wohl sehr wichtig!«

»Ja.«

»Ich habe keine Ahnung, wer von Sammys Familie überhaupt noch lebt und wie sie dir gegenüber eingestellt sind. Allerdings bin ich mir sicher, dass einige von seinen Geschwistern noch leben, sein jüngster Bruder Emmanuel vielleicht.«

»Ich will nur, dass sie mir helfen, mich selbst besser zu verstehen. Ich weiß nicht, wie viel Afrika in mir ist. Wie soll ich es jemals erfahren, wenn ich einen Teil meiner Herkunft ignoriere?«

Ich hatte keine andere Wahl, ich konnte nicht mehr zurück, selbst wenn ich es gewollt hätte. Mein Schiff hatte in Gedanken bereits vom Ufer abgelegt und die Küste längst hinter sich gelassen. Jetzt hieß es, Kurs auf ein mir unbekanntes Land zu nehmen. Eine Reise ins Ungewisse anzutreten, eine Reise zu mir selbst.

»Hilfst du mir, mehr über mich zu erfahren?«, fragte ich schließlich.

»Ja«, antwortete meine Mutter und legte ihre Hand auf die meine.

5

Sammy, wo bist du?

»Du wirst doch nicht schwanger sein?« Ich starrte auf den dünnen weißen Streifen in meiner Hand und schüttelte ungläubig den Kopf. Doch die kleine rechteckige Fläche auf dem Streifen hatte sich eindeutig blau gefärbt. Mir war klar, was das zu bedeuten hatte, dennoch vermochte ich es kaum zu glauben. Der Test war positiv. Ich war schwanger. War das denn möglich?

Ich saß auf dem Bett im Schlafzimmer unserer Wiener Wohnung und starrte auf den Teststreifen. Tausend Gedanken schossen mir durch den Kopf. Ich wurde von Glück durchströmt und gleichzeitig von Zweifel und Angst. Ich? Schwanger? Im Ernst? Natürlich hatte ich bemerkt, dass mein monatlicher Zyklus unregelmäßig war. Aber dafür gab es Dutzende von Gründen. Selbst jetzt, mit dem Streifen in der Hand, begriff ich es nur langsam: Ich erwartete ein Kind.

Es war April, das Wetter war immer noch ungewöhnlich warm für diese Jahreszeit. Die Temperaturen ließen eine Vorahnung auf den Sommer zu. Überall in Wien grünte und spross es. Es war Frühling, die Zeit des Aufbruchs und die Jahreszeit, die mein Innerstes widerspiegelte. Ich war unterwegs zu neuen Ufern. Nach langen Monaten der Unsicherheit und voller Selbstzweifel begann ich mit mir ins Reine zu kommen. Mein Entschluss, nach Afrika zu gehen und meine Familie zu treffen, war gefasst. Ich wollte alles über meinen Vater in Erfahrung bringen. Ich wollte wissen, wie er gelebt, wie er gedacht hatte, wie er gestorben war. Seine Wurzeln, so war meine Überlegung, waren auch die meinen. Könnte ich seine Heimat kennenlernen, würde ich automatisch mehr über mich herausfinden. In zwei Monaten sollte es losgehen. Ich steckte mitten in den Vorbereitungen zu dieser Reise, als mir das Schicksal den Wunsch meines Lebens erfüllte.

»Wir bekommen ein Baby.« Mein Mann und ich sagten uns den Satz mehrfach vor, ganz leise, fast als hätten wir Angst, jedes zu laut geäußerte Wort könnte unseren Traum zum Platzen bringen. Schwanger! Endlich!

Ich schwebte auf einer Wolke des Glücks, mein Lachen und meine Fröhlichkeit kehrten zurück. Wenn ich mich mit Freundinnen traf, sprachen sie mich darauf an. »Warum lächelst du so? Ist irgendetwas passiert, von dem wir wissen sollten?«

»Nein, überhaupt nichts«, antwortete ich und versuchte so unschuldig wie nur möglich dreinzublicken. »Da ist rein gar nichts. Ich bin nur glücklich.«

Keine Ahnung, ob sie mir glaubten. Ich jedenfalls wollte mein Geheimnis so lange für mich behalten, bis ich wusste, dass unser Baby auch wirklich zu uns wollte. Es half, dass ich mitten in den Vorbereitungen für meine Afrikareise steckte. Als Ausrede funktionierte das sehr gut. Ich konnte meine Aufgewühltheit, meine Aufgekratztheit, meinen Frohsinn wunderbar auf die Spurensuche nach meinem Vater schieben. »Ich freue mich, bald meine Familie in Ghana kennenzulernen«, sagte ich, wenn meine Freundinnen weiterbohrten.

Je näher der Juni und damit die Abreise heranrückte, desto unsicherer wurde ich. Ich wollte kein Risiko eingehen. Jahrelang hatte ich darauf gewartet, schwanger zu werden, das Baby durfte ich auf keinen Fall gefährden. Ich fragte meinen Arzt, ob denn etwas passieren könne, aber er winkte ab. »Die Schwangerschaft verläuft komplett normal. Unvorhergesehenes kann immer geschehen. In Ghana genauso wie in Österreich.«

»Ich gefährde also nicht das Kind, wenn ich fliege?«

»Nein, wenn Sie für ausreichenden Impfschutz sorgen und sich in Ghana nicht überanstrengen, gehen Sie kein Wagnis ein.«

Ich atmete erleichtert auf.

Die Schwangerschaft hatte mich wie ein Naturereignis getroffen, vollkommen unvorbereitet. Im Nachhinein überraschte es mich jedoch nicht weiter, dass es so gekommen war. Jahrelang war ich regelrecht fixiert gewesen auf ein Baby, war dadurch viel zu verkrampft, um zu empfangen. Mir fehlte die Leichtigkeit. Als ich mich dazu entschieden hatte, nach meinen Wurzeln zu suchen, bekam mein Leben eine Wendung, einen anderen Sinn. Heute weiß ich, dass man die Dinge nicht erzwingen kann, sondern zulassen muss. Sobald ich losließ, war ich frei. Frei für mein Baby.

Als ich begann, nach meiner Familie in Afrika zu suchen, tat ich dies ohne jeglichen Plan. Der Antrieb lag in meinem Inneren. Nicht der Verstand führte das Kommando, sondern mein Instinkt. Ich war überzeugt, dass es für mich das Richtige war. Wenn mich jemand gefragt hätte, wohin das alles führen sollte, ich hätte ihm keine Antwort geben können.

Jetzt, da ich ein Kind erwartete, hatte ich das Gefühl, dass ich nicht alleine nach Ghana fliegen sollte. Als meine Mutter damals Sammy nach Afrika folgte, war sie ebenfalls schwanger – und hoffte, dass meine Großmutter später nachkommen würde. Jetzt, da meine Mutter mit mir reisen wollte, hatte ich auf einmal den Eindruck, dass sich der Kreis schloss.

Nur wie sollte ich meine Familie in Ghana finden? Seit dem Tod meiner Großmutter war der Kontakt abgebrochen. Ob in Kuntu, dem Geburtsort meines Vaters, noch ein Mitglied der Familie wohnte, war zweifelhaft. Schon damals, als meine Mutter mit Sammy in Ghana gewesen war, war ein Großteil der jüngeren Generation weggezogen. Wie also sollte der Kreis sich schließen?

Als ich meine Zweifel und Fragen einmal im Freundeskreis erzählte, war zufällig ein Botschaftersekretär von Ghana in der Schweiz anwesend. Er meinte, dass ich in den größten Tageszeitungen von Ghana eine entsprechende Suchanzeige schalten könne. Mir gefiel die Idee auf Anhieb, auch weil der Mann sie selbst verfassen wollte, als Ghanaer wusste er bestimmt, wie man einen solchen Text aufsetzen musste. Noch am selben Abend schrieb ich ihm alle wichtigen Informationen auf.

Im Mirror, im Guardian und im Daily Graphic erschien wenig später folgende Anzeige:

Dad, Ebenezer Samuel Mbir Amissah, wo bist du?

Liebe Nana Ama,
ich schreibe Ihnen im Namen von Arabella Kiesbauer, einer sowohl in Österreich als auch in Deutschland bekannten TV-Moderatorin.
Sie hat eine deutsche Mutter, Hannelore Kiesbauer, ihr Vater, Ebenezer Samuel Mbir Amissah, stammt aus Ghana. Nach Ansicht der Mutter ist er gestorben.
Mrs Kiesbauer dagegen glaubt nicht, dass ihr Vater tot ist. Sie meint, ihre Mutter will sie entmutigen, nach ihm zu suchen.
Ihr Vater dürfte in einem Ort namens Kuntu auf die Welt gekommen sein. Er hat in Kumasi Ingenieurwissenschaften studiert und ging später für weitere Studien nach Bonn und Karlsruhe in Deutschland.
Mrs Kiesbauer, die am 8. April 1969 geboren wurde, weiß, dass sich ihre Eltern in den späteren Sechzigerjahren kennengelernt haben, als Mr Amissah zum Studium nach Deutschland kam.
Ich bitte Sie, Mrs Kiesbauer bei der Suche nach ihrem Vater zu unterstützen.

Ich war entsetzt, als ich diese Anzeige las, was erst in Ghana passierte, sonst hätte ich selbstverständlich eingegriffen, bevor sie gedruckt wurde. Anscheinend hatte der Botschaftsangestellte einiges durcheinandergebracht oder falsch verstanden. Einer meiner Freunde hatte mich in der geselligen Abendrunde gefragt, ob ich denn hundertprozentig sicher sei, dass mein Vater tot sei. Daraufhin hatte ich gesagt, dass ich das erst wirklich wissen könne, wenn ich eine Sterbeurkunde in der Hand hielte. Schließlich hatte ich nichts außer dem kryptischen Anruf auf dem Handy am Hamburger Flughafen – und dem unguten Gefühl, dass die fremde Stimme damals die Wahrheit gesprochen haben könnte.

In der Anzeige war aus dem kleinen Rest an innerem Zweifel eine Tatsache geworden. Was noch schlimmer war: Wie konnte bei dem freundlichen Schweizer Helfer nur der Eindruck entstanden sein, dass meine Mutter mich bei der Suche nach den Familienangehörigen meines Vaters »entmutigen« wollte? Das war ja mal reichlich schiefgelaufen. Ich war nur froh, dass meine Mutter dadurch später nicht leiden musste. Keiner von Sammys Verwandten zeigte sich ihr gegenüber befangen oder ließ sich etwas anmerken. Sie glaubten nicht alles, was in der Zeitung stand, sondern hatten ihre eigene Einschätzung.

Fünftausend Kilometer von mir entfernt schlägt ein Mann in Obuasi, der Stadt in Ghana, die wegen ihres Ashanti-Goldes berühmt ist, den Mirror auf. In aller Ruhe blättert er die Tageszeitung Seite für Seite durch.

Auf Seite dreizehn fällt ihm ein Inserat ins Auge. Er muss es mehrmals lesen, denn er kann nicht glauben, was hier steht. Eine Frau, deren Namen er nicht kennt, sucht ihren Vater. Der Name des Mannes, Ebenezer Samuel Amissah, ist Emmanuel Amissah hingegen sehr wohl bekannt – es ist sein Bruder, den er über alles in der Welt geliebt und bewundert hat. Sein Bruder, der seine Tochter aus Deutschland vor langer Zeit aus den Augen verloren und der sich nichts sehnlicher gewünscht hatte, als sie wiederzusehen.

Der Mann faltet die Zeitung langsam zusammen, er weiß nicht wohin mit seinen Gefühlen, er weiß nicht, was er als Nächstes tun soll. Er ist aufgeregt, in freudiger Erwartung, aber gleichzeitig hat er Angst vor dem, was nun auf ihn zukommt. Sein Herz klopft wie wild, und er muss sich erst einmal ins Bett legen und zur Ruhe kommen.

Später am Tag greift er zum Telefon und ruft seine Verwandten an, einen nach dem anderen. Sie alle danken dem lieben Gott, denn endlich hat er ihre Gebete erhört, ihre Gebete für die Heimkehr der verlorenen Tochter.

Es ist Abend, als sich der ältere Mann an seinen Computer setzt und den Namen »Arabella Kiesbauer« in die Suchmaschine Google eintippt. Wenige Sekunden später hat er ihre E-Mail-Adresse gefunden. Er öffnet das E-Mail-Formular und beginnt zu tippen: »Liebe Arabella. Hier schreibt dir dein Onkel Emmanuel aus Ghana …«

6

Die Federn eines Vogels fallen immer auf die Erde zurück

Frieda, die Frau meines Cousins Tony, ist achtundzwanzig und eine echte Schönheit. Sie hat langes, gewelltes Haar, und ihre Haut schimmert milchkaffeebraun. Die beiden haben einen vierjährigen Sohn, Kwaku. Mehr Kinder sollen folgen, aber im Moment ist Frieda noch ganz Karrierefrau. Sie baut sich gerade ihr eigenes Geschäft auf. Kinder und Job unter einen Hut zu bringen, das ist nicht nur bei uns ein Balanceakt für Frauen, sondern auf der ganzen Welt.

Friedas Laden liegt in Madina, einem Ortsteil von Accra, dessen Bild geprägt wird von vielen windschiefen, aus Brettern zusammengezimmerten Straßenshops, keiner größer als zwei mal drei Meter. Die meisten sind bunt und sehen fröhlich aus. Verkauft wird alles, was nur einigermaßen Aussicht auf Geld verspricht: Kühlschränke, Kosmetika, Telefonkarten, Matratzen, Teppiche, Ventilatoren, Kleidung, Schuhe, Handtaschen, Küchengeräte. An potenziellen Kunden mangelt es nicht. Auf den Straßen herrscht reges Treiben. Wer will, kann vom Auto aus seine Bestellung aufgeben. Obst und Getränke werden in großen Schüsseln gleich neben dem Straßenrand gelagert.

Wir fahren eine Hauptstraße entlang, nur sie ist geteert; sämtliche Nebenwege bestehen aus nacktem Lehmboden. Es gibt keine Straßenschilder. Wer sich zurechtfinden will, muss hier geboren sein oder einen ortskundigen Fahrer angeheuert haben. Unser Chauffeur kennt sich offenkundig aus, denn er steuert uns mit sicherer Hand durch das Gewühl aus Menschen und feilgebotenen Waren.

Es ist mein zweiter Tag in Ghana, aber ich fühle mich, als wäre ich schon eine Ewigkeit hier.

Auf dem Weg zu Frieda fallen mir die anmutigen Frauen am Straßenrand auf, die auf ihren Köpfen alles tragen, was von A nach B transportiert werden muss. Obwohl es oft aussieht, als sei der Inhalt ihrer Plastikschüsseln sehr schwer, halten sie ihren Rücken stets kerzengerade und balancieren die Behältnisse ohne Zuhilfenahme ihrer Hände.

Nach einer halben Stunde Fahrt sind wir angekommen. Frieda hat einen Schneiderladen. Bei ihr möchte ich mir ein traditionelles Gewand in Schwarz kaufen. Morgen werde ich die Gräber meines Vaters und meiner Halbschwester Ida besuchen, dafür möchte ich es anziehen.

Friedas Geschäft besteht aus einem Verkaufsladen mit einer Glasfront im Erdgeschoss, in dem Musterkleider ausgestellt sind; die eigentliche Schneiderei liegt direkt darüber. Der Shop ist keine fünfzehn Quadratmeter groß, jeder freie Fleck ist mit Frauengewändern vollgestopft. Das Design pendelt zwischen traditionell und westlich, das meiste ist sehr bunt und weit geschnitten.

Frieda hat offenbar Erfolg mit ihrem kleinen Laden, denn sie beschäftigt bereits fünf Schneiderinnen. Es gibt nur einen Mann hier – und der bügelt.

Ich finde rasch einen schwarzen Kaftan, der mir gefällt. Da es keine Umkleidekabine gibt, stehe ich bei der Anprobe halbnackt im Geschäft herum und hoffe, dass niemand hereinkommt.

So schön das Gewand auch ist, es liegt an den Hüften zu eng an. Frieda verschwindet für eine halbe Stunde nach oben, dann haben die handbetriebenen alten Singer-Nähmaschinen den Kaftan nach meinen Maßen umgearbeitet; es kostet mich insgesamt 350 000 Cedi, umgerechnet 35 Euro.

Anschließend fahren wir ins Hotel zurück. Im Pool schwimmen

meine Mutter und ich noch einige Runden, bevor wir uns auf den Liegen ausstrecken. Meine Mutter weint noch immer sehr viel, ich weiß gar nicht, wie ich sie trösten kann.

»Dir setzt die Reise wohl sehr zu?«, frage ich vorsichtig, nachdem wir für eine Weile die Augen geschlossen hatten. »Mehr als du je gedacht hättest?«

»Es ist einfach schrecklich, was alles hochkommt. Weil sich hier so wenig verändert hat, werde ich ständig an die Zeit erinnert, als ich mit Sammy hier war. Manchmal denke ich, dass ich jeden Baum wiedererkenne, den ich in seiner Schönheit bewundert habe. Aber am schlimmsten quälen mich die Vorwürfe. Ständig frage ich mich, ob ich alles richtig gemacht habe, ob ich nicht mit deinem Vater hätte zusammenbleiben sollen. Vielleicht hätte es einen Weg gegeben.«

»Im Nachhinein ist es immer schwierig, die richtigen Antworten zu finden«, sage ich. »Wenn du mich fragst, ob du in Bezug auf mich alles richtig gemacht hast, so kann ich das nur bejahen. Ich bin ein glücklicher Mensch, ich werde Mutter, du Großmutter, und wir beide haben ein tolles Verhältnis zueinander. Das können nicht alle Mütter und Töchter voneinander behaupten. Nie wirst du wissen, wie dein Leben verlaufen wäre, wenn du einen anderen Weg eingeschlagen hättest. Aber so, wie du ihn gewählt hast, ist er für mich völlig in Ordnung.«

In den rot verweinten Augen meiner Mutter erkenne ich zum ersten Mal seit unserer Ankunft ein schwaches Lächeln. Ich möchte nicht, dass sie leidet. Eine Spurensuche ist nun mal keine Schatzsuche, und was sie bislang tief in ihrem Innersten vergraben hat, wird nun mit Wucht nach oben gespült. Doch nur dadurch wird auch meine Mutter ihren Frieden mit Sammy finden, wenigstens wünsche ich mir das inständig.

Wir sind von den Anstrengungen der Reise und den vielen neuen Eindrücken völlig erschöpft. Noch weit vor Mitternacht liegen wir beide im Bett.

Leider fällt die Klimaanlage immer wieder aus. Das Notstromaggregat des Hotels arbeitet zwar auf Hochtouren, aber es scheint ein vergeblicher Kampf gegen Windmühlen zu sein. Ich versuche trotz der Hitze Schlaf zu finden. Schon um fünf Uhr sollen wir bei Sonnenaufgang aufstehen.

Die Zeremonie auf dem Friedhof muss vor sieben Uhr begangen sein, hat uns Tony erzählt. Sonst sind die Vorfahren beleidigt. Dieser Tag wird für uns sicher der schwerste der ganzen Reise sein. Bevor ich einschlafe, hoffe ich noch, dass es meiner Mutter danach besser gehen wird.

Pünktlich um halb sechs steht Onkel Emma am nächsten Morgen mit seinem Toyota vor dem Haupteingang des Hotels. Er trägt einen dunkelblauen, bodenlangen Bubu. »Hast du die Stromausfälle gestern Abend mitbekommen?«, frage ich.

»Das ist normal in Ghana«, winkt er ab. »Das passiert jeden Tag. Nur die Fünfsternehotels und die Villenviertel haben immer Strom.«

»Warum bekommt man das nicht in den Griff?«

»Unser Strom wird aus Obervolta hierher geleitet«, antwortet Emma. »Aber die Leistung reicht längst nicht mehr aus.«

Tatsächlich ist die Bevölkerungszahl in Ghana in der jüngsten Vergangenheit explodiert.

Heute leben in dem Land fast doppelt so viele Menschen wie noch vor zwanzig Jahren. 21,3 Millionen sind es laut der letzten Volkszählung. Vor allem in den Großstädten ist die Bevölkerung rasant gewachsen, der Energiebedarf steigt bis heute. Allein in Accra wohnen zwei Millionen Menschen, weit mehr als in Düsseldorf oder Hamburg.

»Dein Vater hat die Entwicklung vorausgesehen«, sagt Onkel Emma. »Er hat gewusst, dass die Stromversorgung zu einem Problem werden wird und ein Verfahren entwickelt, wie sich durch Recycling von Autoreifen ausreichend Energie erzeugen lässt, noch dazu umweltgerecht.«

»Wie kam es, dass er so dachte?«

»Den genauen Auslöser kenne ich nicht. Irgendwann im Jahr 1985 hat er begonnen, über Umweltschutz nachzudenken, und ein Herstellungsverfahren von Gummiprodukten auf der Basis von gebrauchten Autoreifen entwickelt. Dieses Recyclingsystem hat eine große international agierende Firma übernommen, heute wird es dauernd weiterentwickelt und in Europa und Asien vermarktet.«

Grandpa Coleman hatte gestern zwar schon davon erzählt, doch da hatte mich das ungewohnte Gefühl des Stolzes auf meinen Vater derart übermannt, dass ich nicht genau hingehört hatte. Jetzt will ich genau wissen, inwiefern das wahre Leben meines Vaters dem Bild meiner Mutter von einem Geschäftsmann, der immer nur Luftschlössern nachhing, widerspricht. Denn der Mann, den Emma schildert, scheint ein ganz anderer zu sein – und er gefällt mir eindeutig besser.

»Hatte er noch andere Erfolge?«, frage ich meinen Onkel.

»Im Jahr 1994 hat er von Richard Celeste, dem Gouverneur von Ohio, eine Anerkennungsurkunde für seine Teilnahme bei einer afrikanischen Handelsdelegation in diesem amerikanischen Bundesstaat bekommen.

Danach hat er zahlreiche Handelsmissionen nach China unternommen, um amerikanischen Firmen Aufträge zu verschaffen. Dein Vater ist auch mit einem Preis der African-American-Community für sein soziales Engagement ausgezeichnet worden und hat unentwegt neue Technologievorschläge für Heizkraftwerke in Indien, Holland und Belgien entwickelt. Ich könnte die Liste mit seinen Verdiensten und Ehrungen beliebig lange fortsetzen. Du siehst, er hat einiges geleistet.«

Wir nehmen die Autobahn Richtung Tema. Links und rechts säumen prachtvolle zweistöckige Villen unseren Weg. Viele davon stehen noch im Rohbau, und das nicht erst seit gestern. »Sie werden nur fertig gebaut, wenn sich ein Käufer dafür findet«, erklärt Onkel Emma.

Auch eine Art, Immobilien zu veräußern.

Nach zwanzig Minuten Fahrt sind wir da. Tema präsentiert sich als eine Industriestadt mit Fabriken für Petroleum und Aluminium. Weil sie wie Accra im Golf von Guinea liegt, also am Atlantischen Ozean, gibt es auch einen großen Fischereihafen.

Wir fahren in den zehnten Bezirk, das Villenviertel. Die meisten Gebäude sind durch hohe Mauern vor neugierigen Blicken geschützt, überall wuchert es grün, Wohlstand ist erkennbar. Trotzdem: Sobald man von der geteerten Hauptstraße abbiegt, landet man auch hier auf Lehmboden.

Wir halten vor einem grünen Tor, das offen steht. Die Auffahrt führt zu einer Doppelgarage und einem prächtigen, kunstvoll in sich verschachtelten Bungalow.

Hier wohnt Nana Ato Dadzie. Er war ein enger Freund von Sammy und hat nach dessen Tod meine Schwester Jennifer bei sich aufgenommen.

Nana Ato Dadzie war früher ein Berater von Ghanas ehemaligem Präsidenten Jerry John Rawlings. Er ist gelernter Anwalt, aber mit fünfundsechzig Jahren mittlerweile in Pension. Mit seinen kurz geschorenen Haaren, dem runden Kopf und der pfiffigen Brille könnte man ihn auch für einen Entertainer halten. Der optische Eindruck täuscht nicht. Ato ist ein echter Showman, macht Witze am laufenden Band und sprüht nur so vor Energie. Sein kleiner, massiger Körper steckt bereits in dem traditionellen schwarzen Überwurf für die Grabeszeremonie. Der Stoff wird um die Hüfte gewickelt und dann über eine Schulter geworfen. Die andere Schulter bleibt nackt. Nach dem Besuch auf dem Friedhof hat er für mich eine Welcome Party organisiert. Aber das darf ich zu diesem Zeitpunkt noch nicht wissen (natürlich habe ich es dennoch erfahren – alte Berufskrankheit!).

Der Nana küsst mich dreimal auf die Wange, erst links, dann rechts, dann wieder links. »Wie hoch der Vogel auch fliegt, seine Federn fallen immer zur Erde zurück«, sagt er zur Begrüßung. Ich werde noch häufig feststellen, dass die Ghanaer eine sehr bilderreiche

Sprache verwenden. Die Metapher mit dem Vogel jedenfalls meint, dass ich lange weit weg war, aber dass Ghana mein Vaterland ist und ich wie selbstverständlich eines Tages zurückkommen würde.

Ich lasse den Blick kurz über das Anwesen schweifen und schwanke, ob ich Haus oder Garten imposanter finden soll. Das von Papaya- und Avocadobäumen gesäumte Grundstück ist sehr gepflegt.

Vor dem Haus weht im schwachen Wind eine gigantisch große Nationalflagge von Ghana. Das Haus selbst ist unglaublich luxuriös, wie ich erfahre, besitzt es vier Schlafzimmer, drei Bäder; sogar der Gästetrakt hat ein eigenes Bad, in dem meine Mutter und ich uns später umziehen werden. Im Arbeitszimmer steht ein Hightech-Computer, die große Küche hat mitteleuropäischen Standard.

Mein Lieblingsplatz ist sofort die überdachte Veranda, die herrlich luftig ist. Hier hängen wunderschöne Kente-Stoffbahnen in Orange, Grün und Gold von den Wänden und harmonieren wunderbar mit den Stühlen im Kolonialstil.

Nach und nach trifft die Familie ein: meine ältere Schwester Barbara, die alle Baba nennen, mit ihren zwei jüngsten Töchtern, die Colemans mit Sohn Kuuku, mein Cousin Eko, meine Cousinen, darunter Efua, die sehr füllig ist und schwarze geglättete Haare hat. Nana drückt alle an sein Herz, dann bittet er uns, im Vorraum des Hauses Platz zu nehmen. Hier ist es dunkler als auf der Veranda, die Fenster sind vergittert und lassen wenig Licht durch, für die Stimmung des Tages ist es eine angemessene Atmosphäre. Ich fasse mir ein Herz und frage nach Sammys Beerdigung im Jahr 1999. Nana hat mit dieser Frage wohl gerechnet, denn auf einem Tisch liegt das kleine Heft der Begräbnis- und Gedenkmesse meines Vaters bereit. Sie wurde in der Tema Joint Church am 10. Dezember um neun Uhr morgens abgehalten. Auf dem Deckblatt erkenne ich ein Herz aus Blumen, in das ein Kreuz eingezeichnet ist. »Rest in Peace« – »Ruhe in Frieden« – steht darauf zu lesen, von einer Girlande aus Weinblättern, Eicheln und Kürbissen umrankt. Ich muss schlucken, als ich das Datum ein zweites Mal lese. Mir wird noch einmal bewusst, um wie wenige Tage ich meinen Vater verfehlt habe. Meine Knie fangen zu zittern an, meine Mutter holt wieder ihr Taschentuch heraus.

»Dein Vater war sehr christlich«, sagt der Nana in die Stille hinein. »Es wurden sehr viele Zitate aus der Bibel gelesen, aber auch zahlreiche Loblieder gesungen. Der Reverend hat Sammys Lebensgeschichte vorgelesen, Mister Coleman und ich haben jeweils ein paar Gedenkworte gesprochen.«

»Was habt ihr über Sammy gesagt?«, frage ich leise.

»Wir haben erzählt, dass er schon als kleiner Junge gern Metallstücke gesammelt und versucht hat, daraus bewegte Maschinen zu konstruieren. Schon immer wollte er Ingenieur werden. Aber ich will dir aus dem vorlesen, was ich in der Kirche über deinen Vater gesagt habe, du kannst dieses kleine Gedenkheft behalten.

Sein großes Wissen hat ihm nur wenig Gelegenheit gelassen, sein Leben zu organisieren. Mashi benötigte Hilfe dabei. Ohne Zweifel war er ein Mann mit herausragenden intellektuellen Fähigkeiten. Wir haben Stunden mit der Analyse seiner Ideen und Gedanken verbracht.
Er war ein moderner Mann, der stets bereit war, die Welt zu verändern. Er konnte kaum nachvollziehen, warum seine Heimatstädte Kuntu und Saltpond auch noch im Jahr 1998 kein Leitungswasser hatten. Er konnte nicht verstehen, warum Ghana am Ende des zweiten Jahrtausends an Elektrizitätsmangel leiden sollte. Er konnte nicht verstehen, warum unsere lokale Nahrungsproduktion so schwach und Nahrung deshalb teuer ist. Er konnte nicht verstehen, warum so viele Menschen aus Ghana keinen Zugang zu einer angemessenen Wohnung haben …
Für sein Heizkraftwerkprojekt hat man ihm in Amerika einen Wissenschaftspreis verliehen. Wir in Afrika sind nun aufgefordert, ihm endlich die gebührende Anerkennung zu zollen. Auf technischem Gebiet war er eine der herausragendsten Persönlichkeiten des Millenniums, doch der Prophet wurde im eigenen Land nicht geschätzt. Ausgebildet in Deutschland, war er ein wahrer Workaholic.

Er duldete keine Faulheit und hatte die Gabe, mit spitzer Zunge das zu kommentieren, was er für unlogisch hielt. Das machte ihm nicht nur Freunde, insbesondere auf offizieller Ebene, wo man Kritik nicht so leicht verträgt.
Die Stärke und Kraft, die er in dieser Zeit an den Tag legte, waren beachtenswert und erstaunlich. Gleichzeitig hatte er einen unglaublichen Sinn für Humor und brachte uns alle mit seinen Scherzen immer wieder zum Lachen.
Uns Hinterbliebenen steht es nicht an, uns seiner Schwächen zu erinnern; lasst uns stattdessen seiner Stärken gedenken. Lasst uns gemeinsam seiner gedenken, indem wir hart an der Umsetzung der Ideen arbeiten, die er im Interesse seines Volkes verfolgte. Ich werde meine Erinnerungen an ihn als Freund und Kollegen in Ehren halten. Die Menschen in Kuntu bitte ich, ihre Tränen zurückzuhalten, da Samuel Ekow Mensah Mbir Amissah alias Mashi Di'Nithelo Amissah, dessen sterbliche Überreste nun vor uns liegen, euch dort, wo er hingeht, stolz vertreten wird.

Ich kann kaum atmen. Was auch immer ich erwartet hatte, über meinen Vater zu erfahren, das war es jedenfalls nicht gewesen. Ich sehe zu meiner Mutter hinüber. Sie fängt meinen Blick auf, zuckt hilflos mit den Schultern. Damit signalisiert sie mir, dass ihr all diese Dinge ebenfalls nicht bekannt waren, dass sie selbst sprachlos ist angesichts des eben Erfahrenen.

»Weißt du«, sagt Ato, »dein Vater war ein Visionär. Zugleich ist er nicht davor zurückgeschreckt, sich mit der Obrigkeit anzulegen.« Mein Glaube an Vererbungsregeln war noch nie so fest wie in diesem Moment.

»Sammy hatte Pläne für die Wasserversorgung von Kuntu ausgearbeitet«, fuhr der Nana fort. »Nach seinem Tod hat man sie dann endlich realisiert, genauso wie er es sich vorgestellt hatte.«

»Inwiefern war Sammy ein Workaholic?«, frage ich.

»Er hat noch in seinen letzten Tagen im Krankenhaus weitergearbeitet und Aufzeichnungen gemacht. Nur an dem Sonntag, als er gegen halb sieben abends starb, rührte er nichts mehr an.«

Mein Vater war bei Sonnenuntergang gestorben, im Kreise seiner afrikanischen Familie. Seine afro-amerikanische Frau Gladys mit ihrem Sohn Kwesi war erst zur Beerdigung erschienen, wie ich noch erfahre.

Zum ersten Mal spüre ich, dass mein Vater zwischen zwei Welten gelebt haben muss, zwischen der afrikanischen und der europäischen. Es kann für ihn nicht leicht gewesen sein, Eigenschaften, die er in Europa und Amerika über die Jahre immer mehr schätzen gelernt und angenommen hatte, bei seinem Einsatz in und für Ghana nicht in dem Maße vorzufinden, wie es seiner Ansicht nach nötig gewesen wäre.

Ich fühle mich meinem Vater nah. »Daddy«, sage ich ganz leise vor mich hin. »Daddy.« Nie zuvor habe ich ihn so genannt.

Bevor ich weiter meinen Gefühlen nachspüren kann, nimmt mich jemand am Arm und gibt mir zu verstehen, dass wir zum Friedhof müssen.

Als wir nach der Trauerzeremonie zum Haus von Nana Ato Dadzie zurückkehren, ist das Tor geschlossen. Ich versuche erwartungsvoll auszusehen, obwohl ich weiß, was gleich passieren wird. Der Nana selbst hat die Überraschung mit der Willkommensparty in einem Nebensatz ausgeplaudert. »Okramund« nennt man in Ghana ein Plappermaul.

Die Okra ist eine Gemüsepflanze, die beim Kochen eine schleimige Substanz absondert und deshalb häufig zum Eindicken verwendet wird. Daher ist sie hier in Ghana auch ein Synonym für jemanden, dem ständig etwas über die Lippen »rutscht«.

Als alle Autos angekommen sind, geht das Tor auf. Im Garten stehen Stühle unter einer Plane, eine Band aus acht Trommlern hat Aufstellung genommen. Alle sind spindeldürr, doch als sie loslegen, bin ich erstaunt, mit welcher Kraft sie auf ihre Instrumente einschlagen. Der Rhythmus der Trommeln ist rasend schnell, die Musiker sind kurze Zeit später nass geschwitzt. Wie schon zuvor auf dem Friedhof fängt die gesamte Familie zu tanzen an, auch mich fordert jemand auf.

Ein Halbkreis bildet sich, aus dem sich immer wieder ein Tänzer löst und ein Solo vorlegt. Die anderen zollen ihm Respekt und formen mit den Fingern das Victory-Zeichen. Die Zeremonie dauert vielleicht zehn Minuten, endet aber keine Sekunde zu früh, denn mir wird unvermittelt schwindlig und schwarz vor Augen. Die Anstrengungen, der Stress, die schwüle Hitze, meine Schwangerschaft – mein Kreislauf fährt Hochschaubahn. Was hat meine Mutter noch am Grab meines Vaters gesagt? »Sammy, es hat lange gedauert, bis ich dir deine Tochter gebracht habe. Aber jetzt ist sie da.« Ich begreife, es war immer der Wunsch meiner Mutter, dass Sammy und ich uns näherkommen. Doch sie hat gewartet, bis auch ich es will. Nun bin ich da.

Ich suche nach meiner Mutter, die auf einem der Plastikstühle in der Auffahrt sitzt, um sich vor der Sonne zu schützen. Ihr Gesicht ist fast so weiß wie die Stühle. Ich setze mich zu ihr, nehme sie in den Arm. Eine Weile verbleiben wir so, ohne ein Wort zu wechseln. Schließlich sage ich: »Danke.«

Sie sieht mich an mit ihren rot geränderten Augen und drückt mich noch einmal ganz fest: »Danke auch dir, dass ich bei dir sein kann.«

Für weitere Empfindungen gibt es keinen Raum mehr. Studenten der University of Performing Art führen in traditionellen Gewändern Tänze auf, ein Xylophonspieler begleitet sie. Danach tritt der Reverend auf die Bühne und verkündet, dass ich jetzt getauft werde. Ich blicke etwas irritiert in die Gesichter der Anwesenden, folge aber dem Winken des Geistlichen. Ich bin nach Ghana gekommen, um mich meiner neuen Familie zu öffnen. Ich will sie zu einem Teil meines Lebens machen. Jede Geste, jedes Symbol, die mich ihr näher bringen, ist ein weiterer Schritt dazu.

Es folgt eine Zeremonie, in der ich meinen afrikanischen Namen erhalte: Araba. Ich werde richtiggehend getauft. Dazu stellen sie einen geflochtenen Weidenkorb auf den Boden, in dem eine Babypuppe liegt. Sie soll mich als Säugling symbolisieren. Davor platzieren sie vier Kalebassen, ausgehöhlte Flaschenkürbisse, die verschiedene Flüssigkeiten enthalten: Wasser, Wein, ein Bittergetränk und Honig.

Das Baby, also ich, darf von allen vier Flüssigkeiten kosten, damit es auf diese Weise die verschiedenen Seiten des Lebens kennenlernt: süß, sauer, bitter und salzig. Dann tauft der Reverend den Säugling auf den Namen Araba und legt ihn mir in den Arm. Meine Verwandten stecken Geld in den Korb. Die Zeremonie empfinde ich als heiter, aber auch sehr würdevoll. Ein warmes Gefühl durchströmt mich. »Danke«, sage ich wieder einmal, als alles vorbei ist. »Danke, dass ihr meine Familie seid.« Mehr bringe ich nicht heraus, doch es genügt, dass alle lachen und applaudieren. Für die Familie heiße ich jetzt Maame Araba Asareba. Da bleibt mein Blick in der Menge an einem Gesicht hängen, das mir bekannt vorkommt, das ich allerdings nicht sofort zuordnen kann. Ich muss es heute schon irgendwann einmal gesehen haben, nur ich weiß im ersten Moment nicht, wo es gewesen sein soll. Plötzlich fällt es mir ein. Auf dem Friedhof, natürlich. Es war die Frau, die sich auf Sammys Grab geworfen und herzzerreißend geweint hat. Ich wollte ihr helfen, konnte jedoch nicht.

Jetzt tritt sie auf mich zu.

»Ich bin Christina«, sagt sie und streckt mir ihre Hand entgegen.

»*Akwaaba*«, antworte ich und stelle mich erstmals, einerseits hilflos ob der ungewohnten Silben, andererseits ein bisschen stolz, mit meinem afrikanischen Namen vor.

»Ich heiße Maame Araba Asareba.«

»Ich bin die Mutter von Barbara, deiner ältesten Schwester.« Christina wirkt schüchtern und ein wenig verdruckst, so, als hätte sie mir gerade eine schlechte Nachricht übermittelt. Tatsächlich erstarre ich, völlig überwältigt von meinen Gefühlen. Immerhin steht vor mir die Frau, die mein Vater vor meiner Mutter geliebt hat.

Christina erzählt, dass sie bereits drei gemeinsame Kinder mit meinem Vater hatte, als ich zur Welt kam. »Ich war mit Sammy aber niemals verheiratet.«

Ich mache meiner Mutter ein Zeichen, damit sie zu uns herüberkommt, ich habe das Gefühl, dass sie bei diesem Gespräch unbedingt dabei sein sollte. Als sie bei uns ist, stelle ich die beiden Frauen einander vor.

»Eigentlich kennen wir uns schon«, sagt Christina zu meiner Mutter. »Von damals, als Sie mit Sammy in Ghana waren. Ich habe mit Ihnen gesprochen und Ihnen alles erzählt von meiner Liebe zu Sammy und unseren Kindern. Aber Sie haben mich offenbar nicht richtig verstanden.«

Das Gesicht meiner Mutter wirkt völlig durchscheinend. Ich habe Angst, dass sie im nächsten Augenblick zusammenbricht, aber sie fasst sich wieder, und ihre Stimme klingt einigermaßen fest.

»Ich weiß, dass wir einmal miteinander gesprochen haben. Damals habe ich tatsächlich nicht verstanden, was Sie gesagt haben. Das tut mir leid. Ich bin nie auf die Idee gekommen, dass Sammy schon drei Kinder haben könnte. Er selbst hat mir keine Silbe davon erzählt.«

Ein dunkler Schatten bemächtigt sich Christinas Gesicht. Deutlich ist ihr der Schmerz darüber anzumerken, dass mein Vater meiner Mutter nichts von ihr erzählt hat. Ohne ein weiteres Wort dreht sie sich um und geht die Auffahrt hinunter. Ihr Gang hat etwas Endgültiges, so, als würden wir sie nie wiedersehen.

Am späten Nachmittag sitzen meine Mutter und ich wieder im Hotel am Pool. Es kommt uns fast schon wie ein heiliges Ritual vor, das keine von uns beiden missen möchte.

Seit Tagen möchte ich meiner Mutter eine Frage stellen, eigentlich viele Fragen, aber diese ist mir besonders wichtig: »Habt ihr euch ein Kind gewünscht, so wie Florens und ich uns eines gewünscht haben?«

»Wir hatten nicht geplant, ein Kind zu bekommen«, antwortet meine Mutter und nimmt einen Schluck von dem Mineralwasser, das neben uns steht. »Nein, du warst nicht geplant«, wiederholt sie. »Das heißt, Sammy wollte schon ein Kind. Er muss mich trotz Christina sehr geliebt haben, du hast es ja in den Briefen gelesen. Jeder hier hat mir versichert, dass Sammy mich von den vier Frauen, mit denen er Kinder hatte, am meisten geliebt hat – falls man das nicht zu jeder Frau sagt, die gerade im Mittelpunkt steht.« Nach einigem Zögern fügte sie hinzu: »Ich habe ihn gemocht ...«

»Du mochtest ihn?« Ich kann nicht glauben, was ich da höre. »Ist das nicht ein bisschen wenig, um zusammen ein Kind zu bekommen?«

Ich bin enttäuscht. Ich hatte mir die Liebesgeschichte zwischen meinen Eltern immer als etwas Leidenschaftliches, Bedingungsloses vorgestellt, fast ein wenig kitschig – wenigstens am Anfang. Seit dem Tag bei meiner Mutter am Schliersee habe ich meinen Vater und meine Mutter immer vor mir gesehen, wie sie sich auf der Autobahn zufällig begegneten, sich verabredeten. Wie aus dem zarten Band innige Liebe wurde. Das Scheitern der Beziehung habe ich schicksalhaft interpretiert. Mein Vater fühlte sein Herz eher in Afrika schlagen, meine Mutter konnte dort nicht heimisch werden. Als Romanze dagegen, als Flirt, bei dem die Liebe von einem Partner oder von beiden erlischt wie eine Kerze, hatte ich mir die Beziehung meiner Eltern nicht gewünscht.

»So habe ich das nicht gemeint«, sagt meine Mutter beschwichtigend. »Natürlich habe ich ihn geliebt, ja, ich liebte ihn, nur wahrscheinlich nicht so sehr wie er mich. Für mich war es keine Liebe, bei der man den Boden unter den Füßen verliert und im luftleeren Raum schwebt. Deine Zeugung war trotzdem ein außergewöhnlicher Moment. Ich kann mich daran erinnern, als wäre es gestern gewesen. Es war 1968, wir waren gerade nach Karlsruhe umgezogen, weil ich ein neues Engagement am Badischen Staatstheater angenommen hatte.« Sie schweigt kurz, als hinge sie ihren Erinnerungen nach. »Es war seltsam, aber in dem Moment, in dem ich dich empfangen habe, wusste ich, jetzt ist es passiert.«

»Woran hast du das gemerkt?«

»Das ist schwer zu beschreiben. Ich habe nicht konkret etwas an einer bestimmten Stelle gespürt oder so. Es war eher ein metaphysisches Erlebnis. Ein Gefühl, allerdings mit der Gewissheit, dass in diesem Moment etwas Wunderbares passiert.«

»Und? Hast du dich gefreut?«

»Was denkst du denn! Wir waren beide überglücklich. Ich habe sofort vor mir gesehen, wie du mal aussehen würdest.«

Ich fühle mich seltsam leicht. Es ist das erste Mal, dass ich mit meiner Mutter ausführlich über die Zeit vor meiner Geburt spreche.

»Der ersten Person, der ich vier Wochen später mitgeteilt habe, dass ich schwanger sei, war die Nana. Aber das weißt du ja. Seltsam, dass die Ehrenpersonen in Ghana genau wie deine Großmutter ›Nana‹ genannt werden. Du hast ihr den Namen gegeben, als hättest du es schon vorher gewusst.«

»Stimmt, manche Dinge erscheinen fast unerklärlich, als wäre da eine seltsame Magie im Spiel.«

Ich muss daran denken, wie meine Mutter von Karlsruhe aus zu meiner Großmutter nach Wien gefahren war. Meine Mutter hat mir die Szene wieder und wieder erzählt, um zu illustrieren, wie fortschrittlich und vorbildlich damals meine Nana reagiert hatte – nachdem der erste Schock verdaut war. Ende der Sechzigerjahre als Weiße in Österreich oder auch in Deutschland ein uneheliches, dunkelhäutiges Kind auf die Welt zu bringen, dazu bedurfte es schon einer gehörigen Portion Mut, Selbstbewusstsein und Kraft. Doch so oft ich die Geschichte auch schon vernommen habe, ich möchte sie noch einmal hören.

»Ich sehe es noch vor mir. Wir standen in ihrem Wohnzimmer in der Hahngasse und ich eröffnete ihr: ›Mama, ich hab dir was zu sagen. Ich bin schwanger.‹«

Meine Großmutter wurde leichenblass, meinte dann jedoch: »Es gibt durchaus Möglichkeiten, das Kind wegmachen zu lassen.«

Meine Mutter schüttelte den Kopf und sagte: »Das Kind bleibt. Und jetzt setz dich hin.«

Meine Großmutter hatte sich kaum auf ihrem Fernsehsessel niedergelassen, als meine Mutter nachsetzte: »Das Kind ist übrigens schwarz.«

Nun war es um die Beherrschung meiner Nana geschehen. Ihre Miene versteinerte sich, sie sprang von ihrem Platz auf und lief aus dem Raum.

»Sie hat den ganzen Abend nicht mehr mit mir gesprochen«, erzählt meine Mutter weiter. »Am nächsten Morgen baute sie sich, noch im Nachthemd, vor mir auf, erhob den Zeigefinger und wetterte: ›Wenn mir auch nur ein Mensch etwas gegen das Kind sagt, kriegt er es mit mir zu tun.‹«

Meine Großmutter hatte die ganze Nacht einen inneren Kampf mit sich ausgefochten. Bestimmt hatte sie sich mit Fragen gequält, die heute nebensächlich klingen mögen, denen vor rund vierzig Jahren jedoch große Bedeutung zukam: »Was werden die Nachbarn sagen? War die Familie entehrt? Würden die Leute mit dem Finger auf uns zeigen?«

Irgendwann in der Nacht muss es ihr wie Schuppen von den Augen gefallen sein. Es ging um das Leben ihrer Familie, um das Kind ihrer Tochter, ihr Enkelkind. Was andere dachten, durfte nicht über das gemeinsame Glück bestimmen.

Als ihr das klar wurde, beschloss sie, mich mit ihrer Liebe und ihrer Kraft durch das gesamte Leben zu geleiten. Sie versprach es erst sich, danach meiner Mutter, schließlich mir. Sie wurde zu meiner Nana, zu meinem Lebensmenschen.

Meine Großmutter hat ihr Wort gehalten. Ich verdanke ihr, was ich wurde und wie ich bin. Sie hat mich mit dem Selbstbewusstsein ausgestattet, das mich immer wieder vor der Außenwelt geschützt hat.

Ich kann mich noch gut erinnern, dass ich mit sieben Jahren

einmal weinend aus dem Schulgebäude kam, vor dem wie immer meine Großmutter stand, um mich abzuholen. Ich war in heller Aufregung.

»Was ist denn passiert?«, fragte meine Nana besorgt.

»Heute hat mich ein älterer Schüler ›Negerlein‹ gerufen, und die anderen haben gelacht.«

»Was hat der zu dir gesagt? Negerlein? Na, das wird nicht noch einmal vorkommen!«

Sie nahm mich an der Hand, ging zielstrebig ins Schulgebäude zurück und verlangte, sofort zum Direktor vorgelassen zu werden. Die Sekretärin kam bei der Bestimmtheit, mit der meine Großmutter, diesen »Befehl« vortrug, gar nicht erst auf den Gedanken, nach dem Grund zu fragen. Dem Schulleiter schilderte meine Nana den Vorfall kurz darauf in deutlichen Worten. »Wir geben das Kind nicht auf eine teure Privatschule, damit es rassistischen Anfeindungen ausgesetzt wird. Wenn so etwas noch einmal vorkommt, nehmen wir Arabella von Ihrer Schule.«

Ich ging seit zwei Jahren ins Lycée Français de Vienne, der französischen Schule in Wien; hier fand der Unterricht von Anfang an auf Französisch statt.

Obwohl meine Mutter und meine Großmutter sich das teure Schulgeld vom Mund absparen mussten, war es ihnen wichtig, mich auf eine internationale Schule zu schicken. Vor allem wegen meiner Hautfarbe.

Schwarz zu sein, das war auf dieser Schule, auf die viele Diplomatenkinder gingen – im Gegensatz zu meiner sonstigen Umgebung – nichts Außergewöhnliches, ganz im Gegenteil. Auch wenn in meiner Klasse neben mir nur ein einziger anderer »schwarzer« Mitschüler war, so waren auf dem Pausenhof doch sämtliche Nationen, Hautfarben und Rassen vertreten. Da passte der »Negerlein-Zwischenfall« natürlich überhaupt nicht ins Bild der offenen, liberalen Bildungsinstitution.

Der Direktor war peinlich berührt und entschuldigte sich. Er versprach, mit dem betroffenen Schüler zu reden, und versicherte, dass so etwas nicht noch einmal passiere.

Mit meinen sieben Jahren war mir der Auftritt vor dem Direktor furchtbar unangenehm. Zu Beginn wäre ich am liebsten vor Scham im Boden versunken. Er war für mich eine Respektsperson. Noch nie hatte ich erlebt, dass jemand es wagte, in diesem Ton mit ihm zu sprechen.

Je länger die Unterhaltung aber dauerte, desto mehr verwandelte sich meine Scheu in offene Bewunderung für meine Großmutter. Ich beobachtete sie genau, vor allem ihr selbstsicheres Auftreten. Sie ließ sich nichts gefallen. In diesem Moment beschloss ich, einmal so zu werden wie sie.

Trotzdem: Zum ersten Mal in meinem Leben war ich negativ mit meiner Hautfarbe konfrontiert worden. Es war nicht das Wort »Negerlein«, das hatte mich nicht wirklich getroffen. Viele Kinder plappern irgendwelche Wörter nach, die sie von ihren Eltern oder wo auch immer aufgeschnappt haben, ohne sich der wahren Bedeutung dieser Wörter bewusst zu sein. Es waren vielmehr der spöttische Ton in der Stimme des Jungen und die hämische Reaktion der herumstehenden Schüler. Hätte der Junge einfach nur »du blöde Kuh« oder »gib mir den Ball wieder, du dämliche Ziege« zu mir gesagt, wäre ich niemals weinend zu meiner Großmutter gelaufen. Ich fühlte mich mit einem Mal »anders«. Dies war keine normale Beschimpfung mehr, es gab mir zu verstehen, dass ich einen Makel hatte. Ich habe damals sicher nicht hundertprozentig verstanden, was Rassismus und Diskriminierung bedeuten, aber in mir entwickelte sich eine Vorahnung, dass ich doch nicht so wie die anderen Kinder war, obwohl wir alle in dieser Ganztagsschule ein ziemlich von der übrigen Welt isoliertes Leben führten.

Erst viele Jahre später habe ich begriffen, weshalb meine Großmutter so resolut war. Sie hieß Elisabeth Kiesbauer, zur Welt kam sie jedoch als Elisabeth Hödl, und zwar 1911 in Kleinaugezd, im heutigen Tschechien. Ihr Vater und ihr Onkel waren berühmte Glasbläser und hatten sich auf die Herstellung von Fensterglas spezialisiert. Dazu war eine besondere Kunstfertigkeit nötig, die nur wenige beherrschten. Die Hödl-Brüder bliesen Glasscheiben, die bis zu zweimal drei Meter groß und hauchdünn waren. Sie arbeiteten mit einer solchen Präzision, dass sie genau bestimmen konnten, ob die Scheibe zwei, drei oder vier Millimeter dünn werden sollte. Die beiden waren so bekannt, dass viele Glashütten sie einluden, ihr Wissen weiterzugeben. Die Familien bereisten deshalb den gesamten Balkan, und meine Großmutter lebte schon als Kind in Rumänien, Ungarn und in der Herzegowina.

Als Nana zwanzig Jahre alt war, heiratete sie meinen Großvater Alois Kiesbauer, einen Sudetendeutschen. Sie lebte mit ihrer Familie in Teplitz-Schönau, einer kleinen Kurstadt, etwa eine Stunde von Prag entfernt. Hier sprach man Deutsch, das feine Prager Deutsch, das meine Großmutter bis zu ihrem Tod nie abgelegt hat. Sie führte ein relativ ruhiges Leben, was sich jedoch mit Kriegsausbruch änderte. Mein Großvater wurde 1939 zur Wehrmacht einberufen, Nana blieb mit ihren beiden Kindern, meiner Mutter und ihrem Bruder Ferry, zurück.

Die Sudetendeutschen, auch Deutschböhmen genannt, waren nach den Tschechen die größte Bevölkerungsgruppe in der nach dem Ersten Weltkrieg neu gegründeten Ersten Tschechoslowakischen Republik (SR).

Sie besaßen Minderheitenrechte, eine regionale Autonomie gestand man ihnen jedoch nicht zu, und viele Sudetendeutsche wollten mit der SR auch nichts zu tun haben.

Die 1933 gegründete Sudetendeutsche Partei (SdP), die sich für eine Autonomie ihrer Gebiete einsetzte, hatte deshalb ein leichtes Spiel, Anhänger zu finden. Der größte und gefährlichste Unterstützer aber lauerte anderswo: Adolf Hitler, der die SdP zu seinem Handlanger machte.

Durch das Münchner Abkommen – heute vielfach als »Münchner Verrat« bezeichnet – verleibte sich Hitler den »Reichsgau Sudetenland« ein. Die Mehrheit der deutschen Bevölkerung unterstützte dies, und es kam zu schweren Konflikten mit den Tschechen. Meine Mutter war damals drei, ihr Bruder elf Jahre alt.

Als 1945 die russischen Soldaten kamen, durchsuchten sie die Wohnungen nach Uhren und Schmuck und nahmen mit, was sie fanden. Weil viele Frauen mit ihren Kindern allein in Häusern und Wohnungen lebten, kam es immer wieder zu Vergewaltigungen. Meine Großmutter und ihre Nachbarinnen lebten in ständiger Angst.

Eines Tages stand ein Soldat in der Tür, der sich als einigermaßen zuvorkommend erwies. Meine Großmutter bat ihn, ihr einige Sätze auf Russisch aufzuschreiben. Sie diktierte, er schrieb, und nachdem er abgezogen war, hängte meine Großmutter den Zettel draußen an die Tür. Der Text lautete: »Soldaten, in diesem Haus gibt es nichts mehr zu holen. Keine Wertgegenstände und keine Frauen.«

Seltsamerweise ging es in den nächsten Tagen bei ihr zu wie auf einem Busbahnhof. Statt einen großen Bogen um das Haus zu machen, standen die russischen Soldaten fast Schlange, und meine Großmutter musste sie mit dem Wenigen verköstigen, was sie hatte.

Am dritten Tag riss ihr der Geduldsfaden, sie nahm den Zettel von der Tür und fuchtelte damit einem der Soldaten vor der Nase herum. »Warum kommt ihr bloß alle zu uns? Wir haben nichts, da steht es geschrieben!«

Der Soldat griff nach dem Papier. Während er die wenigen Worte las, klopfte er sich lachend auf die Schenkel. »Wissen Sie, was da steht? ›Hier sind hübsche und freundliche Frauen im Haus. Tretet ein.‹«

Weil die Lage sich immer mehr zuspitzte, entschied meine Großmutter Ende April 1945, alles zurückzulassen und mit ihren Kindern zu ihrem Bruder nach Wien zu fliehen. Ohne Geld, ohne Pass, ohne Zukunft kam sie kurz darauf in der Donaumetropole an und fing noch einmal ganz von vorne an.

Während ich dieser Geschichte nachsinne, fällt mir auf, dass Sesshaftigkeit in meiner Familie weder auf der mütterlichen noch auf der väterlichen Seite besonders ausgeprägt war. »Das unstete Leben in anderen Ländern scheint sich wie ein roter Faden durch unsere Familie zu ziehen«, sage ich zu meiner Mutter, die offenbar eine Runde im Pool gezogen hat, während ich das Leben meiner Nana Revue passieren ließ.

»Ein Teil unserer Seele trägt anscheinend immer eine gewisse Sehnsucht in sich«, bestätigt sie.

»Apropos. Wann hat die Nana Sammy eigentlich kennengelernt?«, frage ich sie.

»Nachdem sie von meiner Schwangerschaft erfahren hatte, dauerte es noch einige Wochen. Ich hatte richtig Panik vor dem Treffen, denn ich fürchtete ein Donnerwetter. Aber das Gegenteil passierte. Sammy und Nana waren vom ersten Moment an ein Herz und eine Seele. Sie fanden sofort einen Draht zueinander und kamen hervorragend miteinander aus.«

Das überraschte insofern, als meine Großmutter bis zu diesem Zeitpunkt an keinem potenziellen Schwiegersohn ein gutes Haar gelassen hatte.

Auf Sammy dagegen ließ sie nichts kommen. Das führte oft zu kuriosen Situationen. Natürlich stand meine Nana auf der Seite meiner Mutter, wenn diese sich mit Sammy stritt. Aber meinem Vater gelang es immer wieder, sie mit seiner besänftigenden Art auf seine Seite zu ziehen. »Dem werd ich die Leviten lesen! Der kann sich auf was gefasst machen!«, ereiferte sich meine Großmutter, wenn meine Mutter ihrer Mama ihr Leid klagte. Kaum war aber mein Vater in der Nähe, nahm er ihr den Wind aus den Segeln. »Na komm, Mutti, du musst dich erst mal beruhigen. Trinken wir ein Gläschen und rauchen wir eine Zigarette, dann sieht die Welt schon wieder anders aus.« Seine Taktik war bekannt, dennoch ließ meine Großmutter alles mit einem seligen Lächeln auf den Lippen geschehen.

Stets aufs Neue wollte meine Mutter ihren Augen nicht trauen, wenn sie beobachtete, wie friedfertig meine Großmutter dann wurde und wie sich der angestaute Groll in Luft auflöste, sobald Sammy die Wohnung betrat.

Auch der Rest meiner Familie nahm meinen Vater ohne Vorbehalte auf. Weder der Bruder meiner Mutter noch seine Ehefrau Evelyne traten ihm mit Vorurteilen entgegen, von keinem gab es auch nur den leisen Hauch eines Vorwurfs wie: »Musste es denn unbedingt ein Schwarzer sein?«

»Woran lag das?«, frage ich meine Mutter.

»Sammy hatte die einmalige Gabe, die Herzen der Menschen zu öffnen«, erklärt sie. »Ich habe nie erlebt, dass er Rassismus oder Anfeindungen ausgesetzt war. Durch sein Auftreten und seine Großzügigkeit war er überall Everybody's Darling.«

»Kann es sein, dass mein Vater aus diesem Grund vielleicht ein bisschen über seine Verhältnisse gelebt hat?«

»Gut möglich. Jedenfalls wollte er nie in irgendeinem Büro als Ingenieur anfangen und sich langsam hocharbeiten, sondern gleich ins ganz große Geschäft einsteigen.«

»Du hast meine Frage nicht beantwortet. Hat er über seine Verhältnisse gelebt, ja oder nein?«

»Zu Sammys Lebenstraum gehörte nun mal ein großzügiger Lebensstil«, erwidert meine Mutter nach kurzem Zögern. »Wenn wir essen waren, dann nicht in irgendeiner Eckkneipe, sondern in einem feinen Restaurant. Am Ende des Monats gab es dann eine Woche lang Dosensuppe, weil uns das Geld ausgegangen war.«

Nachdem sich meine Mutter 1972 von Sammy getrennt hatte, bat sie meine Großmutter, ihr bei meiner Erziehung unter die Arme zu greifen. Nana packte sofort ihre Koffer und reiste nach Karlsruhe. Sie hatte vor fünf Jahren ihren Mann verloren und war glücklich, gebraucht zu werden. Meine Mutter verfügte so über das beste Kindermädchen der Welt und konnte weiter als Schauspielerin arbeiten.

Alle zwei Jahre nahm sie ein neues Engagement an einem anderen

Theater, in einer anderen Stadt an. Das mit den Umzügen verbundene Chaos war für mich jedes Mal ein großer Spaß, wie ein Besuch auf dem Jahrmarkt. Wohin es uns auch immer verschlug, wir drei waren unzertrennlich.

Als ich ins schulpflichtige Alter kam, änderte sich jedoch alles. Meine Mutter wollte vermeiden, dass mich jeder Ortswechsel aus meiner gewohnten Umgebung riss und ich mir immer wieder neue Freunde suchen musste. Sie besprach sich mit meiner Großmutter, und beide waren der Meinung, dass Wien fortan mein Lebensmittelpunkt sein sollte. Hier sollte ich künftig bei meiner Nana aufwachsen und die Schule besuchen. Die Ferien würde ich weiterhin bei meiner Mutter in Deutschland verbringen.

Für mich war das ein Schock. Die beiden wollten nur das Beste für mich, aber als Kind verstand ich das nicht. Meine Großmutter war auf einmal nicht mehr mein »Kindermädchen«, sie wurde zu meiner Mutter.

Es war sicherlich nicht einfach für meine Mutter, diese neue Situation zu akzeptieren.

»Hat es eigentlich je eine Rivalität zwischen dir und meiner Großmutter gegeben, so etwas wie Eifersucht, ein Buhlen um meine Liebe?« Vehement verneint meine Mutter dies. »Mir war von Anfang an klar, dass es einen Boss in der Familie geben musste, und die Nana und ich waren übereingekommen, dass sie in Erziehungsfragen das letzte Wort haben sollte. Nie habe ich mich in ihre Entscheidungen eingemischt, auch wenn ich manchmal anderer Meinung war. Ich wusste, Nana hat mich gut erzogen, sie wird auch dich gut erziehen.«

Auch das stimmt, sie hat mich gut erzogen. Heute trage ich selbst ein Kind unter dem Herzen und wünsche mir nichts sehnlicher, als eine gute Mutter zu werden.

Mitten aus Ghana schicke ich meine Gedanken an meine Großmutter, und ich weiß: Es würde sie freuen, zu sehen, dass ich endlich dabei bin, mich mit meinem Vater, dem von ihr über alles geliebten

Sammy, zu versöhnen. Und zu wissen, dass ich in meiner afrikanischen Großfamilie angekommen bin.

»Die Nana wäre glücklich mitzubekommen, dass hier alle von Sammys Kindern innerhalb des Clans gleich wichtig sind«, sage ich zu meiner Mutter, drücke sie an mich und verabschiede mich für die Nacht.

7

Das Attentat

Der Brief war mit Rosenmotiven beklebt und trug den Absender »Fans of Arabella«. Dutzende solcher Briefe trafen jeden Tag in der Redaktion ein. Auch am 9. Juni 1995. Die Redaktionsassistentin hatte schon ein paar Kuverts geöffnet. Als der »Rosenbrief« an die Reihe kam, das war gegen elf Uhr, drehte sie sich zum Fernseher, um zu schauen, ob irgendwo etwas Interessantes lief. Diese Bewegung rettete ihr das Leben. Als sie das Kuvert aufriss, gab es einen kurzen Knall, im nächsten Augenblick spürte sie einen Schlag im Gesicht. Wie eine Ohrfeige. Sie wusste für einen Moment nicht, was passiert war. Erst als sie ihre Hände hob, merkte sie, dass diese bluteten.

Das Briefbombenattentat sollte mich treffen. Schon gleich nach meinen ersten Sendungen im österreichischen Fernsehen hatte ich rassistische Briefe erhalten, in denen die wüstesten Beschimpfungen standen. Sie waren dumm, hässlich, aber nichtsdestotrotz irritierend und verletzend, vor allem dann, wenn man solche Beleidigungen zum ersten Mal erhält. In der nächsten Redaktionskonferenz thematisierte ich die Briefe, woraufhin ich in meinem Jugendmagazin *X-Large* eine Sendung über Rassismus machen konnte, in der ich auch Teile aus diesen üblen Briefen vorlas. Seitdem wusste ich, dass es Leute gab, die mit mir nicht zurechtkamen, und zwar nicht aufgrund meiner Art, das kann immer passieren, sondern aufgrund meiner Hautfarbe.

Aber bis zu dem Briefbombenattentat 1995 hätte ich es nicht für möglich gehalten, dass es so weit gehen könnte, dass mir jemand deswegen nach dem Leben trachtet und in Kauf nimmt, Unbeteiligte zu verletzen. Dieses Ereignis hat vieles verändert, und es hat auch dazu geführt, dass ich nach vielen Jahren zum ersten Mal wieder mit meinem Vater in Kontakt trat.

Die Nacht vor dem Anschlag war die erste in meiner neuen Münchner Wohnung. Es gab zwar noch kein Bett, sodass ich auf der Matratze am Boden übernachtete, aber trotzdem war ich glücklich eingeschlafen. Meine vorherige Bleibe, eine kleine Neubauwohnung in Unterföhring, war eine Zwischenlösung gewesen. Solange ich nicht fest davon überzeugt war, dass meine TV-Show bei ProSieben auf sicheren Beinen stand, wollte ich nichts riskieren. Nun aber war klar: Deutschland sollte längerfristig zu meinem neuen Lebensmittelpunkt werden.

Jetzt hatte ich mir eine große Altbauwohnung in Schwabing gemietet, mit Fischgrätparkett, Erker und Balkon, der auf einen begrünten Innenhof hinausging. Ich sah schon die Kristalllüster, die bald an der Stuckdecke hängen sollten.

Noch war die Wohnung allerdings leer. Außer meiner Matratze und einer Nachttischlampe gab es nicht viel, das die Bezeichnung Möbel verdient hätte, doch am nächsten Morgen sollte der Umzugswagen meinen gesamten Hausstand bringen.

Pünktlich um acht standen die Möbelpacker vor der Tür. Während ich den Männern Anweisungen gab, wohin sie was stellen sollten, vergrub ich immer wieder mein Gesicht in Taschentüchern. Ich hatte mir, wo auch immer, eine Sommergrippe eingefangen. Am Tag zuvor wurde ich wegen meiner besonders »strahlenden« Augen aufgezogen, das lag an dem leichten Fieber, das ich hatte.

»Wenn du morgen nicht zur Aufzeichnung kommen kannst, gib uns rechtzeitig Bescheid«, bat mich die Redaktionsleitung, als ich mich verabschiedete. Wir vereinbarten, dass ich mich um elf Uhr melden würde

Um halb elf waren die Umzugsleute mit ihrer Arbeit fertig, erleichtert atmete ich auf. Neugierig ging ich durch die Räume, ein bisschen dürftig sah die Wohnung noch aus. Meine wenigen Möbel wirkten verloren in den großen Zimmern. An eine weitere Einrichtungsplanung war aber nicht zu denken, ich musste mich auf die heutige Sendung konzentrieren. Keine Frage: Ich hatte mir vorgenommen, trotz Grippe zu moderieren. Nach einem Erkältungsbad wollte ich mich auf den Weg zum Sender machen.

Ich lag in der Wanne, als plötzlich mein Handy läutete.

»Hallo Arabella, wie geht es dir?«

Am Apparat eine meiner Producerinnen.

»Bestens«, antwortete ich. »Ich liege gerade in der Badewanne. Aber in einer Dreiviertelstunde bin ich in der Redaktion, dann können wir das Briefing für die Gäste machen.«

Statt sich zu freuen, dass ich mich nicht krankmeldete, druckste meine Producerin herum: »Willst du nicht doch lieber zu Hause bleiben und dich besser auskurieren? Du bist bestimmt noch krank.«

»Keineswegs«, sagte ich. »Das bisschen Schnupfen ist nicht schlimm.«

»Bitte, bleib zu Hause!« Erst jetzt bemerkte ich an der Stimme, dass etwas nicht stimmte.

»Hör mal zu. Mir geht es gut. Ich kann moderieren. Ist bei euch etwas nicht in Ordnung? Ist ein Gast abgesprungen, oder was ist los?« Am anderen Ende der Leitung war es für ein paar Sekunden völlig still. Dann meldete sie sich wieder. Sie versuchte ruhig zu sprechen, aber ich merkte, dass es ihr schwerfiel.

»In der Redaktion ist vor zehn Minuten eine Briefbombe explodiert. Die Redaktionsassistentin ist verletzt worden. Die Polizei ist hier. Der Brief war an dich adressiert, und die Polizei möchte, dass du zu Hause bleibst, zwei Beamte werden zu dir kommen.«

Ruckartig setzte ich mich auf. Ich konnte nicht glauben, was ich da zu hören bekam. Die Redaktionsassistentin verletzt? Durch eine Briefbombe, die an mich adressiert war?

»Was genau ist passiert?«, wollte ich wissen. »Wie geht es ihr?«

Ich war so aufgewühlt, dass ich erst nach und nach zu realisieren begann, was passiert war. Mir liefen kalte Schauer über den Rücken. Wer hatte die Bombe geschickt? Jener Mann, der auch auf andere Personen Briefbombenattentate verübt hatte?

»Sie hat überall geblutet und ist sofort ins Krankenhaus gebracht worden«, antwortete meine Producerin. »Mehr wissen wir noch nicht. Die Polizei wird bald bei dir sein, vielleicht haben die mehr in Erfahrung bringen können.«

Mit diesen Worten legte sie auf.

Ich stieg sofort aus der Badewanne, trocknete mich ab und zog die Sachen an, die ich schon beim Einräumen getragen hatte. Danach rief ich meine Großmutter an, meine Mutter, die gerade in Berlin war und meinen Freund in Wien. Ich wollte niemanden beunruhigen, aber ich musste sie davor warnen, die Post zu öffnen.

Ich war die Zielscheibe eines Wahnsinnigen geworden, der es sich zur Aufgabe gemacht hatte, die arische Rasse zu vertreten.

In Marion, Ohio, saß an diesem 9. Juni 1995 ein dreiundsechzigjähriger Mann vor dem Fernseher und starrte auf die Nachrichten, die CNN sendete. Weltweit hatten die Medien an diesem Tag vor allem ein Thema: die mysteriösen Briefbombenanschläge in Österreich und Deutschland. Aktuell, so hieß es, sei gerade wieder ein Attentat verübt worden. Immer wieder zeigten die TV-Sender Bilder des verwüsteten Büros bei ProSieben, dazu Fotos einer Frau, deren Gesicht dem Mann vor dem Fernseher seltsam vertraut vorkam. Eine Moderatorin sei nur knapp dem Tod entronnen, berichtete CNN. Ihre Assistentin hätte einen Brief aufgemacht, der an die Moderatorin gerichtet war. Kurz danach sei eine Bombe explodiert.

Als der Mann vor dem Fernseher den Namen der Moderatorin hörte, riss es ihn aus dem Sessel hoch. Er stürzte aus dem Zimmer zum Telefon und wählte eine Nummer mit deutscher Vorwahl. Augenblicke später klingelte es in meinem Büro, einen Tag nach dem

Anschlag. Weil ich gerade nicht in meinem Zimmer war, nahm eine Sekretärin den Anruf entgegen und schrieb sich anschließend eine Telefonnummer auf.

Als ich wieder das Büro betrat, sagte sie zu mir: »Dein Vater hat aus Amerika angerufen, du sollst ihn bitte zurückrufen.«

Im ersten Moment war ich verdutzt, doch dann wählte ich die Nummer, die er hinterlassen hatte.

Er war sehr bestürzt wegen der CNN-Meldung, erkundigte sich genau, was passiert sei und wie es mir gehen würde. In den Vereinigten Staaten würde über einen immer stärker werdenden Rassismus in Deutschland berichtet.

Ich versuchte meinem Vater zu erklären, dass man das nicht verallgemeinern dürfe, nicht jeder hier sei Rassist, das habe er doch wohl selbst erfahren.

Schließlich ermutigte Sammy mich, weiterhin meinen Beruf auszuüben und erkundigte sich nach dem Befinden meiner Mutter und Nanas. Ich solle gut auf die beiden aufpassen.

Als ich den Hörer aufgelegt hatte, wurde mir klar, dass sich mein Vater um mich Sorgen machte. Ich wusste nicht, was ich denken sollte, denn bislang hatte ich das nicht so wahrgenommen. Und seltsam war auch, dass er mich ermunterte, weiter meinem Job nachzugehen. In den letzten Stunden hatte ich viel darüber nachgedacht, ob ich nicht besser alles hinschmeißen sollte. Wenn mich ein Irrer, ein Psychopath, der sich später als Franz Fuchs herausstellte und während seines Prozesses immer wieder Sätze wie »Es lebe die deutsche Volksgruppe« in den Gerichtssaal rief, umbringen wollte, wenn dies solche Dimensionen annahm, war es dann nicht sinnvoller, sich vom Fernsehen und der Öffentlichkeit zurückzuziehen? War der Preis, den ich für meinen Beruf zahlte, nicht zu hoch?

In den folgenden Tagen dachte ich immer wieder daran, aber auch an die Worte meines Vaters. Sollte ich mir wegen eines Wahnsinnigen in mein Leben pfuschen lassen?

Nein, das konnte ich nicht zulassen. Ich war eine Kämpfernatur, so wie es meine Großmutter mich gelehrt hatte und wie es anscheinend auch Sammy von mir forderte.

Die erste Woche nach dem Attentat steckte ich den Kopf in den Sand. Ich befasste mich mit dem Einrichten meiner neuen Wohnung, kaufte neue Vorhänge und bepflanzte den Balkon. Das lenkte mich ab, doch im Unterbewusstsein arbeitete es ständig in mir. Ich beschloss, mich nicht unterkriegen zu lassen. Die nächste Herausforderung sollte nicht lange auf sich warten lassen. Die Außenproduktion meiner Sendung auf der Insel Sylt stand schon im Juni auf meinem Terminplan.

Ich sollte meine Talkshow zum ersten Mal außerhalb des Studios auf der Kurpromenade in Westerland präsentieren. Ausgerechnet eine Außenproduktion! Dazu musste ich den gesicherten Raum eines Studios verlassen und in der Kurmuschel vor zirka tausend Zuschauern ungeschützt unter freiem Himmel moderieren. Aus sicherheitstechnischen Gründen ein absolutes Wagnis, ich wäre ein leichtes Ziel für weitere Anschläge, warnte der Sicherheitsberater der Münchner Polizei.

Dennoch, die Angst durfte mich nicht beherrschen. Die Geschäftsführung von ProSieben fragte mehrmals nach, ob ich mir wirklich zutrauen würde, in Sylt aufzutreten, und ich versicherte, dass ich mich stark genug fühle und die Produktion durchziehen würde. Es wurden Bodyguards engagiert, die das Gelände absichern und mich auf Schritt und Tritt bewachen sollten. Bodyguards kannte ich bisher nur von den Fotos in Klatschzeitschriften an der Seite von Hollywoodstars, und es war für mich sehr befremdlich, mich plötzlich selber nur noch mit einer Eskorte von schwarzgekleideten Hünen bewegen zu dürfen. Nur während der Sendung sollte die Security ein bisschen Abstand wahren und das Publikum und mich von der Seite aus beobachten.

Es war eigenartig, als ich zum ersten Mal die Bühne der vollbesetzten Kurmuschel betrat. Ich fühlte mich wackelig auf den Beinen und mein Blick ins Publikum war unsicher. So viele Menschen und jeder ein möglicher Attentäter, schoss es mir durch den Kopf. Ich war entgegen meiner natürlichen Art etwas befangen, verkrampft, und es dauerte sicherlich zehn Minuten, bis ich wieder in meinem Element war und jede Berührungsangst mit meinem Publikum vergaß.

Am Ende des Tages wusste ich: »Es geht. Du schaffst es. Du machst weiter.«

Die Briefbombenanschläge hörten nicht auf, erst 1997, als der Täter gefasst wurde. In diesen drei Jahren starben vier Menschen, zehn wurden zum Teil schwer verletzt.

So schrecklich alles war, und so seltsam es klingen mag bei allem Gräuel, das Attentat brachte mir meinen Vater näher.

Noch hundert Meter. Endlich bin ich da. Das Haus meines Vaters liegt am Ende einer Sackgasse. Seit dem Attentat sind zwölf Jahre vergangen, zwölf Jahre, in denen ich anfing, wieder mit Sammy zu sprechen, in denen ich ihn besuchen wollte, in denen ich aber nur bis zur Elfenbeinküste kam.

Nun betrete ich eines seiner zwei Häuser in Ghana, dieses ist in Tema, das andere hat er für seine Mutter gebaut und befindet sich in Salpond. Der Zaun rundherum ist eineinhalb Meter hoch. Elektrisches Tor, Doppelgarage, der Garten liegt brach. Das Gebäude ist seit dem Tod meines Vaters unbewohnt. Aber dahinter gibt es ein kleines Gästehaus mit vier Zimmern, sehr einfach. In diesem lebt meine ältere Schwester Baba mit ihren Kindern. Warum ist sie nicht in das vordere Gebäude eingezogen?, denke ich sofort. Es ist doch viel größer. Oder gibt es ein familiäres Gesetz, dass es einer Entehrung gleichkäme, wenn man sich der Wohnräume meines Vaters bemächtigen würde?

Die Tür des Gästehauses ist offen, ich trete ein, aber Baba ist nicht da, sie wird schon im Hauptbereich sein, zu dem ich nun gehe – ohne meine Mutter. Sie ist bei Nana Ato Dadzie geblieben, zu dem wir jetzt umgezogen sind. Am Morgen hatte sie gesagt, dass sie sich nicht wohlfühle, lieber im Bett bleiben und sich ausruhen möchte.

Das Haupthaus ist einstöckig. Sechs Stufen führen zur Veranda. Ich gehe sie langsam hinauf, von dort gelange ich direkt ins Wohnzimmer. Es ist riesig groß, hellgrün gestrichen, der Linoleumboden ist in einem dumpfen Beige gehalten. An den Wänden stehen Stühle, aufgefädelt wie im Wartezimmer beim Zahnarzt

Der Raum hat zwei Ebenen, die durch eine Stufe miteinander verbunden sind. Die Sonne strahlt durchs Fenster und heißt mich willkommen. Auf dem Couchtisch steht eine Vase mit Plastikblumen, alles sieht sehr europäisch aus. Innen auf der Eingangstür lese ich einen Spruch auf Deutsch: »Ein liebes Wort am frühen Morgen erfreut das Herz den ganzen Tag.« Die gesamte Familie ist da, alle sitzen auf den Stühlen. Ich wäre jetzt am liebsten allein, um meinem Vater in diesen seinen Räumen näherzukommen, ihn vielleicht zu fühlen.

So sehr mir die Herzlichkeit der Familie gefällt, sie vereinnahmt uns auch sehr, sodass sowohl meiner Mutter wie auch mir kaum Luft zum Atmen bleibt. Wahrscheinlich ist meine Mutter auch deshalb dieser Zeremonie ferngeblieben, es ist ihre Lösung, um sich Distanz zu verschaffen. Bevor ich weiter darüber nachdenken kann, werde ich neben Mr und Mrs Coleman gesetzt.

Das Willkommensritual beginnt, obwohl alle Versammelten den Tag miteinander verbracht haben. Trotzdem verhalten wir uns jetzt so, als hätten wir uns ein halbes Jahrhundert nicht gesehen. Traditionen muten mitunter seltsam an.

Sämtliche Familienmitglieder stehen auf und defilieren an mir vorbei. Jeder sagt: »*Akwaaba*«, ich antworte mit »*Jehura*« – ich habe nicht den leisesten Schimmer, was es bedeutet, Onkel Emma hatte mir in letzter Minute zugeraunt, was ich sagen soll. Es folgt eine nächste Begrüßungszeremonie, diesmal dürfen nur die Ältesten daran teilnehmen und an mir vorbeigehen: Auntie Ama, die Colemans und Nana Ato Dadzie, der Patenonkel meiner jüngeren Schwester Jennifer.

»*Akwaaba.*«

»*Jehura.*«

Mir ist das peinlich. Aber was soll ich tun? Jetzt spricht Grandpa Coleman Nana Ato Dadzie an: »Was begehrt ihr?«

»Das ist die Tochter von Sammy«, antwortet der Nana. Er redet langsam, ist bemüht um Würde. »Sie möchte in den Schoß der Familie zurückkehren und im Haus des Vaters aufgenommen werden.«

»Das sei ihr gewährt«, erwidert Grandpa. »Aber sie soll selbst erklären, was ihre Mission ist.«

Ich stehe auf und begrüße alle, erst die Ältesten in der Runde, dann alle anderen. Ich erzähle von der Suche nach meinen Wurzeln, von meiner Sehnsucht nach meiner afrikanischen Heimat, meinem Wunsch, diese nach langer Zeit zu finden. »Endlich hat mich Gott nach Hause gebracht.« Mit diesen Worten beende ich meine kleine Rede.

Alle Familienmitglieder klatschen.

»Du bist willkommen«, sagt Grandpa Coleman. Er reicht mir ein Glas Wasser – Wasser ist auch in Ghana Symbol des Lebens. Der Nana deutet auf eine Tür. »In diesem Haus wird es ab heute immer ein Zimmer für dich geben«, sagt er.

Ich gehe zu der Tür, auf die der Nana Ato Dadzie gewiesen hat. An ihr ist mit Reißzwecken ein Zettel befestigt, darauf steht: »Arabellas Room«. Ich öffne sie. Das Zimmer ist etwa fünfzehn Quadratmeter groß. Zu beiden Seiten gibt es Fenster mit schönen Vorhängen, der Fußboden ist von Sonnenstrahlen gesprenkelt. Das Bett ist bezogen, rechts und links davon steht jeweils ein kleiner Beistellschrank.

Ich empfinde nur noch Freude. Alle warten vor der Tür auf meine Reaktion, ich drehe mich zu ihnen und bedanke mich.

Als die Familie wieder Platz genommen hat und sich unterhält, gehe ich durch das Haus und lasse alles auf mich einwirken. Die Möbel, die Wände, die Vorhänge atmen Geschichte. Hier hat mein Vater gewohnt, wenn er in Ghana war. Auf diesem Sofa hat er gesessen, in diesem Bett hat er geschlafen. Ich berühre alles, was er einmal berührt hat. Immer noch sind die Bilder von meinem Daddy unklar, aber ich kenne das schon. Viele Jahre habe ich mit einer undeutlichen

Vorstellung von meinem Vater gelebt. Doch jetzt habe ich schon mehr Puzzleteile, die ich zusammenfügen kann.

Ich spüre, wie auf einmal meine Augen feucht werden. Die Familie drängt zum Aufbruch, aber ich kann noch nicht gehen, kann mich noch nicht von meinem Vater trennen. Jeden Winkel des Hauses will ich mir einprägen.

Die Räume sind großzügig angelegt, sie sind von einer friedvollen Stimmung erfüllt. Hätte sich meine Mutter hier wohlgefühlt? Wäre das mein Zuhause geworden, wenn sie sich für Afrika entschieden hätte und nicht für Europa?

Was wäre dann aus mir geworden? Wäre ich hier glücklich geworden? Wäre mein afrikanisches Herz stark genug gewesen, um Ghana als meine Heimat zu empfinden? Aber wahrscheinlich wären das keine Fragen gewesen, die mich beschäftigt hätten. Ich hätte keinen Vergleich gehabt.

Die anderen stehen draußen geschlossen im Garten. Ich bin allein in den Räumen. Alles ist sehr spärlich möbliert, zweckmäßig. Das Haus eines Ingenieurs eben. In diesem Moment habe ich das Gefühl, als würde er noch leben. Mein Daddy, in diesem Haus.

Einmal wollte er mich besuchen, in München, aber da traf er mich nicht in meiner Wohnung an. Es war der 8. April 1999. Ich erinnere mich noch genau daran, denn es war mein Geburtstag. Mein Dreißigster.

Vielleicht hatte der Bericht auf CNN den Ausschlag dafür gegeben, jedenfalls bemühte er sich seit dem Briefbombenattentat um mehr Kontakt zu mir. Wir telefonierten wieder miteinander, tauschten E-Mails aus, schrieben uns Briefe. Nicht täglich, nicht wöchentlich, nicht monatlich, aber spürbar häufiger als früher.

Dann kam der 8. April 1999. Ein Jahr zuvor war meine Großmutter gestorben, auf den Tag genau an meinem Geburtstag. Ich mochte ihn schon als Kind nicht feiern. Eigentlich seltsam, denn alle Mädchen und Jungen, die ich kannte, freuten sich auf nichts mehr im Jahr als auf die Party, die nur ihnen galt, die Geschenke, die Freunde, die an ihrem großen Tag zu Besuch kamen. Mir war dieser Ehrentag immer verhasst. Als meine Nana starb, brach ich endgültig mit ihm.

Nun stand mein dreißigster Geburtstag an, und Freunde, die um meine Aversion gegen dieses Ereignis sowie meine tiefe Trauer um meine Großmutter wussten, luden meine Mutter und mich in einen wunderschönen kleinen Ort in der Nähe von Grasse in Südfrankreich ein. Ich wollte erst nicht zusagen, aber sie überzeugten mich, dass es gut für mich sei. Ich willigte schließlich ein. Die Entscheidung stellte sich als richtig heraus. Alles verlief sehr stimmungsvoll, ich fühlte mich an diesem Tag meiner Nana sehr nahe. Es war so, als würde sie an meiner Seite sein, als könnte ich mich mit ihr unterhalten, als nähme sie teil an der kleinen Feier, die zu meinen Ehren ausgerichtet worden war. Ich konnte mit dem 8. April Frieden schließen, zum ersten Mal in meinem Leben, und dieses Gefühl ist mir bis zum heutigen Tag geblieben.

Mitten beim Zuprosten mit meiner Mutter und unseren Freunden klingelte plötzlich mein Handy. »Hallo, hier ist Sammy.« Ich vernahm die Stimme meines Vaters, doch durch den Lärm rings um mich herum war sie kaum zu hören. »Ich stehe vor deiner Wohnung. Kannst du mich reinlassen?«

Bislang hatte mein Vater nie versucht, mich zu besuchen, immer hatte er darum gebeten, dass ich zu ihm kommen sollte. Nun befand er sich anscheinend vor meiner Schwabinger Haustür – und ich war nicht da. Er erzählte mir, dass er beruflich in Europa zu tun hätte, dies hätte er als Gelegenheit genutzt, um mich zu überraschen. Das war ihm gelungen, ich fiel aus allen Wolken.

»Ich kann dich leider nicht reinlassen«, antwortete ich. »Ich bin nicht in München, sondern in der Provence.«

Am anderen Ende der Leitung wurde es still, dann fand mein Vater seinen Humor wieder. »Okay«, sagte er. »Dann kann es noch ein Weilchen dauern, bis du mir die Tür öffnest.«

Ich musste lächeln, und in diesem Augenblick sah mich meine

Mutter an. Sie wunderte sich, mit wem ich da am anderen Ende der Leitung so aufgeräumt sprach.

Ohne weiter nachzudenken, hielt ich ihr das Handy ans Ohr und sagte, dass es Sammy sei, mit dem ich gerade redete. Im ersten Moment stotterte sie verlegen herum, sprach ein paar Worte auf Englisch, dazwischen einige in Deutsch. Mein Vater aber sagte nur »Hello Honey« – es drang bis zu mir durch –, und schon wurde sie ruhig, bekam strahlende Augen und sie unterhielten sich nett miteinander.

Gut achthundert Kilometer trennten mich von Sammy. So nah waren wir uns schon lange nicht mehr – zumindest räumlich gesehen.

Ich wusste nicht, dass ich in diesem Augenblick die letzte Chance verpasst hatte, meinen Vater lebend zu sehen. Als ich das nächste Mal zu ihm wollte, war er tot.

»Arabella, Araba, kommst du?«

Die anderen warten im Garten auf mich und werden ungeduldig. Wie lange habe ich meinen Gedanken nachgehangen? Ich reiße mich zusammen und gehe nach draußen.

»Wann wirst du wiederkommen, Araba, um dein Zimmer zu bewohnen?«

Ja, wann werde ich wiederkommen?

8

Getrocknete Bohnen gegen böse Geister

Ich sitze stumm mit meiner Mutter, meiner Schwester Jennifer und Onkel Emma in einem gemieteten »Taxi«, auf dem Weg nach Mankessim. Das ist der Nachbarort von Kuntu, jenem Dorf, in dem mein Vater zur Welt kam. Ich weiß nicht, warum mir während der Fahrt dieses seltsame Telefonat von damals auf dem Hamburger Flughafen einfällt. Wahrscheinlich, weil ich die ganze Zeit daran denken muss, warum ich es nicht mehr geschafft habe, zu meinem Vater zu kommen.

Ich hatte mich regelrecht danach gesehnt, ihn in die Arme zu schließen. Das Schicksal hat mir diesen Wunsch für immer verwehrt. Eine Welle von Traurigkeit erfasst mich und lässt mich nicht mehr los.

Morgen werde ich den Geburtsort von Sammy kennenlernen. Meine Mutter ist dort schon einmal gewesen, als sie mit meinem Vater 1968 in Ghana war. Ich weiß nicht, was auf mich zukommt, ein mulmiges Gefühl breitet sich in meinem Bauch aus.

Es ist halb fünf, und offenbar ist dies der Beginn der Rushhour. Wie aus dem Nichts tauchen plötzlich Hunderte von Autos auf den Straßen auf, hupen, drängeln, scheinen sich gegenseitig anzuschieben. Wir benötigen zwei Stunden, um aus der Innenstadt von Accra herauszukommen. Überall sehe ich Sammeltaxis und Kleinbusse, die mit fünfzehn und mehr Passagieren kaum einen weiteren Menschen aufnehmen können. Die Karosserien sind verblüffenderweise fast alle ziemlich neu. Trotzdem sichern sich viele Fahrer in Richtung Himmel ab. Davon zeugen die vielen Spruchbänder mit Sätzen wie »Barmherziger Gott, führe uns« an den Heckscheiben der Wagen.

Immer wieder entdecke ich kleine Haufen von Buschwerk mitten auf der Straße. Statt Warndreiecke verwenden die Menschen diese als Signale, um auf einen Unfall aufmerksam zu machen. Da es hier häufiger kracht, steht nicht selten höchstens noch eine Fahrspur zur Verfügung.

Auf einmal beginnt es zu regnen, nein, ganze Sturzbäche prasseln auf die Autos nieder. Innerhalb von Minuten steht die Straße unter Wasser. Natürlich geht jetzt alles noch langsamer voran. Als die Stadtautobahn zu Ende ist, befinden wir uns immer noch in Accra, wenn auch immerhin in den Vorortslums. Wellblechhütte reiht sich hier an Wellblechhütte, oft bleibt unklar, wie die einzelnen Teile der Behausungen aneinandergefügt sind und wie sie überhaupt aufrecht stehen bleiben können. Zwischen den Hütten liegen überall verstreut Dreck, Schutt und verrostete Autowracks ohne Reifen herum. Ich blicke auf eine Müllhalde, auf der sich mehrere Menschen gebückt bewegen. Sie suchen in dem dampfenden Gebirge aus Unrat nach Resten von Verwertbarem, Essbarem. Neben der Straße hocken Kinder und verrichten ihre Notdurft.

Ghana gilt in Europa als Vorzeigeland Afrikas, als die Region des ärmsten Kontinents, die es geschafft hat, dass die Menschen hier ihr Auskommen finden können. Und dann sehe ich all die Bilder, die diese Behauptungen Lügen strafen.

Der Regen hört nicht auf. Wir schaffen nicht mehr als dreißig Kilometer in der Stunde, jeder durchschnittliche Jogger könnte uns mühelos überholen. Immer weiter fahren wir durch das Elend. Neben der Straße ziehen sich Abwasserrinnsale entlang, die zuweilen zu richtigen Bächen anschwellen. So werden hier Fäkalien und Schmutzwasser entsorgt. Es gibt keine Rohrleitungen, die Gräben liegen wie eine offene Wunde da.

Die Straßen bestehen inzwischen nur noch aus Schlaglöchern. Immer wieder werden wir heftig durchgeschüttelt, fast angstvoll umklammere ich den Sicherheitsgurt. Der dichte Regen lässt die Umgebung dunkler und dunkler werden, es ist, als verhindere eine fast schwarze Hand die Sicht. Der Fahrer des Taxis kann die linke und rechte Spur nicht mehr richtig auseinanderhalten – und wird zum Geisterfahrer. Als ihm ein anderes Auto entgegenkommt, bemerkt er das Missgeschick und kann das Steuer noch im letzten Moment herumreißen.

Endlich! Nach drei Stunden hört der Regen auf, und Accra liegt hinter uns. Die Landschaft, soweit in der Dunkelheit erkennbar, ist leicht hügelig, hin und wieder taucht ein kleines Straßendorf aus fertigen und halb fertigen Ziegelhäusern auf.

Eine Stunde später erreichen wir Mankessim, wir haben doppelt so lange gebraucht wie geplant. Allerdings müssen wir noch weiter, weil wir direkt am Meer übernachten wollen, im Anomabo Beach Resort. Nach einer knappen Viertelstunde erreichen wir eine hübsche Anlage am Golf von Guinea mit kleinen Bungalows am Strand. Meine Mutter, Jennifer und ich teilen uns eine Hütte mit zwei getrennten Schlafzimmern, Onkel Emma hat ein Zimmer im Haupthaus bekommen.

Vor unserem Bungalow steht eine schön gewachsene Kokospalme, die reichlich Schatten spendet. Nach dem Auspacken flanieren wir durch die Anlage, essen im Beach-Restaurant und lassen uns nach dem Abendessen direkt am Strand nieder. Jennifer hat sich schon zurückgezogen, das Tempo, das wir bei unserem Familienbesuch an den Tag legen, ist für sie ziemlich anstrengend. Vielleicht hat sie auch instinktiv gespürt, dass ich noch mit meiner Mutter sprechen möchte, und will nicht stören. Von Tag zu Tag empfinde ich eine wachsende Nähe zu ihr. Ich habe ihr den Kosenamen »Baby Sis« gegeben, »Baby-Schwester«, und sie freut sich jedes Mal, wenn ich sie so vertraulich anspreche.

Jenny steht mir näher als meine ältere Halbschwester Baba.

Auch sie ist reizend und unglaublich herzlich, aber in ihrer Art völlig anders. Ganz afrikanische Mama mit vier Kindern und zwei Enkelkindern, begnügt sie sich mit dem Wesentlichen und verdient ihren Lebensunterhalt, indem sie für die Bauarbeiter in ihrer Straße kleine Mahlzeiten zubereitet. Die Businessfrau Jenny weiß genau, was sie will und wie sie es erreicht. Sie ist in ihrer Handlungsweise viel europäischer, zudem perfekt organisiert, redet nicht lange um den heißen Brei herum und hilft sofort, wenn meine Mutter und ich Schwierigkeiten haben. Ihr Arbeits- und Lebensstil ist zwar ebenfalls afrikanisch, aber hin und wieder auch sehr »zackig deutsch«. Immer häufiger gibt es Momente, in denen ich denke, dass sie unserem Vater sehr ähnlich ist – und ich ihr. Das wiederum bedeutet, dass ich auch Sammy ähnlich sein könnte. Einmal sagte Jenny: »Daddy had a german mind and an african heart – er hatte einen deutschen Verstand und ein afrikanisches Herz.«

»Soll ich dir ein Wasser aus der Minibar mitbringen?«, fragt meine Mutter. Bevor ich aufstehen kann, ist sie schon Richtung Bungalow verschwunden. Ich blicke ihr nach und atme tief durch. Sie sieht besser aus als in den vergangenen Tagen, weint nicht mehr so viel, dennoch ist ihr die Anstrengung der beschwerlichen Reise in die Vergangenheit deutlich anzumerken. Ich kann nur erahnen, was es für sie bedeutet, noch einmal in ihre Erinnerungen einzutauchen.

Ich denke an eines der Gespräche zurück, die wir vor unserer Abreise geführt haben. Meine Mutter hatte mir erzählt, dass sie in der sechsten Woche schwanger war, als sie vor neununddreißig Jahren beschloss, mit meinem Vater nach Ghana zu gehen.

Der Anstoß kam damals von ihm. »Wir könnten uns in Afrika gemeinsam etwas aufbauen«, so lockte er. Vielleicht hätte meine Mutter ein paar Monate zuvor nur abgewinkt, aber es war die richtige Idee zum richtigen Zeitpunkt. Sie steckte am Theater erneut bis über beide Ohren in Schwierigkeiten. Wieder einmal hatte sie alles infrage gestellt, Besetzung, Spielplan, Regieanweisungen, hatte sich mit den Verantwortlichen in ihrer streitlustigen Art angelegt.

Eigentlich wollte sie alles hinwerfen, daher kam ihr der Gedanke, nach Ghana auszuwandern, gerade recht. Eine geniale Gelegenheit zur Flucht.

»Du warst allen Ernstes bereit, dein altes Leben einfach aufzugeben und mit meinem Vater im Busch zu leben?«, fragte ich damals. Ich war von der Vorstellung begeistert, weil ich glaubte, meine Mutter hätte impulsiv und bedingungslos gehandelt. »Das war doch ein ziemlicher Schauplatzwechsel. Hut ab!«

Meine Mutter schüttelte energisch den Kopf: »Tut mir leid, da muss ich dich enttäuschen. Ich bin zwar eine leidenschaftliche Frau und habe oft genug in meinem Leben kompromisslos gehandelt, in diesem Fall habe ich mir jedoch ein Hintertürchen offengehalten.«

»Welches?«

»Ich habe erst mal die Theaterferien für den Trip nach Ghana genutzt. Zwei Monate wollte ich mich in aller Ruhe umsehen. Wenn ich Fuß fasse als Bürokauffrau, so dachte ich, dann kann ich immer noch entscheiden, ob ich bleibe.«

Diese Berufsvorstellung kam nicht von ungefähr, denn meine Mutter musste sich nach der Schule erst durch eine Lehre als Bürokauffrau quälen, ehe sie zum Schauspielstudium auf das renommierte Wiener Reinhardt-Seminar wechseln durfte. Ihre Eltern hatten auf einer soliden kaufmännischen Ausbildung bestanden. Sie sahen ihre Tochter wohl nicht als Theaterstar auf großen Bühnen, deshalb sollte sie zur Sicherheit einen seriösen Beruf erlernen. Bürokauffrau eben.

Meine Mutter lernte Maschine schreiben, Buchhaltung und wie man Geschäftsbriefe auf Englisch, Französisch und Deutsch tippt. Sie tat es mit dem Enthusiasmus eines Menschen, dessen Herz an der Kunst hängt.

In diesem Moment höre ich, wie meine Mutter aus dem Bungalow tritt, eine Flasche Wasser und zwei Gläser in den Händen.

»Ich verstehe, dass es für dich damals spannend war, nach Ghana zu reisen«, sage ich, während sie die Gläser füllt. »Was ich dagegen nicht begreife: Warum wollte Sammy zurück in seine Heimat? Du hast mir erzählt, dass er sich nach seinen Studium in Deutschland sehr wohlgefühlt hat.«

»Das schon«, antwortet meine Mutter. »Trotzdem lief es auch bei ihm beruflich nicht ganz so, wie er sich das vorgestellt hatte. Er hoffte wohl, dass sich in Afrika ganz neue Möglichkeiten ergeben würden.«

Eines Tages lernte mein Vater einen gewissen Mister Darco kennen, einen smarten, seriös wirkenden Businessmann aus Ghana. Die beiden verstanden sich auf Anhieb. Sie redeten stundenlang und schmiedeten Pläne für gemeinsame Geschäfte in der Heimat. Anfangs war meine Mutter skeptisch, aber Mister Darco bot ihr an, in Accra als Sekretärin für ihn zu arbeiten. Darüber hinaus versprach er ihr ein Apartment und einen roten Sportwagen. Meine Mutter ließ sich erweichen.

Der Flug nach Ghana kostete damals 1490 Mark, und zwar für eine Strecke – eine Menge Geld. Sie kaufte sich ein Hinflugticket und schickte anschließend denselben Betrag nach Wien. Sobald sie sich eingelebt hatte, wollte sie ihre Mutter nachkommen lassen.

»Wenn du nur einen Hinflug nach Ghana gebucht hast, bist du doch davon ausgegangen, dort zu bleiben?« Ich versuche es ein zweites Mal mit der Romantiknummer.

»Nein, ich war schlichtweg pleite. Sollte ich wieder zurückfliegen wollen, musste ich mir das Geld dafür erst einmal in Afrika verdienen.«

Von Ghana wusste meine Mutter zu diesem Zeitpunkt ungefähr so viel wie über Quantenphysik. Sie sprang buchstäblich ins kalte Wasser, und sie tat dies sehenden Auges, sie war nämlich zu stolz, um sich wenigstens einen Reiseführer zu kaufen.

»Ich war schließlich keine Touristin, die dort einen Urlaub plante und deswegen die Sehenswürdigkeiten abklappern wollte. Ich fühlte mich als Familienmitglied, das dort zu leben beabsichtigt. Irgendwie dachte ich, der Unterschied zu Europa könne so groß nicht sein«, erzählt sie ohne eine Spur von Scham in der Stimme. »Aus heutiger Sicht klingt das natürlich unglaublich naiv, damals gab es jedoch keine Globalisierung. Wir waren nicht so aufgeklärt und mit der ganzen Welt vernetzt wie ihr heute. Ich konnte nicht ins Internet schauen und alles über Ghana nachlesen. Es gab kaum Reiseführer oder Fernsehdokumentationen über Afrika, also habe ich mir in meiner jugendlichen Unbekümmertheit keine großen Gedanken gemacht.«

»Wie war es dann, als du in Afrika angekommen bist? Außer deinen spitzen Bemerkungen am ersten Abend haben wir noch nicht in Ruhe darüber sprechen können.«

»Ein richtiger Kulturschock. Es begann schon, als ich aus dem Flieger ausstieg. Vor dem Flughafengebäude – ich sagte dir ja schon, dass es nichts weiter als eine Holzbaracke war – standen Soldaten, die sich an ihren Maschinengewehren festklammerten. Mit grimmigem Blick nahmen sie jeden Einreisenden argwöhnisch in Augenschein. Dein Vater flüsterte mir zu, dass der erste Präsident der Republik Ghana, Kwame Nkrumah, durch einen Militärputsch gestürzt worden sei.

An seine Stelle sei eine Militärjunta getreten. Die neuen Machthaber seien unberechenbar, ich solle möglichst nichts sagen und mich unauffällig verhalten.«

Ich grinste frech. »Na, das dürfte dir nicht leichtgefallen sein.«

»Ich war sehr angespannt. Stumm stand ich eine halbe Stunde herum, bis sie endlich mein Gepäck durchsuchten. Die Offiziere fixierten mich und verzogen keine Miene. Mit ihren Gewehren im Anschlag bedeuteten sie mir, meinen Koffer auszuräumen. Ich tat es wohl zu langsam, also begannen sie selbst zwischen den Sachen zu wühlen. Ich musste mich ganz schön zusammenreißen. So weit war ich gereist, um derart misstrauisch behandelt zu werden!«

Der nächste Schock kam unmittelbar danach. Von dem versprochenen Apartment war auf einmal keine Rede mehr, meine Eltern mussten in ein Hotel ziehen. Accra war damals eine Ansammlung von Wellblechhütten, das Hotel konnte man kaum als solches bezeichnen. In der ganzen Stadt gab es einige wenige asphaltierte Straßen, überall nur Lehmwege, in deren Rinnsale die Abwässer flossen, so wie wir es heute gesehen haben. Die Menschen lebten und kochten auf der Straße; nur im Botschaftsviertel waren die Spuren des alten Kolonialismus noch zu erkennen, als Ghana noch »Gold Coast«, Goldküste, hieß. Auf parkähnlichen Grundstücken standen die Villen, die sich früher besonders die Briten als Trutzburgen hatten errichten lassen. Nun dienten sie als Botschaftsgebäude.

»Hattet ihr denn keine Schwierigkeiten? Sammy war schwarz, und du warst eine weiße Frau aus Deutschland – haben die Menschen das in Ghana 1968 einfach so akzeptiert?«

»Seit den Kolonialzeiten haben sich die Hautfarben immer gemischt, deswegen hat sich in Ghana niemand darum gekümmert. Anfangs dachte ich, dass ich deswegen nicht besonders gern gesehen war.

Aber wenn jemand mich *›obruni‹* rief, dann war das kein Schimpfwort, eher eine Feststellung. Die Menschen auf der Straße strahlten mich an, und sämtliche Familienmitglieder von Sammy forderten mich auf, in ihrer Mitte Platz zu nehmen.«

»Es scheint, du hast Ghana irgendwo auch gemocht?«

»Überall spürte ich eine intensive Lebensfreude, und dann gab es noch diese bunten Gewänder. In Deutschland dominierten modisch damals Beige und Braun, abgesehen von ein paar bunten Vögeln aus der Achtundsechzigergeneration, hier dagegen war alles ein einziger Farbenrausch. Besonders die Frauen sahen wunderschön aus in ihren kunterbunten Gewändern«, fährt meine Mutter fort. »Viele von ihnen hatten zusätzlich ein Tuch um den Kopf geschlungen, das sie stolz und anmutig trugen. Sie wirkten wie richtige Königinnen. Alles war so herrlich prall an ihnen, dass ich am liebsten selbst sofort ein paar Kilo zugelegt hätte. Ihre Haut leuchtete so schön samtig, dass ich unentwegt das Bedürfnis hatte, sie zu berühren.«

Mein Vater führte meine Mutter unmittelbar nach ihrer Ankunft auf einen der typischen Märkte. Dicht drängten sich die Menschen zwischen den Ständen, überall boten Markfrauen tropische Frucht- und Gemüsesorten, Kochtöpfe und Besen an. Junge Frauen und Männer flirteten miteinander. Ein solch quirliges Treiben war meiner Mutter bislang unbekannt gewesen. Sie war ganz darin versunken, als mein Vater sie am Ärmel zog. »Sieh mal, da vorn kommt eine Juju-Frau auf uns zu.«

Sie hatte keine Ahnung, wovon er sprach, aber schließlich erblickte sie eine ältere, etwas stattliche Frau, die sich mit wiegendem Gang auf sie zubewegte. Ihr Gesicht war mit weißer Farbe bemalt. Die Umstehenden bekundeten der Frau Respekt, indem sie zur Seite traten und ihr Platz machten.

»Was ist eine Juju-Frau?«, fragte meine Mutter.

Sammy grinste sie an. »Du kannst sie als weise Frau bezeichnen, die das Wissen der Heilung in sich trägt. Du kannst jedoch auch sagen, sie zelebriere Voodoo.«

Voodoo? Ist das nicht schwarze Magie? Ein Kult, bei dem die Menschen verhext und zu willenlosen Geschöpfen werden? Bei dem angsteinflößende Frauen Nadeln in Puppen stechen? Unwillkürlich trat meine Mutter einen Schritt zurück, als die Voodoo-Priesterin hoheitsvoll an ihr vorüberschritt.

Leise flüsterte sie Sammy ins Ohr: »Was macht sie denn genau?«

»Sie dreht den Hühnern die Köpfe um und liest aus dem Blut die Zukunft«, antwortete mein Vater ernst, fast respektvoll. Nahm er meine Mutter auf den Arm? Glaubte er etwa selbst an diesen archaischen Zauber?

Sie konnte es sich nicht vorstellen. Er hatte ihr gegenüber immer wieder beteuert, er sei Christ. Kannte sie ihn wirklich? Angesichts der Fremdheit, die sie seit ihrer Ankunft empfunden hatte, war sie sich dessen nicht mehr so sicher.

Kurze Zeit später bekam sie den Beweis geliefert, dass mein Vater tatsächlich diesem traditionellen Kult anhing. Er kaufte meiner

Mutter und sich selbst zwei Halsketten, auf die kleine, getrocknete Bohnen aufgefädelt waren. »Das sind ab jetzt unsere Talismane«, meinte er. »Auch du wirst merken, mit welcher Stärke sie ausgestattet sind, um böse Geister fernzuhalten. Sie werden uns beschützen.«

Der Schutz war wohl nicht stark genug. Ihre Liebe konnten die Ketten zumindest nicht bewahren.

Später erfuhr meine Mutter, dass der Voodoo-Kult in Ghana sehr verbreitet ist und sich während der Sklaven- und Missionszeit mit katholischen, aber auch islamischen Elementen vermischt hat. Die angebeteten Gottheiten können dabei fröhlich sein, wütend, freigebig oder launisch, sie helfen und strafen, aber man kann auch ihre Wut besänftigen und ihr Wohlwollen erbitten, indem man Kontakt mit ihnen aufnimmt. Das geht natürlich nicht direkt, sondern nur über Priester oder Priesterinnen im Rahmen einer Voodoo-Zeremonie.

Diese Rituale haben eine große Bedeutung. Man bringt den Göttern Opfer, schenkt ihnen Rum oder Tabak, schlachtet Ziegen oder Hühner. Die Teilnehmer sollen dabei in einen tranceähnlichen Zustand versetzt werden. Erreicht wird dies mit Tänzen, Trommelrhythmen und monotonen Gesängen. Wenn die Tänzer sich in Ekstase gebracht haben, dann bedeutet dies, dass die Götter nach ihnen greifen. Menschen, die diesen Zustand erreichen können, werden in der Gesellschaft besonders geehrt.

Die zentrale Botschaft des Voodoo lautet: »Wer etwas Schlechtes tut, der ist von einem bösen Geist besessen.« Insofern hatte der böse Geist, der in Mister Darco wohnte, alle Hände voll zu tun, als meine Mutter in Ghana war. Denn sämtliche Versprechungen, die er ihr in Deutschland gemacht hatte, lösten sich in Schall und Rauch auf. Es gab nicht nur kein Apartment, sondern auch keinen Job als Sekretärin, und von einem roten Sportwagen war weit und breit nichts zu sehen.

Als Sammy und sie Mister Darco eines Abends zur Rede stellten, wich er aus, wie meine Mutter es tausendfach bei meinem Vater erlebt hatte.

»Da standen wir nun und waren völlig auf uns allein gestellt«, sagt meine Mutter.

»Was habt ihr daraufhin gemacht?«

»Ich wollte Geld verdienen, hatte allerdings keine Ahnung, wie ich das anstellen konnte. Wie war ich überhaupt nur auf den Gedanken gekommen, dass am anderen Ende der Welt alles glatt und reibungslos über die Bühne gehen würde? Ich hielt mich für völlig weltfremd, fiel in ein schwarzes Loch und verlor jeglichen Antrieb. Den ganzen Tag über saß ich allein in diesem trostlosen Hotelzimmer herum, während dein Vater ständig unterwegs war, um irgendeinen Job aufzutreiben.«

Das kannte sie schon aus Deutschland. Mit dem Unterschied, dass sie in Europa ein selbstständiges Leben als Schauspielerin geführt hatte. In Ghana war sie auf Sammy angewiesen – eine ihr un bekannte Situation.

»Ich hatte nichts zu tun, bis er wieder zurückkam. Es war schrecklich!«

Ich bin überrascht. Antriebslos – so kenne ich meine Mutter gar nicht. Sie ist der Typ Mensch, der immer etwas auf die Beine stellt.

»Warum hast du dir nicht das Land angesehen?«, frage ich, nachdem ich einen Schluck Wasser getrunken habe. Meine Mutter hat ihr Glas noch nicht angerührt. »Vielleicht hätte sich dann etwas ergeben.«

»Ich war wie gelähmt. Das Einzige, wozu ich mich aufraffen konnte, war, in den Hof des Hotels hinunterzugehen. Dort saß jeden Morgen an derselben Stelle ein alter Mann auf dem Boden. Er hatte allerlei Kunsthandwerk vor sich ausgebreitet, und ich half ihm dabei, die Masken und Schnitzereien an die wenigen Touristen zu verkaufen, die damals Ghana besuchten.

Da ich sonst niemanden hatte, mit dem ich mich unterhalten konnte, redete ich stundenlang auf den Greis ein. Ich bezweifle, dass er mich verstanden hat. Geantwortet hat er jedenfalls kein einziges Mal.«

Die Erzählungen schnüren mir das Herz zusammen. Meine Mutter muss sich damals unendlich einsam gefühlt haben.

»Was war mit Baden? Du hättest erst mal einen Badeurlaub machen können.« Ich traue mich nicht, sie zu fragen, ob sie sich auch auf dieser Reise einsam fühlt. Noch erscheint es mir dafür zu früh. »Accra liegt doch am Meer ...«

»Für eine Frau war es damals nicht schicklich, sich allein am Strand aufzuhalten.«

Natürlich wäre sie nicht meine Mutter gewesen, wenn sie es nicht trotzdem einmal versucht hätte. Noch bevor sie im Wasser war, gab es einen richtigen Aufruhr. Die Fischer liefen zusammen, gestikulierten und zeigten mit den Fingern auf sie. Das war ihr dann doch zu viel. Sie zog sich wieder an und ging ins Hotel zurück.

Als mein Vater von ihrem Strandausflug erfuhr, war er außer sich. Er meinte, nur leichte Mädchen gingen alleine an den Strand. »Wenn du unbedingt baden möchtest, dann brauchst du männliche Begleitung«, sagte er. »Morgen eskortiert dich der Schneider.«

Sammy kannte Kwaku noch aus seinem Heimatdorf Kuntu. Inzwischen saß er seit Jahren in der Nähe des Hotels auf dem Lehmboden vor seiner Hütte und nähte mit seiner uralten Nähmaschine, was immer die Kundschaft von ihm wünschte. Er freute sich, als er von meinem Vater den wichtigen Auftrag als Aufpasser erhielt und eine weiße Frau an den Strand begleiten durfte.

»Wie bist du mit deinem Bodyguard zurechtgekommen?«

»Die ganze Sache war mir mehr als unangenehm«, erwidert meine Mutter.

Kwaku war ein schmächtiger, zudem sehr schüchterner Mann, der sich kaum traute, meiner Mutter in die Augen zu blicken. Er führte sie zu einem abgetrennten Teil des Strandes, der zu einem libanesischen Club gehörte. Afrikaner hatten dort aber keinen Zugang, sodass Kwaku nicht mit hinein durfte. Meine Mutter beschwerte sich sofort. »Da werden die Schwarzen in ihrem eigenen Land diskriminiert!«, schimpfte sie. Es half nichts, Kwaku musste vor den Toren des Clubs bleiben. Ihr war die Freude am Baden vergangen, doch der Schneider lächelte nur und gab ihr mit Gesten zu verstehen, es sei schon alles in Ordnung, er sei trotzdem bei ihr. »Wie soll das gehen?«, fragte meine Mutter. »Sie lassen dich ja nicht rein!«

Kwaku deutete auf die Außenmauer des Clubs, die den öffentlichen Strand von dem libanesischen Club trennte. Für ihn war es offenbar in Ordnung, sich außerhalb der Mauer in den Sand zu legen und meiner Mutter beim Baden zuzusehen. Nach zwei Stunden brach sie den Strandausflug dennoch ab, weil sie sich unwohl fühlte. Abends erzählte sie Sammy von dieser Diskriminierung. Als sie ihren Bericht beendet hatte und er still blieb, war sie sehr irritiert.

»Warum sagst du nichts zu dieser Ungeheuerlichkeit?«, fragte sie meinen Vater.

»Der Schneider hat mir eine ganz andere Geschichte erzählt«, antwortete er. »Für ihn war es der schönste Tag in seinem Leben!«

»Wie bitte?«

»Kwaku fühlte sich nicht gedemütigt. Im Gegenteil, er war sehr stolz. Alle wussten, dass er mit dir gekommen war. Die anderen haben ihn dafür bewundert. Er möchte dir danken, dass er dich begleiten durfte.«

Meine Mutter war sprachlos.

Schon bald lernte sie Sammys Familie kennen. Sein Onkel, Mr Coleman, und seine Frau luden meine Eltern in ihr Haus ein. Die beiden waren reizend zu ihr, und meine Mutter hatte schnell das Gefühl, in die Familie aufgenommen worden zu sein – nicht anders hatte ich es erlebt.

Ihr zu Ehren gab es ein spezielles Menü: Palmkernsuppe mit *fufu*. Die Palmfrucht war zunächst gekocht, dann zerstampft und danach noch einmal gekocht worden. Das letztendliche Geheimnis waren jedoch die exotischen Gewürze.

Nachdem meine Mutter alles aufgegessen hatte, verschwand Grandma Coleman in der Küche und kam nach wenigen Minuten mit einem Tablett zurück.

»Als sie meinen Teller vor mir abstellte, sah ich zu meinem Entsetzen, dass eine etwa zehn Zentimeter große Nacktschnecke in einer öligen roten Brühe schwamm. Ich sprang sofort auf und lief auf die Toilette. Als ich zurückkam, blickte mich Sammy fragend an. Leise sagte ich zu ihm: ›Ich gebe dir die Schnecke. Ich bin bestimmt nicht zimperlich, aber das Ding da kann ich unmöglich essen. So eine unappetitliche Suppeneinlage hatte ich noch nie auf meinem Teller.‹ Doch dein Vater sagte nur: ›Stell dich nicht so an! Das ist eine Waldschnecke. Eine Delikatesse! Und das Gastgeschenk! Das hast nur du auf dem Teller, als Willkommensgruß.‹«

Meine Mutter blickte sich um und stellte fest, dass es stimmte. Sie war tatsächlich die Einzige mit einer rötlichen Waldschnecke in der Suppe. Was für eine Ehre!

Niemand hatte mit dem Essen der zweiten Speise begonnen. Grandpa und Grandma Coleman blickten meine Mutter erwartungsvoll an. »Es tat mir furchtbar leid, dass ich Sie enttäuschen muss«, sagte sie. »Eine Magenverstimmung, ich kann die Suppe leider nicht essen.« Alle glaubten ihr.

Im Hotel erklärte ihr Sammy, dass in Ghana fast alles gegessen wird. Waldschnecken, Affen, Pythons, Schildkröten und Ratten zählten zu den absoluten Fleischspezialitäten. Meine Mutter betete, dass nichts davon je auf ihrem Teller landen möge. Wie so oft im Leben wurden ihre Gebete leider nicht erhört.

Drei Wochen später gab der Schneider ihr zu Ehren ein Fest in seiner Lehmhütte. Die Gäste versammelten sich vor dem Rundbau. Die meisten waren festlich gekleidet und trugen weite Gewänder, die bis zum Boden reichten. Alle hielten kleine Schälchen mit Speisen in der Hand. Sammy und meine Mutter wurden mit dem üblichen Begrüßungszeremoniell willkommen geheißen. Das Haus des

Schneiders hatte ein landestypisches kegelförmiges Strohdach und Wände aus Lehm. Dieses Baumaterial hat viele Vorzüge: Es ist billig, denn Lehm gibt es im Überfluss, und es ist eine natürliche Klimaanlage. In hohem Maß isoliert der Lehm, hält tagsüber die Hitze ab und bewahrt in der Nacht die Räume davor, zu stark abzukühlen.

Meine Mutter war neugierig, wie es im Innern der einfachen Behausung aussah, und sie bat Sammy, ihr diese zu zeigen. Allerdings war es nicht einfach, etwas zu erkennen, denn die Hütte besaß kein Fenster, innen war es also ziemlich dunkel. Mein Vater nahm sie an der Hand und führte sie einen schmalen, engen Gang entlang, der schneckenförmig um einen zentralen Raum angelegt war.

Irgendjemand drückte auch ihr im Halbdunkel eine Schale mit einem Gericht in die Hand. Wie in Ghana üblich, gab es kein Besteck. Meine Mutter zögerte nicht lange und griff mit den Fingern zu. Der erste Bissen, den sie im matten Licht in den Mund steckte, hatte sich schon in der Hand seltsam angefühlt, aber sie dachte sich nichts weiter dabei.

Das änderte sich, als sie zubiss. Ihre Zähne gerieten an etwas, das sich anfühlte wie eine Pfote, an deren Ende Krallen wuchsen. Sie hustete und spuckte, bis sie die Pfote nicht mehr spürte. Danach stieß sie einen leisen Schrei aus.

»Was hast du?«, fragte Sammy.

»Ich habe gerade auf eine Pfote gebissen, an der Krallen waren. Die müssen wohl versehentlich ins Essen gekommen sein.«

»Ach so, die Krallen«, antwortete mein Vater ruhig. »Das hat schon seine Richtigkeit. Sie gehören einem Grasscutter.«

Bis vor Kurzem hatte meine Mutter dieses Wort nicht gekannt. Am Vortag aber waren meine Eltern im Zoo von Accra gewesen und hatten sich auch das Gehege mit den Nagetieren angesehen. Sammy erklärte meiner Mutter voller Inbrunst die Unterschiede diverser Rattenarten: Waldratten, Hausratten und eben Grasscutters, die zur Familie der Bisamratten gehören und in Ghana als Delikatesse gelten.

Erst Nacktschnecken, dann Ratten zum Essen. Meine Mutter hatte bald genug von der ghanaischen Küche. Diese Erfahrung musste ein Schock für sie gewesen sein.

»Du warst doch auch in Kuntu«, sage ich zu meiner Mutter. »Bitte erzähle mir noch davon. Ich weiß, das wühlt dich alles ziemlich auf, aber bevor wir morgen in Sammys Dorf fahren, würde ich gern wissen, wie du den Aufenthalt dort erlebt hast.«

Wir beide hören auf das leise Rauschen der Wellen, die an den Strand rollen. Der ewige Rhythmus der Natur, der so beruhigend auf die Seele wirkt.

»Sammys Mutter hat damals noch in Kuntu gelebt, bevor dein Vater ihr das Haus in Salpond baute. Das, was mir in dem Dorf widerfahren ist, stellte alles bisher Erlebte in den Schatten.«

»Warum?«

»Kuntu war für mich Afrika pur.«

Zur Begrüßung reichte man meiner Mutter Wasser aus dem Amissah-Fluss, in dessen Nähe meine Großmutter wohnte. Es war trübe vom lehmigen Flussbett, und das war noch das Beste, was man darüber sagen konnte.

Meine Mutter blickte in die schlammige Brühe. Vielleicht fiel ihr keine passende Ausrede ein, vielleicht erfasste sie aber auch nur eine Welle des Fatalismus – jedenfalls setzte sie todesmutig das Tongefäß an, das ihr einer der Männer gereicht hatte. Sie schloss die Augen und nahm drei kräftige Schlucke. Wenn schon tot, dann richtig, befand sie in diesem Moment.

Als sie die Augen wieder öffnete, bemerkte sie, dass sie noch lebte, zumindest sah alles rings um sie herum noch genauso aus wie zuvor. Im nächsten Moment führte sie der Nana des Ortes in eine kleine Kammer, in der verschiedene Kräuter und Wurzeln lagerten. Auf deckenhohen Holzregalen standen große Gläser, in denen sich diverse farbige Pulver befanden, die wohl mit einem Mörser zerstoßen worden waren. Der Nana griff zu einem der Gläser und schüttete meiner Mutter etwas von dem schwarzen Pulver in die Hand. Mit einer Geste bedeutete er ihr, es in den Mund zu nehmen und hinunterzuschlucken.

Hilfesuchend blickte sie sich um. Verzweifelt hielt sie Ausschau nach einem Getränk, um darin das seltsame Pulver aufzulösen. Aber nirgends konnte sie etwas Flüssiges entdecken. Sie sah den Nana so freundlich an, wie es ihr nur möglich war, dann wandte sie sich an meinen Vater: »Wofür soll das gut sein?«, wollte sie wissen.

»Das ist eine Art Medizin. Schluck es einfach runter!«

»Woraus besteht dieses Mittel?«

»Frag lieber nicht!«

Sofort setzte ihre rege Phantasie ein. Woraus mochte das Pulver in ihrer Hand wohl gewonnen sein? Ziegenkot? Getrocknetem Affenblut? Sie versuchte an etwas anderes zu denken, doch es gelang ihr nicht. Also machte sie zum zweiten Mal in dieser Stunde die Augen zu und nahm das Pulver schnell mit der Zunge auf.

Zu ihrem Schrecken begann es allerdings im Mund ein Eigenleben zu entwickeln. Der Speichel ließ das Pulver aufgehen wie einen süßen Brei. Es wurde augenblicklich mehr und mehr. Sie schob es von der linken in die rechte Mundhälfte und wieder zurück. Ihre Augen wanderten umher, während sie verzweifelt überlegte, wie sie sich dieser Masse entledigen konnte. Sie entdeckte keine Entsorgungsmöglichkeit; ihr blieb keine Chance, als es ihrer Speiseröhre und ihrem Magen anzuvertrauen.

Letztlich half ihr ein psychologischer Trick. Sie gab sich dem Glauben hin, dass es sich dabei um ein »Zauberpulver« handelte, und dass dieses das ungeborene Kind, das sie unter dem Herzen trug, zu schützen vermochte.

»Welchen Eindruck hat die Mutter von Sammy auf dich gemacht?«

»Mary Coleman hat acht Kinder im Busch großgezogen, sie hat dafür gekämpft, dass möglichst alle zur Schule gingen und etwas lernten. Für mich war das eine besondere Leistung. Ich konnte mir gar nicht vorstellen, dass Sammy aus diesem armen Dorf stammte, dass er in Deutschland studiert hatte. Einen solchen Weg zu gehen, dazu gehörte eine enorme Willensanstrengung, sowohl von ihm wie auch von seinen Eltern. Letzteres habe ich allerdings erst im Nachhinein begriffen. Damals war dies nur ein Aspekt mehr, dass mir dein Vater ein bisschen unheimlich wurde.«

Fast abrupt hört meine Mutter mit dem Erzählen auf. Sie trinkt das immer noch volle Glas Wasser in einem Zug leer, schenkt sich ein zweites ein und leert auch dieses.

»Es ist Zeit, ins Bett zu gehen«, sagt sie. Sie blickt auf die Wellen, fast wehmütig, wie mir scheint, auf denen sich der silberne Mond spiegelt.

Am nächsten Morgen wache ich sehr früh auf, Jennifer und meine Mutter schlafen noch. Ich laufe hinunter zum Meer. In der Nacht ist Wind aufgekommen, es herrscht ein starker Wellengang. Da es zu gefährlich wäre, hinauszuschwimmen, gehe ich nur bis zu den Hüften ins Wasser und lasse mich von den weißen Schaumkronen und der Gischt einfangen. Der feine Sandstrand ist menschenleer. Eigentlich ist dieser Ort ein kleines Paradies, wenn man nicht wüsste, dass nur wenige Kilometer entfernt Menschen in größter Armut leben und kaum Perspektiven auf Verbesserung ihrer Lebensumstände haben. Umso erstaunlicher kommt mir der Werdegang meines Vaters vor, der mitten im Busch, in einer christlich und zugleich archaisch geprägten Gemeinschaft aufgewachsen ist. Ob Kuntu sich seit dem Besuch meiner Mutter 1968 verändert hat? Ist es immer noch ein Dorf oder vielleicht schon ähnlich verslumt wie die Gebiete rund um Accra, durch die wir gestern gefahren sind? Ich werde es heute erfahren.

Nach dem Baden gehe ich zurück zu unserem Bungalow und stelle mich unter die Dusche, um das Salzwasser abzuspülen. Nachdem ich umgezogen bin, habe ich Lust zu frühstücken, Jennifer kommt mit mir, meine Mutter möchte noch eine Weile allein im Zimmer bleiben. Ich kann sie gut verstehen.

»Warum gibt es hier eigentlich kaum Touristen?«, frage ich Jennifer, als wir uns in das nach allen Seiten hin offene Strandrestaurant setzen, das direkt am Meer auf Stelzen gebaut ist. Ein frischer, salziger Wind umweht uns, es ist herrlich hier. Zum ersten Mal, seit ich in Ghana bin, gibt es ein Frühstück mit Marmelade, Toast und Spiegelei.

»Europäische und amerikanische Reisende sind an bestimmte Standards und Serviceleistungen gewöhnt«, sagt meine Schwester, »und die Menschen in Ghana zeichnen sich durch keine sonderlich hohe Arbeitsbereitschaft und -moral aus. Wie ich dir schon sagte, damit hatte unser Vater oftmals große Probleme.«

In diesem Moment lässt sich eine riesige schwarze Krähe mit ihren weiten Schwingen und einem weißen Fleck auf der Brust vor uns auf dem Holzgeländer nieder und beobachtet mich erwartungsvoll beim Essen.

Mein Herz beginnt heftig zu pochen, als wäre mir mein Vater in diesem Rabenvogel erschienen. Fange ich nun auch noch an, an Voodoo zu glauben? Um nicht die ganze Zeit auf die Krähe starren zu müssen, sehe ich auf den Atlantischen Ozean, weit draußen spiegelt sich in der Sonne eine Bohrinsel, auch die Umrisse eines Tankschiffes sind zu erkennen.

»Die ghanaische Regierung bohrt hier gemeinsam mit einer amerikanischen Firma seit dreißig Jahren nach Öl«, erklärt Jennifer, die meinen Blick wahrgenommen hat. Trotz dieser Ressourcen, trotz des großen Goldreichtums ist Ghana ein unterentwickeltes Land geblieben. Wie viele Ansätze und Projekte hat es schon gegeben, die Armut zu bekämpfen, und sie sind doch alle gescheitert. In erster Linie ist Korruption dafür verantwortlich zu machen, außerdem Stammesfehden und die üblichen dunklen Geschichten zwischen den diversen Mächtigen. Wie dieser Kreislauf einmal durchbrochen werden soll, ist mir ein Rätsel und wird es wohl auch immer bleiben.«

»Was haben meinem Vater eigentlich seine vier Frauen bedeutet, mit denen er Kinder hatte?« Die Krähe schaut mich noch immer aufmerksam an, vielleicht ist das die Ursache, warum ich so abrupt auf dieses Thema zu sprechen komme.

»In Ghana haben viele Männer mehrere Frauen«, sagt Jenny. »Nicht unbedingt nebeneinander, dennoch ist auch das nicht unüblich. Der Wechsel von einer Frau zur nächsten wird unter Männern als legitim angesehen. Von dem weiblichen Geschlecht wird das allerdings nicht so sehr akzeptiert. Selbstständigere Frauen wie meine Mutter sind nach Nigeria gegangen, um dort mit einem anderen Mann ein neues Leben zu führen. Andere, so wie ich, wollen erst gar kein Kind mit einem Mann und bleiben lieber allein. Oder kannst du mir einen österreichischen Mann besorgen, der so wie deiner ist?«

Wir müssen beide lachen.

»Ich glaube, so wie du denkst und handelst, wirst du keine Schwierigkeiten haben, einen europäischen Mann zu finden.«

Jenny gefällt dieser Gedanke, wie unschwer an ihren Augen abzulesen ist; die Krähe gibt einen kurzen Krächzlaut von sich, als wäre sie damit einverstanden.

»Aber wenn du wissen willst, ob unser Daddy deine Mutter lieber mochte als die anderen Frauen, dann lautet die Antwort ja.«

»Die anderen aus der Familie haben das also nicht nur zu meiner Mutter gesagt, um höflich zu ihr zu sein?«

»Nein. Sammy mochte die eigenwillige und emanzipierte Art deiner Mutter. Als sich deine Eltern kennengelernt haben, war er noch zu afrikanisch, doch je länger er in Europa und Amerika tätig war, desto mehr entwickelte er sich zu dem Mann, dem du jetzt begegnest und der dir mit Sicherheit sehr gefallen hätte. Er hat sich mit den Jahren verändert, vielleicht hat er deine Mutter ein wenig zu früh getroffen.«

»Was hat Daddy für dich bedeutet?«, frage ich.

»Er war für mich immer eine Anlaufstelle, auch als ich in Nigeria gelebt habe. Wenn ich Probleme oder Sorgen hatte, hatte er immer ein offenes Ohr für mich, er hat mir geholfen und mich, wenn es nötig war, finanziell unterstützt.«

»Wie war es für dich, als Sammy gestorben ist?«

»Eine Katastrophe. Ein wichtiger Grundpfeiler meines Lebens war nicht mehr da, ein Vater, auf den ich mich wirklich verlassen konnte. Ich musste nun lernen, auf eigenen Beinen zu stehen, aber in den ersten beiden Jahren nach seinem Tod bin ich erst einmal in ein tiefes Loch gefallen. In dieser Zeit habe ich so gut wie nichts auf die Reihe bekommen. Beruflich hat auch nichts geklappt, ich habe einfach nur in den Tag hinein gelebt. An einem bestimmten Punkt sagte ich dann zu mir selbst, mein Vater hätte niemals gewollt, dass ich mich so gehen lasse. Ich riss mich zusammen, fand einen Job als Kassiererin und arbeitete mich hoch.«

Inzwischen ist sie in einem Entertainment Center in Accra beschäftigt, das aus einer Hotelanlage, einem Restaurant und einem Spielcasino besteht. Erst vor Kurzem war die Eröffnung, und Jennifer hat den gesamten Aufbau gemanagt. Das Center gehört zu einer Kette, die mehrere Filialen in ganz Afrika betreibt und sich kurioserweise »Vienna City« nennt. Der oberste Chef dieser eher touristischen Einrichtung ist ein Österreicher.

»Du bist wie ich«, sage ich zu Jenny. »Ich fühle, dass du meine Schwester bist.«

In diesem Moment fliegt die Krähe davon. Mir kommt sie wie eine Inkarnation unseres Vater vor, die nun zufrieden ist, dass Jennifer und ich uns gefunden haben. Kurze Zeit später erscheint Onkel Emma im Strandrestaurant. Ich mustere den Mann, der meinem Vater so sehr ähnlich sieht, wie alle sagen. Wenn Sammy auch nur ein klein wenig von seinem freundlichen und zurückhaltenden Bruder hatte, dann konnte man ihn nur lieben – dann hätte ich ihn so geliebt, wie man einen Vater lieben kann. Das weiß ich inzwischen.

Emma, der schon seit Langem auf den Beinen ist, ist festlich gekleidet. Für die Familie ist heute ein wichtiger Tag, immerhin wollen mich drei Häuptlinge empfangen. Zuerst der Nana von Mankessim, der Bezirksstadt, dann der Nana der Familie und schließlich der Nana von Kuntu – genau in dieser Abfolge.

Jenny hat sich nach dem Frühstück noch einmal umgezogen. Jetzt trägt sie ein hübsches traditionelles Gewand, bestehend aus einem langen Rock und einem Oberteil in Grün und Braun mit kurzen Ärmeln. Es steht ihr gut. Ich trage einen schönen Sommerrock, dazu habe ich ein weißes T-Shirt angezogen. Meine Mutter hat sich für ein ähnliches Outfit entschieden, statt des Shirts hat sie eine dezent gemusterte Bluse gewählt.

Jenny erzählt mir noch, dass man den Nana niemals direkt ansprechen darf, sondern immer nur seinen Redner, der direkt vor ihm sitzt. Außerdem muss man seine Schuhe ausziehen. Für jeden Verstoß erhält man eine Geldstrafe, darüber hinaus muss man noch eine Ziege kaufen, die 200 000 Cedi kostet, umgerechnet 20 Euro.

Trotz der Warnung werde ich später so ziemlich alles falsch machen, was man nur falsch machen kann. Als neues Familienmitglied genieße ich zum Glück Sonderstatus und mir wird verziehen. Auf dem Weg nach Mankessim fahren wir – Onkel Emma hat sich ein Auto von einem Verwandten ausgeliehen, der ebenfalls bei den Empfängen anwesend sein wird, den ich aber noch nicht kenne – kilometerlang an fruchtbaren Feldern vorbei.

»Wem gehört das alles?«, frage ich Onkel Emma.

»Dem Volk«, antwortet er. »Es gibt kein allgemein verbindliches Landesgesetz, in dem das geregelt ist. Jede Region hält es so, wie sie es für richtig befindet. Meist bestimmt der Nana, wem was gehört.« Kurz darauf erreichen wir Mankessim. Langsam fahren wir durch die Marktstraße. Hier hat meine Großmutter fast jeden Tag Fisch verkauft, der aus Saltpond angeliefert wurde. Links und rechts des Weges stehen kleine Holzhütten, in denen Waren feilgeboten werden, dazu eine Schneiderwerkstatt und ein Friseur. Die Hütten sind in grellen Farben gestrichen, Sonnenstrahlen lassen sie in Rot, Grün und Gelb funkeln. Immer wieder sind kleine Kirchen zu sehen, die mit Schildern in riesigen Lettern in eigener Sache werben: »Vertraue Jesus« oder »Erkenne den Herrn«. Einige hundert Meter weiter biegen wir rechts ab und halten unmittelbar danach vor einem großen Tor, das in eine rote Mauer eingelassen ist. Ohne dass wir uns bemerkbar machen müssen, schwingt die Tür auf, und vor uns präsentiert sich das Grundstück von Nana Opoku Akwaa II., dem Häuptling von Mankessim. Überall blüht es bunt. Später erfahre ich, dass die Hausherrin eine Leidenschaft für Strelizien, Papageienblumen und Hibiskus hat. Auf der Veranda stehen Unmengen von Blumentöpfen mit üppig wachsenden Pflanzen. Die beiden Kettenhunde sehen friedlich aus, so, als wüssten sie, dass der Besuch willkommen ist.

Tana, die Frau des Nana von Mankessim, nimmt uns auf der Terrasse in Empfang. Sie ist eine attraktive Sechzigjährige. Auf ihrem Gesicht zeichnet sich das Lächeln einer routinierten Gastgeberin ab. Als ich vor dem Betreten der Villa die Schuhe ausziehen will, winkt sie ab.

»Du bist doch hier kein Gast, Arabella«, sagt sie. »Du bist hier zu Hause.« Tatsächlich bin ich mit Nana Opoku Akwaa II. verwandt, denn er ist der jüngere Bruder meines Großvaters Mr Coleman.

Das riesige Wohnzimmer hat einen weißen, gefliesten Boden. Dominiert wird der Raum von einer barock anmutenden Sitzgruppe, die mit einem dunkelgrünen, lilienbedruckten Stoff bezogen ist. Derselbe Stoff findet sich bei den Vorhängen wieder. Cremefarbene Kissen mit üppigen Kordeln liegen auf Sofa und Sesseln. Darauf hat meine Familie aus Accra schon Platz genommen. Wir umarmen uns, ich bedanke mich für die Einladung und ihr Kommen. Der Letzte, den ich begrüße, ist Opoku Akwaa II.

Mein Großonkel ist ein stämmiger, untersetzter Mann in den Sechzigern. Er trägt das traditionelle, um die Hüften gewickelte und über die Brust geworfene Tuch, das eine Schulter freilässt. Seine Stimme ist leise und fast so hoch wie bei einem Countertenor. Später erfahre ich, dass er gerade eine Kehlkopfkrebsoperation überstanden hat.

Als alle sitzen, beginnt das traditionelle Willkommensritual, das sich exakt in derselben Form noch zweimal an diesem Tag wiederholen wird. Die Abfolge ähnelt einem Theaterstück. Es gibt genau verteilte Rollen, vorgefasste Texte, drei Akte und jede Menge Raum für symbolische Gesten.

Der erste Akt beginnt mit dem Auftritt des Sprechers der Familie. Er geht mit mir hinaus auf die Veranda, hält eine mitgebrachte Flasche Schnapps (in Ghana wird »Schnaps« mit einem doppelten »p« geschrieben) zum Himmel und richtet sein Wort an Gott. Anschließend nimmt er einen tiefen Schluck aus der Flasche, bevor er sich an die verstorbenen Ahnen wendet und sie posthum um ihren Segen bittet.

Dabei schüttet er immer wieder kleinere Mengen von Schnapps auf den Boden. Nacheinander nennt er den Namen meines Vaters, meiner Großmutter und meiner Urgroßmutter. Danach gibt er mir zu verstehen, dass ich auf der Terrasse bleiben solle, während er sich zum Eingangstor aufmacht, um es einen Spalt zu öffnen. Nun verschüttet er etwas Schnapps auf der Straße. »Damit sollen die bösen Geister vom Haus abgehalten werden«, erzählt mir später Onkel Emma. Als die Flasche leer ist, kehrt der Familiensprecher ins Haus zurück, wobei er mich an der Hand führt.

Für den zweiten Akt wird eine weitere Flasche Schnapps geöffnet. Der Sprecher nimmt einen Schluck und schenkt danach jedem der Anwesenden einen ein – dabei trinken alle aus demselben Glas. Ich bin als Letzte dran, und es kostet mich einiges an Überwindung, daran zu nippen.

Im dritten und letzten Akt erkundigt sich der Nana nach meinen Vorstellungen. »Was hat dich hierher gebracht?«

Wie vorab vereinbart, springe ich auf und rufe dreimal »*Apoo!*« – »Hört!«.

Alle Anwesenden murmeln »Amen«.

Dann erzähle ich von meinen Wurzeln, erkläre, warum ich mich auf die Suche nach meinem afrikanischen Herz gemacht habe, sage wieder einmal: »Gott hat mich endlich nach Hause gebracht.«

»*Hen nsympa*«, ruft der Nana. »Das sind gute Neuigkeiten. Du bist willkommen.«

Als Teenager spielte mein afrikanischer Vater, und damit auch meine Wurzeln, für mich keine Rolle

Familientreffen in Kuntu: Meine Großmutter Asereba (sitzend, 2. v.r.) auf ihrem offiziellen Platz

Onkel Emma und Auntie Lucy in ihrem Garten in Obuasi

Mr und Mrs Coleman: Der Bruder meiner Großmutter und seine Frau, zu denen ich Grandma und Grandpa sagen darf

Für mich das erste Mal, dass ich meinen Vater als kleinen Jungen wahrnehme: Das Dorf Kuntu, in dem Sammy zur Welt kam

Zwei weiße Frauen – obrunis – auf dem Markt in Tema: Meine Mutter und ich

Überall auf den Straßen stehen kleine Bretterbuden, in denen Waren feilgeboten werden

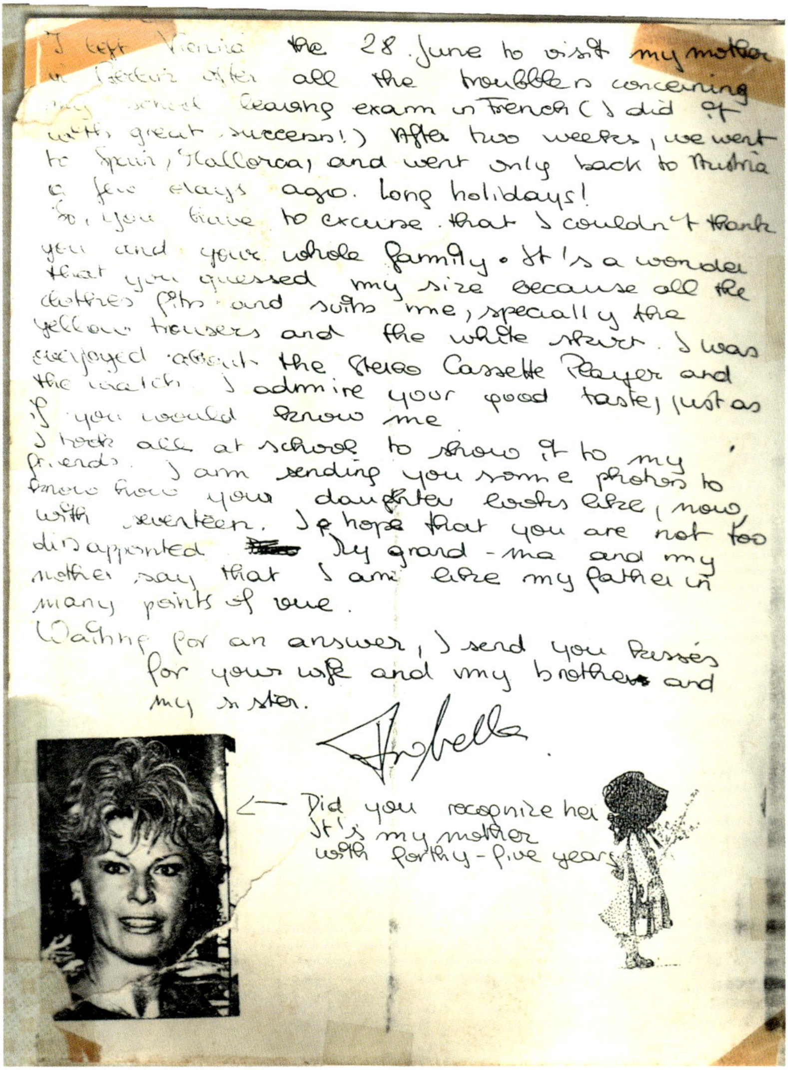

I left Vienna the 28. June to visit my mother in Berlin after all the troubbles concerning my school leaving exam in French (I did it with great success!) After two weeks, we went to Spain, Mallorca, and went only back to Austria a few days ago. Long holidays!
So, you have to excuse that I couldn't thank you and your whole family. It's a wonder that you guessed my size because all the clothes fits and suits me, specially the yellow trousers and the white skirt. I was enjoyed about the Stereo Cassette Player and the watch. I admire your good taste, just as if you would know me.
I took all at school to show it to my friends. I am sending you some photos to know how your daughter looks like, now with seventeen. I hope that you are not too disappointed. [illegible] My grand-ma and my mother say that I am like my father in many points of vue.
Waiting for an answer, I send you kisses for your wife and my brothers and my sister.

[illegible]

← Did you recognize her
It's my mother
with forthy-five years

In einem Fotoalbum in Ghana entdeckt: Ein Brief, den ich als Teenager an meinen Vater schrieb, mit einem aufgeklebten Bild meiner Mutter

Die zwei Welten meines Daddys: Samuel Ekow Amissah als westlicher Businessman …

… und afrikanischer Familienvater

Am Ende einer bewegenden Reise: Ich habe Sammy und mich gefunden

Daraufhin reicht mir jemand ein Glas Wasser. Ich trinke es in einem Zug leer.

Eine Stunde später sitzen wir erneut in dem geliehenen Auto, einem Ford, und fahren Richtung Kuntu. Wir sind nur noch zehn Minuten von dem Dorf entfernt. Mein Herz schlägt bis zum Hals. Hier wurde mein Vater geboren, hier ist er aufgewachsen. Werde ich nun wieder einen Teil seiner Seele entdecken?

Wir verlassen die Hauptstraße und biegen ab. Aus dem Asphalt wird ein Pfad aus rotem Lehm. Er ist schmal und lässt nur für ein Auto Platz. Gefährlich ist das nicht, denn wegen der tiefen Schlaglöcher kann man ohnehin nur im Schritttempo fahren. Links und rechts ist das Gras vier Meter hoch, dazwischen ragen immer wieder verschiedene Palmenarten und Gummibäume in die Höhe.

Auf einmal kann ich eine Ansiedlung ausmachen. Ich muss zweimal hinsehen, als ich einen Stofffetzen bemerke, der über die Straße gespannt ist. »Kuntu welcomes Arabella home.«

Ich bitte Onkel Emma, einen kurzen Augenblick stehen zu bleiben. Ich will diesen Moment auf mich wirken lassen, aber das ist nur die halbe Wahrheit. In Wirklichkeit habe ich Angst, was die nächsten Stunden für mich bringen werden. Was werde ich über meinen Vater erfahren? Und was über mich? Ich sehe den Fluss Amissah, der an Kuntu vorbeifließt. Nach ihm ist meine afrikanische Familie benannt. Eine Fläche, so groß wie drei Fußballfelder, ist von Wasser überflutet. Ich erkenne einige Männer, die in gebückter Haltung auf den Feldern zur Salzgewinnung arbeiten.

Kuntu heißt wörtlich übersetzt »Leintuch«. Das Dorf bekam seinen Namen wegen der großen Mückenplage, die einst hier herrschte. Jedem Besucher hat man empfohlen, ein großes Leintuch mitzubringen, um Kopf und Körper vor den Moskitostichen zu schützen. Langsam fahren wir auf Kuntu zu. Im Auto spricht jetzt niemand ein Wort, auch meine Mutter sieht sehr angespannt aus.

»Am Ortsanfang wirst du links gleich einen kleinen Friedhof ausmachen können. Deine Großmutter und deine Urgroßmutter liegen dort«, sagt meine Mutter. Sie muss sich räuspern, damit ihre Stimme nicht versagt. Die Grabsteine sind aus demselben Sandstein wie bei meinem Vater und meiner älteren Schwester Ida. Auf den ersten Blick sieht Kuntu tatsächlich wie ein Dorf und nicht wie ein Slum aus. Der Eindruck wird sich auch beim zweiten nicht ändern. Es gibt einfache, schmucklose Steinhäuser, mit Läden vor den Fenstern. Bis auf einige Gummibäume, die in die Höhe ragen, ist alles kahl. Die gesamte Vegetation hat man vor Jahren entfernt, um der Mückenplage beizukommen und verheerenden Malariaepidemien vorzubeugen. Mit Erfolg.

Überall auf den Wegen laufen Hühner, Ziegen und Hunde frei herum. Zwischen den unverputzten Ziegelhäusern sind immer wieder die alten Lehmhütten zu sehen, von denen mir meine Mutter berichtet hatte. Sie wurden nach den Überflutungen nicht mehr hergerichtet und sind nun dem Verfall preisgegeben.

Dann ist der Pfad, auf dem wir gekommen sind, zu Ende. Ich erinnere mich nicht, an einem Dorfplatz vorbeigefahren zu sein. Ich kann auch jetzt keinen entdecken.

Wir lassen das Auto stehen und gehen zu Fuß weiter, auf der Suche nach dem ehemaligen Haus meiner Großmutter – nach einem der vielen Hochwasser soll sie vom Fluss auf einen Hügel gezogen sein. In diesem hochgelegenen Steinhaus will mich der Nana der Familie willkommen heißen.

Onkel Emma kann sich für einen Augenblick nicht mehr genau daran erinnern, wo es lag – zu viele Häuser sind auch für ihn völlig neu. Zum Glück treffen wir kurze Zeit später auf meine ältere Schwester Baba. Sie ist mit ihrer jüngsten Tochter da und führt uns einen Hügel hinauf, an dessen Hang sich ebenfalls viele kleine Wohngebäude befinden. Erst jetzt sehe ich, dass Kuntu größer ist, als ich vermutet hatte. Es hat an die tausend Einwohner und besteht aus etwa hundert Häusern. Elektrizität muss vorhanden sein, denn ich höre aus einer offenen Tür einen Fernseher. Bald bin ich umringt von einer kleinen Kinderschar; die Jungen und Mädchen halten aber respektvoll

Abstand und kichern verlegen. Als sie meine Mutter erblicken, die ein Stück hinter uns läuft, fangen die Kleinen zu weinen an.

»Warum weinen diese Kinder?«, frage ich.

»Sie fürchten sich vor deiner Mutter«, erklärt Baba. »Du bist für sie eine *obruni*, eine Weiße, jemanden wie deine Mutter dagegen, mit ihrer hellen Haut und den schneeweißen Haaren, das haben sie noch nie gesehen.«

Noch ein paar Mal wird sich dieses Schauspiel in dörflichen Gegenden wiederholen. Das wächserne Gesicht, die helle Kleidung – ich kann verstehen, dass die Kinder meine Mutter für eine Außerirdische halten.

Wir kommen an einer Wasserstelle vorbei, an der sich die Einwohner Trinkwasser in Eimern holen. Immer wieder entdecke ich Frauen, die vor ihren Häusern auf dem Boden kauern, einen Blechtopf vor sich. Darin ist Wäsche, die sie reinigen. Die Menschen sehen keinesfalls unglücklich oder traurig aus. Im Gegenteil, sie machen einen stolzen Eindruck auf mich. Die Kinder wirken fröhlich und unbeschwert.

Ist das Leben leichter, wenn man vieles von dem Ballast abwerfen kann, den man als Europäer vordergründig für wichtig hält, obwohl er es gar nicht ist? Oder bin ich gerade im Begriff, alles zu verklären, weil es mir in diesem Augenblick logischer und natürlicher erscheint? Ist die Sehnsucht nach Einfachheit, die in den meisten von uns schlummert, gerade dabei, von mir Besitz zu ergreifen?

Welches meiner beiden Herzen schlägt in dieser Stunde lauter? Ich weiß es nicht. Mein europäisches, gewöhnt an all die Bequemlichkeiten des täglichen Lebens, die Errungenschaften moderner Medizin, die politische und gesellschaftliche Aufgeklärtheit? Oder gewinnt am Ende mein afrikanisches Herz, weil ich erkenne, dass dieses Leben hier mir mehr Kraft, Geist und Spiritualität zu bieten hat, als es mir in Österreich oder Deutschland möglich wäre?

Gedankenverloren komme ich oben auf dem Hügel an. Im nächsten Moment stehe ich vor dem Haus meiner Großmutter, jedenfalls gibt uns Baba das zu verstehen. Es sieht ein bisschen feudaler aus als die meisten anderen Gebäude. Später erfahre ich, dass es für meinen Besuch extra frisch gestrichen wurde, Mitglieder meiner weit verzweigten Familiensippe wohnen derzeit darin.

Die Vorderseite des Hauses wird von einer breiten Veranda dominiert. Im Inneren ist es stockduster. Meine Augen brauchen einige Zeit, bis ich etwas erkennen kann. Schließlich sehe ich, dass ich in einem schlauchartigen Raum mit dunklem Linoleumboden stehe. Vor dem einzigen Fenster, gegenüber der Eingangstür, sitzt Nana Amoako VI. auf einem Plastiksessel. Er ist das Oberhaupt meiner gesamten Familie – warum er das ist, habe ich nie ganz verstanden, überhaupt ist die komplizierte Familienhierarchie schwer durchschaubar – und hat damit mehr Untertanen als mancher Bürgermeister in den ländlichen Regionen Mitteleuropas. Unsere Familie, das erfahre ich so nebenbei, zählt fast zweitausend Mitglieder.

Nana Amoako ist ein imposanter Mann, groß, schlank, etwa fünfundvierzig Jahre alt. Sein Körper wirkt durchtrainiert wie der eines Sportlers. Er trägt einen weißen Überwurf, der mit silbernen Pailletten bestickt ist. Vor dem Plastiksessel hat sein Sprecher Aufstellung genommen. Dieser wirkt ein paar Jahre älter als der Nana, ist spindeldürr, drahtig und trägt einen Oberlippenbart, wie so viele Männer, denen ich auf meiner Reise bisher begegnet bin.

Er hält ein etwa einen Meter hohes Zepter in der Hand, auf dessen oberem Ende ein aus Holz geschnitzter, bunt bemalter Papagei sitzt. Der Vogel, der auf einer Kokosnuss thront, ist das Wappentier unserer Familie. Das Zepter wird nur einmal im Jahr zu einem besonders wichtigen Anlass eingesetzt, Frauen dürfen es nicht berühren.

Der kleine Raum füllt sich rasch mit Menschen. Alle sitzen auf Stühlen, die an die Wand geschoben sind. Die Luft ist heiß und stickig, ich ringe nach Atem, während ich einem nach dem anderen die Hände schüttele. Dann wird mir ein Platz in der Nähe des Nana zugewiesen. Nun defilieren alle an mir vorbei. Es dauert eine kleine Ewigkeit, ich fühle Schwindel in mir hochsteigen. Als alle wieder sitzen, steht ein Priester auf, ein kleiner schmaler Mann in einem weißen Leinenanzug und mit Krawatte. Er trägt einen Psalm aus dem Lukas-Evangelium vor. Dann beginnt der Sprecher des Nana mit dem Begrüßungsritual, wie ich es schon am Morgen erlebt habe. Er schüttet Schnapps aus, bis die erste Flasche leer ist. Am Ende muss ich wieder als Letzte aus einem Glas trinken – wegen meiner Schwangerschaft nippe ich nur daran. Die Zunge klebt an meinem Gaumen, der Schnapps, so wenig es auch war, hat ihre Trägheit offenbar zusätzlich gefördert. Fast schon routiniert artikuliere ich meinen Wunsch, meine Wurzeln zu finden, füge noch ein fast heiseres »endlich hat mich Gott nach Hause gebracht« hinzu und sinke auf meinen Sessel zurück. Auch dieser Nana heißt mich freundlich im Kreis der Familie und im Haus meiner Großmutter willkommen. »Der Stuhl, auf dem ich hier sitze«, sagt er feierlich, »stünde eigentlich dem Vater von Arabella zu. Er sollte 1999 der Nana der Familie in Kuntu werden.«

Der Tod hat meinem Vater diese Möglichkeit genommen. Viele Jahre lang fand die Familie keinen richtigen Ersatz, erst 2006 wählten sie wieder einen Nana. Jeden Tag erfahre ich Neues über meinen Vater, ich empfinde dies als ein großes Geschenk.

Nach der Zeremonie reichen sie eine Speise herum, geriebene Yam-Wurzeln mit hart gekochten Eiern. Zuvor geht eine Schüssel mit Wasser reihum, in der sich alle die Hände waschen. Es schmeckt gut, aber ich habe viel zu viel auf dem Teller. Alles aufzuessen, was einem aufgefüllt wurde, ist ein Gebot der Höflichkeit, doch angesichts der Hitze werde ich das niemals schaffen. Onkel Emma fängt meine verzweifelten Blicke auf und bittet den Nana um Erlaubnis, mir helfen zu dürfen. Er bekommt sie, und ich lächele ihn dankbar an.

In den wenigen Tagen, die ich in Ghana bin, habe ich den Bruder meines Vaters tief in mein Herz geschlossen. Er kümmert sich rührend um mich, und ich kann offen mit ihm sprechen. Er bremst die Familie, wenn sie zu viel von mir fordert, versucht immer dafür zu sorgen, dass meiner Mutter und mir auch privat ein wenig Raum bleibt und wir nicht bei jedem Familientreffen dabei sein müssen. Ihm und vor allem auch Jenny fallen ständig neue Ausreden ein. Beide haben verstanden, dass wir zwischendurch Zeit für uns brauchen.

Nach der Mahlzeit führt mich der Nana den Hügel hinunter zu dem Platz, auf dem unser Auto steht. Es ist der Dorfplatz, den ich zuvor nicht als solchen wahrgenommen habe. Ich habe durch die vielen Zeremonien noch gar keine Zeit gefunden, mich auf Kuntu einzulassen und meine Mutter nach ihren Eindrücken zu fragen.

An dem Platz befindet sich das Haus des Ortsnanas von Kuntu, gemäß der Tradition muss der Familiennana mich diesem nun vorstellen. Dem Dorfoberhaupt Nana Kwesi Brebo gehört natürlich das größte Haus, auch wenn der Unterschied nicht leicht erkennbar ist. Aber er besitzt als Einziger zwei Wassertanks, die jeweils vier Meter hoch sind und zwei Meter Durchmesser erreichen. Hier sprudelt immer Wasser, selbst wenn alle anderen Quellen versiegt sind.

Der Nana erwartet mich schon. Er trägt einen blauen, schulterfreien Umhang, der nicht ganz kaschieren kann, dass sich darunter ein Körper von beachtlichem Umfang befindet. Zwei seiner Finger zieren massive Goldringe, auf einem kann ich eine Schildkröte erkennen.

Nach all den Eindrücken schwirrt mir der Kopf, ich kann mich kaum noch auf den Beinen halten. Die Enge bedrückt mich, ebenso die vielen Menschen. Immer stärker wird mein Drang, mich allein auf Entdeckungsreise zu meinem Vater zu begeben. Das ist aber nicht möglich, stattdessen wird wieder Schnapps vergossen, herumgereicht und getrunken.

Ich spule den Wunsch, meine Wurzeln zu finden, inzwischen wie eine Tonbandansage ab. Das restliche Ritual lasse ich einfach über mich ergehen, bin nur seltsam berührt, als der Nana zu mir sagt: »Du kannst dir hier ein Stück Land aussuchen, um darauf dein Haus zu bauen. Du erhältst das Land als Geschenk.«

Was das für mich bedeutet, kann ich in diesem Augenblick nicht fassen, es ist mir alles zu viel.

Als die letzte Zeremonie endlich vorbei ist, besuche ich das Grab meiner Vorfahren. Ich lege Blumen darauf ab, die ich unterwegs in einer der kleinen Bretterhütten gekauft habe. Meine Urgroßmutter ist einundneunzig Jahre alt geworden, meine Großmutter fünfundachtzig, wie ich den eingemeißelten Inschriften entnehmen kann.

Zum ersten Mal an diesem Tag ist mir zum Weinen zumute. Ich bin erschöpft, fühle mich meinen Gefühlen hilflos ausgeliefert. Auf dem Grab meiner Großmutter sitzt ein Engel aus Stein. »Dein Vater hat ihn gekauft«, sagt meine Cousine Efua, die zu mir getreten ist. »Er wollte das Grab damit schmücken. Es sollte schöner aussehen als alle anderen ringsum.«

Ich weine weiter, und diesmal stört es mich nicht, dass mich jeder beobachten kann. »Wir kommen wieder«, flüstert mir nun Onkel Emma zu. »Dann ist es ruhiger.«

9

Ein Koffer mit Stoffen

Ich sehe ihn nicht sofort. Es ist dämmerig, die Jalousien sind heruntergezogen. Ich befinde mich im Schlafzimmer. Nach einer Weile haben sich meine Augen an das Licht gewöhnt. Vor mir befindet sich ein Schrank, darauf liegt ein riesiger Koffer mit dunklem Paisleymuster. Ist er schwarz? Braun? Der viele Staub macht eine Farbbestimmung unmöglich.

Ich ziehe den Koffer nach vorn, will ihn herunterheben, aber er ist mir zu schwer. Viel zu schwer. Meine Hände zittern. Onkel Emma kommt mir zu Hilfe. Gemeinsam hieven wir ihn vom Schrank herunter. Er stemmt das meiste Gewicht, ich halte im Grunde nur. Ich will den Koffer nicht mehr loslassen, kann ihn nicht mehr loslassen.

Wir stellen ihn auf den Boden. Mit aller Kraft puste ich über den Deckel, um die oberste Schicht Staub wegzublasen. Im Sonnenlicht, das durch die Jalousien fällt, sehe ich, wie Millionen Staubpartikel durch die Luft fliegen. Es ist der Koffer, den mein Vater verschlossen zurückgelassen hat.

Ich bin im Haus meiner Großmutter in Saltpond. Es steht am Rand des Dorfes, fast im Busch gelegen. Das Gebäude ist vielleicht zwanzig Meter lang, grün und zartgelb gestrichen, mit grauen Fensterläden und einer Eingangstür mit Holzschnitzereien. Eigentlich besteht es aus zwei Teilen. Im linken Trakt wohnte meine leibliche Großmutter, rechts mein Vater, wenn er zu ihr zu Besuch kam. In dem Bereich von Mary Coleman lebt momentan eine Verwandte mit ihren Kindern und sieht nach dem Rechten. In den Trakt meines Vaters durfte niemand einziehen, als wenn es sich um den Schrein eines Heiligen handelte – ähnlich wie sein Haus in Tema. So schwer das für mich auch zu verstehen ist, es muss mit seiner früheren Position innerhalb der Familie zu tun haben. Sie verehren ihn sehr, das ist mir in den vergangenen Tagen klar geworden. Sicherlich, weil er international tätig war und stets viel für seine afrikanische Familie getan hat.

Die Tür zu Sammys Reich war abgeschlossen, aber Emma besitzt den Schlüssel zu diesem sakralen Ort. Innen ist alles noch so eingerichtet wie zu Zeiten meines Vaters, das erklärt mir mein Onkel, nachdem wir es betreten haben. Der Trakt meines Vaters besteht aus einem Wohnzimmer, in dessen Mitte eine große Sitzgruppe steht. Alles sieht sehr europäisch aus. Im hinteren Teil befindet sich der Schlafbereich mit einem Doppelbett, Beistelltischen und ebenjenem Schrank, von dem wir gerade den Koffer heruntergehoben haben. Seit neun Jahren liegt er hier. Kein Mensch hat ihn seitdem geöffnet, nicht einmal angerührt.

»Sammy hat ihn hinterlassen«, sagt Emma. »Er hat ihn keiner bestimmten Person vermacht, weshalb ihn bislang noch niemand geöffnet hat. Ich habe darauf geachtet, dass er verschlossen blieb. Jetzt, da du den Weg zu ihm gefunden hast, ist der Zeitpunkt gekommen, ihn zu öffnen.«

Der Koffer ist an manchen Stellen schon leicht angeschimmelt. Ohne den Blick davon abzuwenden, setze ich mich auf das Bett, Onkel Emma folgt mir.

Keiner sagt ein Wort. Wir starren den staubigen, schimmligen Koffer mit dem Paisleymuster an, als würde er sich dadurch von selbst öffnen.

Was wird wohl darin sein? Weitere Briefe? Fotos? Private Gegenstände von Sammy? Ich besitze so wenig von ihm, alles ist kostbar, was an ihn erinnert.

Onkel Emma hält mir den rostigen Schlüssel entgegen. Also gut, jetzt werden wir das Geheimnis lüften. Mit einem Seufzen gehe ich in die Knie und fingere an dem Schloss herum. Ich brauche eine halbe Ewigkeit, um den Schlüssel in das rostige Schloss zu stecken und ihn umzudrehen.

Mit Wucht springt der Deckel auf, knallt auf den Boden. Der dabei verursachte Laut hallt im ganzen Raum wider. Onkel Emma sitzt immer noch auf dem Bett und sieht mir zu.

Ein Geruch von feuchtem Moder strömt mir entgegen. Ich wende das Gesicht ab, drehe es dann langsam zurück. Im Koffer sind verschiedene afrikanische Stoffe, Tischtücher, Bettwäsche, traditionelle Umhänge, aufwendig gearbeitet. Alles ist fein säuberlich zusammengelegt. Abgesehen davon befinden sich keine weiteren Dinge darin, die mir über Sammys Leben Aufschluss geben könnten. Im ersten Moment bin ich etwas enttäuscht über diese »Aussteuer«, denke daran, wie seltsam es gewesen wäre, wenn mir mein Vater sie explizit vermacht hätte. Er hat mir schon als Kind immer Kleider geschickt, ansonsten bringe ich ihn wenig mit Stoffen in Verbindung.

Ich breite die einzelnen Teile auf dem Boden aus. Es sind teure Gewänder mit Stickereien und Lochmuster in dunklen Farbtönen oder auch bunt, geschneidert für verschiedene Anlässe. Ich erkenne einen dunkelblauen Überwurf, die klassische Bekleidung für ein Begräbnis.

An einigen Sachen rieche ich. Ich habe die Hoffnung, einen Geruch zu entdecken, der mich an Sammy erinnert, so wie ich an den Kleidern meiner Großmutter gerochen habe, nachdem sie gestorben war, um ihren typischen Duft wahrzunehmen und dadurch an ihr festzuhalten. Doch ich rieche meinen Vater nicht. Nach all den Jahren spüre ich nur den leicht muffigen Geruch der Stoffe. Dennoch ist es berührend, die Gewänder zu spüren, sie mit den Fingern anzufassen. Es sind die Gewänder, die Sammy getragen hat, die seine Haut bedeckt haben.

Ich blicke Onkel Emma an. Er weint still vor sich hin. Mein Herz gehört ihm. Er hat den Koffer für mich aufgehoben. Er hat mir das wertvollste Geschenk meiner Reise bereitet.

»Darf ich einen der Stoffe behalten?«, frage ich leise.

»Du darfst sie alle mitnehmen«, antwortet er. »Sie gehören dir.«

»Nein, ich möchte nur einen. Daraus werde ich mir dann ein besonderes Kleid schneidern lassen, als Erinnerung an meinen Vater.«

Ich suche mir einen kostbaren grün- und goldfarbenen Stoff aus, der mir besonders gut gefällt, und bitte Onkel Emma, dass auch er sich etwas aus dem Koffer nimmt. Mein Vater soll ebenso durch ihn weiterleben.

»Ich kann jetzt nicht«, sagt Onkel Emma. »Aber ich verspreche dir, dass ich wiederkommen werde.«

Als ich am nächsten Morgen aufwache, fühle ich mich erschöpft. Der Besuch in Kuntu und im Haus meiner Großmutter in Saltpond hat mich sehr mitgenommen. Meine Mutter haben wir nach dem Aufenthalt in Kuntu ins Hotel zurückgebracht. Erst wollte sie nicht, aber je größer und stärker ich auf dieser Reise zu meinem Vater werde, desto kleiner und schwächer wird meine Mutter. Also habe ich für sie die Entscheidung getroffen – was ich bislang noch nie gemacht habe – und ihr gesagt, es sei besser, wenn sie sich ausruhen würde. Nach leichtem Murren hat sie sich gefügt.

Beim Frühstück im Strandrestaurant gesellt sich die Krähe von gestern wieder zu mir.

»Mir scheint, als wenn der Vogel eine Inkarnation von Sammy ist«, sagt Jenny. »Er wacht über dich.«

Augenblicklich erstarre ich. Ein Gedanke ist aufgetaucht, eine Frage, die mir nicht mehr aus dem Kopf gehen will. Ich quäle mich mit ihr herum, seit ich in Ghana bin. Jetzt, beim Anblick der Krähe, ist sie mit aller Macht wieder präsent: Bin ich vielleicht schuld daran, dass mein Vater tot ist? Am ersten Tag hat Auntie Ama mehrfach Andeutungen gemacht, doch bisher habe ich es nicht gewagt, jemanden aus der Familie darauf anzusprechen. Aber nun, nachdem ich gestern Sammys Nachlasskoffer in Händen gehalten habe, hat sie sich wieder aufgedrängt. Ich weiß, ich habe Angst vor der Antwort. Ich wollte zu ihm fliegen, ihn nach all den Jahren sehen und umarmen. Dann erhielt ich die Todesnachricht am Flughafen, ohne die Hintergründe zu erfahren und zu erfragen. Hat er etwa meinetwegen eine lebensnotwendige Operation in den Staaten aufgeschoben, weil er in Ghana auf mich warten wollte? Stimmt es, dass mein Vater gestorben ist, weil ich nicht gleich das erste Flugzeug nach Afrika genommen habe?

Ich muss es jetzt wissen. Jenny ist mir in den letzten Wochen so sehr ans Herz gewachsen, dass ich genügend Vertrauen zu ihr habe, um sie zu fragen.

»Wie ist Daddy eigentlich gestorben?«, frage ich, während ich meinen Blick nicht von der Krähe abwenden kann. »Ich will erfahren, was genau geschehen ist.«

Sie mustert mich nachdenklich. »Ich dachte mir schon, dass dich das beschäftigt. Ich kann dir nur berichten, was ich von den anderen weiß. Ich selbst war ja auch nicht in seiner Nähe, als es passiert ist. Unser Vater wurde im Frühjahr 1999 in den USA am Herzen operiert. Die Ärzte verboten ihm in der nächsten Zeit nach Afrika zu reisen. Er werde keine Woche überleben, sagten sie ihm. Aber er hatte seinen eigenen Kopf. Er flog trotzdem nach Ghana, um nach seiner Firma zu sehen.«

Mein Vater kam am 15. Mai 1999 in Accra an und wohnte in seinem Haus in Tema. Er wollte sein Strom- und Recyclingprojekt endlich zum Abschluss bringen, benötigte dazu allerdings noch die Zustimmung einer Umweltschutzorganisation. Er hatte alle Unterlagen eingereicht, trotzdem zog sich die Begutachtung in die Länge. Immer wieder stellte man ihm die gleichen Fragen. Er hatte das Gefühl, hingehalten zu werden. »Irgendwann wurde er ungeduldig und beschimpfte den zuständigen Beamten«, sagt Jenny weiter. »Das machte die Sache nicht einfacher. Er hat sich fürchterlich aufgeregt.

Schon seit einigen Jahren hatte er zusätzlich zu seinen Herzproblemen Schwierigkeiten mit den Nieren. Jetzt wurde alles wieder akut, vielleicht hatte das etwas mit seiner Firma zu tun, vielleicht auch nicht. Jedenfalls sollte er erneut dringend operiert werden. In den USA, nicht in Ghana.«

Sein zuständiger Arzt in Amerika drängte darauf, dass er abreiste. Aber mein Vater blieb. Er wollte seine Projekte nicht im Stich lassen, und er freute sich auf meinen Besuch zu Silvester.

»Also verschob er die Reise und die Operation auf das nächste Jahr«, erzählt Jennifer weiter. »Er war dennoch der glücklichste Mensch der Welt.

Du wolltest bald kommen, ich ebenfalls, und sein holländischer Geschäftspartner hatte die Zusicherung erhalten, dass eine Capital-Venture-Firma Daddys Recyclingprojekt finanzieren würde, sogar die Umweltschutzorganisation wollte endlich ihre Zustimmung erteilen. Es sah auf einmal so aus, als würde sich alles im Leben unseres Vaters zum Guten wenden.«

An einem Sonntag, es war der 21. November 1999, brach Sammy in seinem Haus in Tema zusammen. Er spuckte Blut. Mein Cousin Eko brachte ihn ins Krankenhaus. Auf dem Weg dorthin verstarb Sammy.

»Am nächsten Tag steckte der Vertrag für das Stromprojekt im Briefkasten, es war auch der Tag, an dem ich aus Lagos anreiste, um Daddy noch einmal in die Arme zu schließen.«

»Bin ich schuld an seinem Tod?«, frage ich mit tonloser Stimme.

»Du? Wieso?«

»Weil ich zu spät gekommen bin«, bricht es aus mir heraus. »Weil er meinetwegen nicht in die USA geflogen ist, um sich dort operieren zu lassen.« Die letzten Worte gehen in einem Schluchzen unter.

»Nein, nein«, beruhigt mich meine Schwester. »Mach dir keine Vorwürfe. Sammy hatte hundert gute Gründe, nicht in die Vereinigten Staaten zu reisen. Du trägst ganz sicher keine Schuld an seinem Tod. Niemand aus der Familie würde je so etwas denken. Jeder weiß, dass er immer nach seinem eigenen Kopf gehandelt hat, dass er allein die Verantwortung für sich trug.«

Erleichtert atme ich auf, kann befreit zu der Krähe hinüberblicken. Am liebsten würde ich ihr mein gesamtes Rührei zum Fressen geben, aber es ist nicht erlaubt, die Vögel zu füttern. Stattdessen schicke ich ihr alle meine liebevollen Gedanken.

»Wie kommst du eigentlich hier in Ghana zurecht?«, fragt mich Jennifer jetzt.

»Das Land ist wunderschön, aber ich muss gestehen, dass der Lebensstil und die Mentalität der Menschen mir nach wie vor so fremd sind wie am ersten Tag. Was würden Onkel Emma oder Auntie Ama sagen, wenn ich sie nach Deutschland einladen würde? Vermutlich würden sie den Kopf schütteln über die Hektik und den Stress in unserem Leben. Sie würden dort bestimmt nicht zurechtkommen.«

»Sammy war da ganz anders«, sagt sie. »Er hat immer wieder versucht, diese beiden Kulturen, die europäische und die afrikanische, miteinander zu verbinden. Auch du wirst es eines Tages schaffen, immerhin bist du seine Tochter.«

Ich blicke auf den Strand. Er kommt mir noch schöner und breiter vor als gestern. Die Küste schlängelt sich wie ein Band Dutzende von Kilometern südwärts, am Strand ragen immer wieder imposante Kokospalmen empor, im Wasser tauchen einzelne schwarze Felsen auf und verschwinden in der starken Brandung. Ich nehme einen tiefen Atemzug. »Hier könnte ich es aushalten«, sage ich zu Jenny. »Hier könnte ich mein europäisches Denken und mein afrikanisches Herz in Einklang bringen.« Meine Schwester lächelt, sagt jedoch nichts.

Wir wollen heute erneut nach Saltpond fahren, genauer gesagt nach Lower Saltpond, ein kleines Fischerdorf unmittelbar am Meer. Hier leben jene Fischer, die aus dem Meer holen, was Großmutter Mary Coleman auf dem Markt in Mankessim früher verkauft hat. Danach wollen wir noch einmal nach Kuntu und uns dort ohne Schnapps und Willkommensrituale in Ruhe umsehen. Meine Mutter möchte am Strand bleiben, Jenny und Onkel Emma werden mich begleiten.

Als wir Lower Saltpond eine Stunde später erreichen, fallen mir als Erstes die viereckigen, aus Lehm gebauten Öfen auf, die es hier überall gibt. Sie werden zum Räuchern der Fische verwendet.

»Siehst du die Frau mit dem weißen Tuch?«, fragt mich Jenny. Ich drehe mich um und erblicke eine junge Mutter, die ganz in Weiß gekleidet ist. Das Tuch hat sie um den Bauch geschlungen, ihr Baby schlummert friedlich auf ihrem Rücken. »Die Farbe Weiß symbolisiert, dass sie gerade ein Kind geboren hat«, fährt meine Schwester fort. »Mit der Farbe drückt sie ihre Freude darüber aus, dass alles gut gegangen ist.«

Ich denke an das Kind in meinem Bauch, das mehr und mehr von der Welt seines Großvaters erfährt. »Ich werde dich hoffentlich auch in einem weißen Tuch herumtragen können«, flüstere ich dem Baby zu.

Die Mutter gesellt sich zu den anderen Frauen am Strand. Sie warten darauf, dass die Fischer, die mit ihren Booten schon am Horizont zu sehen sind, zurückkommen und sie ihnen einen Teil ihres Fangs abkaufen können.

Die besten Stücke werden geräuchert und dann an Händler weiterveräußert. So war es bereits zu Zeiten meiner Großmutter, so ist es auch heute noch.

Ich schlendere zwischen den einzelnen Hütten am Strand entlang. Immer wieder sehe ich Kokospalmen, die durch Seile miteinander verbunden sind. Im Wind hängt die Wäsche zum Trocknen. Vor den Häusern rauscht das Meer, dahinter ist alles grün. Die Vegetation besteht vor allem aus agavenähnlichen Pflanzen und Büschen, aus deren Fasern Körbe geflochten werden.

Großmutter Mary besaß in Saltpond eine Kokospalmenplantage, sie existiert zwar noch, liegt aber brach. Onkel Emma bittet einen der Fischerjungen, auf eine Palme zu klettern und Kokosnüsse für uns zu holen. Flink wie ein Wiesel läuft der Junge den Stamm hoch und lässt wenig später einige Früchte nach unten fallen. Wir müssen zur Seite springen, um nicht getroffen zu werden. Als er wieder unten ist, holt er eine Machete aus einer nahen Hütte und köpft die Kokosnüsse mit gezielten Hieben. Die Kokosmilch ist klar, hat einen neutralen Geschmack und erfrischt ungemein.

Die Fischer haben inzwischen fast das Ufer erreicht. Sie ziehen die Netze mit den Booten Richtung Strand. Auf einmal herrscht hektisches Treiben. Als die Männer auf dem Sand stehen, binden sie die Enden der Netze an zwei Bäumen fest. Die Seile sind an die vierzig Meter lang, Trauben von Menschen ziehen daran, auch Frauen. Alle singen bei der Arbeit. Fast eine Stunde dauert es, ehe ein Netz eingeholt ist. Jeder, der mithilft, wird am Fang beteiligt. Die Männer, die im Wasser stehen und am schwersten zu tun haben, erhalten den größten Anteil. Aber die Ausbeute erweist sich diesmal als mager. Die starke Strömung hat das Netz in die Tiefe gezogen, die größeren Fische konnten entkommen. Der Fang reicht gerade so für den Eigenbedarf, mehr nicht. Heute kann nichts zusätzlich verkauft und geräuchert werden. Enttäuschung macht sich breit, allerdings hält sie nur kurz an, dann lachen wieder alle und sitzen entspannt am Strand.

Allmählich dränge ich zum Aufbruch. Ich will unbedingt nach Kuntu. Seit gestern ist mir die Armut im Heimatdorf meines Vaters nicht aus dem Kopf gegangen, auf seltsame Weise fühle ich mich verantwortlich für das Schicksal der Menschen. Ich kann nicht einfach wieder meine Koffer packen und wie eine gewöhnliche Touristin »Lebewohl« sagen. Ich will Hilfe anbieten, damit vor allem die Kinder dieses Dorfes eine faire Chance im Leben bekommen. Ich habe keine konkreten Pläne, doch meine Gedanken kreisen um nichts anderes mehr.

Wir lassen das Auto wieder kurz hinter dem Ortseingang stehen. Ich möchte das ursprüngliche Haus meiner Großmutter sehen, es war aus Lehm und soll, wie mir meine Mutter erzählt hat, in unmittelbarer Nähe des Flusses gestanden haben.

Onkel Emma führt mich dorthin. Heute sind von der Hütte meiner Großmutter nur noch zwei halb verfallene Außenmauern übrig, die mitten in einem Salzfeld stehen.

»Von hier aus sind wir immer den Hügel zur Schule hochgelaufen«, sagt Emma. »Sie liegt am höchsten Punkt des Ortes.«

Vor meinem geistigen Auge versuche ich mir das alles vorzustellen. Ich sehe Sammy und Onkel Emma, wie sie als Jungen den Hügel hinaufrannten, um nicht zu spät zur Schule zu kommen. Ich muss meiner Mutter recht geben – auch ich bin fassungslos, dass mein Vater aus diesem kleinen und einfachen Dorf stammen soll, dass er es aus diesem Ort heraus bis auf einen anderen Kontinent geschafft hat.

»Als dein Vater noch ein kleiner Junge war«, erzählt Onkel Emma, »musste unsere Mutter eine bestimmte Summe an Schulgeld zahlen, die sie aber nicht aufbringen konnte. Als Sammy einmal weinend nach Hause kam und erzählte, dass man ihn der Klasse verwiesen habe, wurde sie wütend. Sie nahm ihren Sohn an die Hand und begab sich sofort mit ihm zur Schule. Vor der Klasse beschimpfte sie den Lehrer und gab ihm zu verstehen, dass Kinder in Ghana keine Analphabeten bleiben dürften, so wie sie es noch sei. Ghana habe nur eine Zukunft, wenn auch seine Kinder eine hätten. Zum Schluss ihres Plädoyers bestand sie darauf, dass der Junge weiter unterrichtet werden müsse, ob mit oder ohne Schulgeld. Ihre resolute Art hat auf den Lehrer so überzeugend gewirkt, dass Sammy wieder am Unterricht teilnehmen durfte.«

Während mir Onkel Emma diese Geschichte erzählt, fällt mir die Episode mit meiner Großmutter ein, die sich beim Direktor meiner Schule beschwerte, nachdem ein paar Kinder mich als »Negerlein« beschimpft hatten.

»Dein Vater wurde nach dem Auftritt deiner Großmutter zu einem wahren Musterschüler. Als sie ihn später für das DDR-Stipendium ausgewählt haben, war das eine große Auszeichnung«, fährt Onkel Emma fort.

Respekt steigt in mir für meinen Vater auf, tiefe Bewunderung. Es ist das erste Mal, dass ich Sammy als kleinen Jungen wahrnehme. Ich habe das Gefühl, endlich bei meinem Vater angekommen zu sein.

»Ich würde mir gern die Schule anschauen.«

Onkel Emma nickt.

Der Aufstieg in der Hitze und Schwüle ist beschwerlich, aber der wunderbare Blick auf die Salzfelder und die grünen Hügel der Umgebung, der mir gestern nicht vergönnt war, entschädigt für die Mühen.

Das Schulgebäude ist ein lang gestrecktes Gebäude aus Stein, umgeben von einer überdachten Veranda. Alles wirkt leicht verfallen, überall blättert der Putz ab. Beim Näherkommen sehe ich, dass ein Teil des Daches eingestürzt ist.

Es gibt fünf Unterrichtsräume, aber sechs Klassen. Der sechste Raum ist desolat und kann nicht benutzt werden, weil hier Teile des zerstörten Daches verstreut am Boden liegen. Die Klassen müssen sich in den verbleibenden fünf Räumen abwechseln. Geld für die Reparatur ist keines da. Dafür müssten die Eltern aufkommen, doch sie können es nicht.

Die einzelnen Klassenräume sehen sehr kahl aus. An den Wänden hängt nichts außer einer Uhr. In jedem befinden sich etwa fünfzig Schüler, Mädchen und Jungen gemischt. Sie sitzen an abgewetzten Holzpulten, wie ich sie noch aus meiner Kindheit kenne. Wahrscheinlich hat schon Sammy an ihnen Rechenaufgaben gemacht und Lesen und Schreiben gelernt. Alle Schüler tragen gelbe Hemden mit blauem Kragen, die Jungen haben dazu khakifarbene Shorts an, die Mädchen bunt gemusterte Röcke. Der Unterricht wird auf Englisch und auf Fanti abgehalten

Eine weitere Tür ist offen, die Kinder lachen fröhlich, als sie mich sehen. Sie sind zwischen sechs und neun Jahre alt, ihre Zähne blitzen. Ich sage: »Good morning.«

Die Antwort kommt wie aus einem Mund: »Good morning, madame, how are you?«

Ich suche den Lehrer, um ihn zu begrüßen, aber es ist keiner da. Später erfahre ich, dass es zu wenig Lehrkräfte gibt, deswegen müssen sich die Kinder zeitweise selbst unterrichten. Und richtig: Da steht ein kleiner Junge, kaum größer als das Lehrerpult, hält einen Rohrstock in der Hand und deutet auf das, was auf der riesigen Schiefertafel hinter ihm geschrieben steht. Es ist ein Text auf Fanti. Er liest vor, die anderen sprechen im Chor nach. Alles läuft sehr diszipliniert ab, und das ohne eine Autoritätsperson. Ich staune.

Im nächsten Klassenzimmer zeigt sich dasselbe Bild. Hier sind die Schüler zwei bis drei Jahre älter. Im dritten Unterrichtsraum treffe ich dann tatsächlich auf einen Lehrer.

»Darf ich Sie kurz stören?«, frage ich vorsichtig.

»Ja, natürlich.« Er geht ein paar Schritte auf mich zu, die Kinder fahren ohne ihn fort, englische Sprichwörter auseinanderzunehmen.

Wir setzen uns im Vorraum an einen alten Tisch. »Die Schule wurde von den Methodisten gegründet«, erzählt der Lehrer. Er heißt Kofi, ist schlank, groß und trägt ein Lächeln im Gesicht, das nicht aufgesetzt wirkt. »In Ghana herrscht Schulpflicht. Vierzig Prozent der Eltern schicken ihre Kinder trotzdem nicht zur Schule.«

»Warum nicht?«, frage ich. »Mein Vater kam auch aus dem Ort. Die Menschen müssen doch sehen, dass man es mit Bildung im Leben zu etwas bringen kann.«

»Die etwas älteren Kinder werden auf den Feldern oder beim Fischen gebraucht«, erwidert Kofi. »Außerdem sind die meisten Menschen hier Analphabeten. Die Vorteile der Schulbildung sind ihnen nur schwer zu vermitteln.«

Und Schule und Uniform kosten Geld. Manche Kinder tragen keine Schuhe, weil sich ihre Eltern diese Anschaffung nicht leisten können. Immerhin versucht die Regierung, Anreize für den Schulbesuch zu schaffen, so erhalten die Kinder in der großen Pause kostenlos ein Essen. »Schauen Sie nur auf das Dach«, sagt Kofi. »Es ist vor drei Jahren nach einem Unwetter eingestürzt. Die Sanitäranlagen sind seit einer Ewigkeit kaputt, die Kinder müssen das Buschklo benutzen.«

Mit großer Wehmut verlasse ich das Gebäude, ich spüre, wie sehr ich mich für diese Kinder verantwortlich fühle.

»Was würde es kosten, das Dach zu reparieren?«, frage ich Onkel Emma, als wir mit dem Auto zurück zum Ressort fahren.

»Keine Ahnung«, antwortet er.

Ich bin zu sehr mit meinen eigenen Gedanken beschäftigt, um weiter nachzufragen. Allerdings kann ich mir nicht vorstellen, dass er das nicht einzuschätzen vermag. Kurze Zeit später werde ich wissen, warum er so reagiert hat.

10

Das Gold der Könige

Wer sich dem ghanaischen Straßenverkehr aussetzt, sollte einen unerschütterlichen Glauben an das Gute haben, denn irgendetwas passiert immer. Diesmal entpuppt sich die Fahrt nach Obuasi als echter Höllentrip. Onkel Emma hat bis vor Kurzem in der Goldmine dieser Stadt gearbeitet, und ich habe ihn gebeten, mir und meiner Mutter die Arbeit unter Tage zu zeigen. Da er nun mein »Vater« ist, möchte ich ihn und seine Welt besser kennenlernen. Anschließend reisen wir weiter nach Kumasi, in die zweitgrößte Stadt von Ghana, zugleich die Verwaltungshauptstadt der Ashanti-Region. Dort werden wir an einer Feier des Ashanti-Königs teilnehmen.

Wir planen vom Hotel aus zwei Stunden Fahrtzeit ein, weshalb wir erst am späten Nachmittag losfahren. Das soll sich als folgenschwerer Fehler herausstellen, denn wir werden heute wider Erwarten fünf Stunden unterwegs sein.

An einer Tankstelle zapft unser Fahrer, den wir samt seinem Wagen für diesen Ausflug organisiert haben, falsches Benzin, was sich nach einigen Kilometern dahingehend bemerkbar macht, dass der Motor zunächst stottert, als hätte der Wagen einen akuten Hustenanfall, bevor er abrupt stehen bleibt. Erst jetzt bemerkt unser Chauffeur das Missgeschick, woraufhin sich eine Diskussion darüber entspinnt, was am besten zu tun sei.

Als das Auto nach einem erneuten Startversuch wieder fährt,

entscheidet sich die Mehrheit, also Onkel Emma, Jennifer und meine Mutter, fürs Weiterfahren – der nächste Fehler, wie sich schnell herausstellt. Denn schon nach einigen weiteren Kilometern hat der Motor einen zweiten Asthmaanfall und braucht erneut eine Pause. Diesmal benötigt der Wagen länger, bis er wieder auf Touren kommt.

Im Fünfminutentakt bleibt er jetzt stehen. Die Wiederholung meiner anfänglichen Bemerkung, dass es besser gewesen wäre, sofort zur Tankstelle zurückzukehren, trifft bei dem Fahrer auf eine Mischung aus Ignoranz und regelrechter Abwehr. Sich von einer Frau sagen zu lassen, dass wir den Tank hätten auspumpen lassen und ihn wieder mit dem richtigen Benzin füllen müssen, ist nicht nur unter Afrikas Sonne ein direkter Anschlag auf die Männlichkeit – und somit nicht erwünscht.

Nach enervierenden eineinhalb Stunden gelangen wir an eine weitere Tankstelle. Dort verabschieden wir uns endgültig vom dem Fahrer, der zwar schuld an dem Desaster ist, die Verantwortung dafür aber nur ungern übernehmen möchte.

Wir steigen in ein neues Taxi um, dessen Motor in unseren Ohren rund klingt. Leider machen in diesem Fall die Reifen Probleme, nach einer Reihe von besonders großen Schlaglöchern sind sie so platt, dass nichts mehr geht.

Die Fahrt ist wieder einmal unterbrochen.

Es wird langsam dunkel und kühl, weit und breit gibt es keine Straßenbeleuchtung. Die Idee, den Reservereifen aufzuziehen, ist brillant, hat aber einen Haken: Auch dieser hat viel zu wenig Luft. Onkel Emma, den ich sonst als sehr ruhig und zurückhaltend erlebt habe, explodiert und schreit den Chauffeur an, mit Worten, die ich nicht verstehen, deren Sinn ich aber erahnen kann. Er fühlt sich für mich verantwortlich, und es ist ihm furchtbar unangenehm, dass bei der Autofahrt alles schiefgeht.

»Es ist nicht so schlimm«, versuche ich ihn zu beruhigen, obwohl ich mir meiner eigenen Aussage nicht ganz sicher bin. Wir stehen in stockdunkler Nacht irgendwo mitten im Busch. Es ist ganz still und zugleich sehr laut. Aus dem Unterholz erklingen Geräusche, die auf irgendwelche nachtaktiven Tiere schließen lassen. Um keinen Preis der Welt würde ich jetzt das Buschklo benutzen.

Nach einer halben Stunde kommt ein leeres Taxi vorbei. Wir steigen zum zweiten Mal an diesem Tag um und treffen gegen 21 Uhr endlich in Obuasi, der Goldgräberstadt, ein. Überall erkenne ich in dem spärlich beleuchteten Ort Statuen, die vergoldete Minenarbeiter darstellen, ansonsten kann ich außer den Umrissen von Häusern keine weiteren Einzelheiten ausmachen. In der Innenstadt steigen wir in einem Hotel ab, das wir schon im Voraus gebucht hatten.

Am nächsten Tag wache ich früh auf, weil mir die Sonne direkt ins Gesicht scheint. Ich klettere etwas steif aus meinem Hotelbett. Die Schlaglöcher zeigen ihre Nachwirkungen. Onkel Emma hat bei sich zu Hause übernachtet, nicht ohne sich vielmals zu entschuldigen, dass er uns nicht aufnehmen kann. Das Haus von ihm und seiner Frau ist zu klein für Gäste.

Pünktlich um neun Uhr holt er uns ab. Auf dem Weg zur Goldmine kann ich mir einen genaueren Eindruck von Obuasi und seiner Umgebung verschaffen.

Die Stadt liegt mitten im Regenwald, eingebettet in tiefgrüne Hügel, die Häuser und Straßen sehen sehr schön und gepflegt aus. Onkel Emma lebt seit vierzehn Jahren hier, bis Februar 2007 hat er als Ingenieur in der Goldmine unter Tage gearbeitet – mit siebenundfünfzig Jahren konnte er in Pension gehen. Seine Frau Lucy, die ich heute kennenlernen werde, ist drei Jahre jünger als er und arbeitet noch in der Verwaltung der Mine.

Überall in der Stadt sind Eingänge zu Schächten erkennbar. Überdachte Förderbänder führen kreuz und quer über die Wohnhäuser wie die Schienen einer Hochschaubahn und transportieren ihre kostbare Fracht.

Wir fahren zum Hauptverwaltungsgebäude, das im Zentrum der Stadt liegt. »Mine Anglogold Ashanti« lese ich auf einem Schild. Die

Mine ist rund hundert Jahre alt und soll insgesamt etwas größer als der Starnberger See sein. Überall wimmelt es nur so von Sicherheitsleuten. Groß ist die Angst, dass etwas von dem abgebauten Gold in den Taschen der Arbeiter landet oder dass die Männer sich bestechen lassen, um illegal etwas beiseitezuschaffen.

Ein Mitarbeiter namens Osei führt uns in einen Raum mit gelben Wänden. Trotz mehrerer Fenster ist ein grelles Neonlicht eingeschaltet. Ich setze mich auf einen der aufgestellten bunten Plastikstühle. An einer Wand entdecke ich eine topographische Karte der Mine, auf der ich insgesamt sechzehn Schächte zähle, die sich über ein riesiges Areal verteilen. Die Goldvorkommen reichen noch für die nächsten fünfzig Jahre, allerdings ist es dazu nötig, weiter in die Tiefe vorzudringen, um an sie heranzukommen. Werden die Minenarbeiter heute eineinhalb Kilometer unter Tage gebracht, soll die Strecke in Zukunft doppelt so lang sein – möglich wird das mit Hightech aus Südafrika. In Hochzeiten wurde hier eine Million Unzen Gold pro Jahr abgebaut, momentan sind es bestenfalls 400 000 Unzen. Für mich ist das immer noch eine unvorstellbare Menge.

Onkel Emma ist sichtlich stolz, als er uns all diese Fakten erzählt.

Osei gibt uns zu verstehen, dass wir uns umziehen müssen, und überreicht uns eine blaue, lange Jacke mit der Aufschrift »Anglogold Ashanti«, Gummistiefel und einen Helm mit Stirnlampe. Der fünf Kilogramm schwere Gurt mit Sauerstoffbehälter für den Notfall und dem Miniaggregat für die Stirnlampe sorgt dafür, dass ich augenblicklich einen Schweißausbruch bekomme.

Wir dürfen den Sansu-Schacht besichtigen, der am anderen Ende der Stadt liegt. Während wir mit dem Auto dorthin fahren, läuft das Radio in voller Lautstärke. Jenny zupft mich am Ärmel und deutet mir, ich solle bei dem Song gut zuhören. Das Lied ist auf Pidginenglisch und heißt: »I Want To See You, My Father«. Es geht um einen Vater, der seine Kinder vernachlässigt und schließlich im Stich lässt. King Ayisoba, so nennt sich der Sänger, klagt den Mann in dem

Song an. Ghana mag von den angeblichen Segnungen der Globalisierung wenig profitiert haben, aber auf der zwischenmenschlichen Ebene diskutieren die Menschen dieselben Themen wie der Rest der Welt.

Jenny kennt den Hit offenbar gut, denn sie singt lauthals mit. Die Musik bewegt sich irgendwo in der Mitte zwischen traditionellen Klängen und Pop, falls es eine solche gibt. Ich kann jedenfalls die einsaitige ghanaische Gitarre heraushören und dazu typische westliche Bassrhythmen.

Nach zehn Minuten stehen wir vor einem trichterförmigen Krater mit einem Durchmesser von gut einem halben Kilometer. Er führt hundertfünfzig Meter in die Tiefe, und mir wird regelrecht schwindlig, als ich hinunterblicke, aber der Eindruck ist überwältigend. Der Kontrast zwischen dem saftig grünen Regenwald und diesem Kratergestein wirkt unglaublich surreal.

Wir fahren mit einem Geländewagen den Krater spiralförmig nach unten. Als ich aussteige, stehe ich vor einem Wald aus handgeschriebenen und bemalten Hinweisschildern, die vor allen möglichen Gefahren warnen.

Hier unten bekommen wir einen neuen Führer zugewiesen. Nicholas trägt uns auf, die Stirnlampe anzuknipsen, und mahnt zur Vorsicht. Wir steigen nochmals fünfzig Meter tiefer in den Krater hinab. Die »Straße«, auf der wir gehen, ist so breit, dass hier auch Lastwagen fahren können. Wasser tritt durch den Fels und sammelt sich am Boden. Es riecht nach Gas, dazu weht ein starker Wind – Sauerstoff, der zur Belüftung durch die Schächte geblasen wird.

Nach einigen weiteren Metern biegen wir nach rechts in einen schmaleren Schacht ab. Hier ist kein Luftzug mehr zu spüren, der Stollen wird enger. Die Stirnlampe spendet ein bescheidenes, aber ausreichendes Licht. Kleine Fliegen tanzen vor der Lampe. Es riecht muffig.

Wir biegen wieder in einen anderen Stollen ab. Er ist so niedrig, dass ich den Kopf einziehen muss. Zudem verlaufen an der Decke die Versorgungsrohre mit Wasser und Sauerstoff. Das Gewirr aus Stollen und Gängen wird immer unübersichtlicher, längst habe ich die Orientierung verloren. »Wie findet man sich hier zurecht?«, frage ich Onkel Emma, der unmittelbar hinter mir geht. »Ich kann keine Beschilderung mit der Aufschrift ‚Ausgang' erkennen.«

Onkel Emma deutet mit dem Finger auf einen schmalen Kanal, der ein Rinnsal von Wasser führt. »Dort, wo das Wasser hinfließt, findest du immer den Ausgang.«

Der Boden ist uneben, die Wände sind felsig. Plötzlich stolpere ich über Schienen. Auf ihnen fahren Grubenhunte, die das Gestein mit dem Gold transportieren. Neben den Schienen bemerke ich am Boden ein Loch.

»Hier stoppt der Hunt«, sagt Onkel Emma. »Er wird gekippt, und das Felsmaterial mit dem Gold stürzt in die Tiefe, direkt auf ein elektrisches Förderband. So wird das Rohmaterial ans Tageslicht befördert.«

Meine Kleidung fühlt sich inzwischen klatschnass an, ich krieche nur noch im Schneckentempo vorwärts. Mein Atem geht kurz, und ich schnappe nach Luft. Als meine Stirnlampe ausfällt, stehe ich in vollkommener Dunkelheit.

Panik steigt in mir hoch. Ich habe Angst, hier unten zusammen mit meinem Kind lebendig begraben zu werden. Als ich um Hilfe rufen will, spüre ich plötzlich, wie mich Jennifer und meine Mutter an die Hand nehmen und weiterführen.

Der Schacht ist sechsundzwanzig Jahre alt, davon hat Emma vierzehn Jahre tagein, tagaus darin gearbeitet. Er hat die Maschinen gewartet, die unter der Erde zum Einsatz kommen: zwanzig Kilogramm schwere Bohrer, die die Arbeiter auf den Schultern tragen und mit denen sie Löcher in den Fels treiben. Die Löcher werden mit Dynamit gefüllt, um den Fels wegzusprengen.

Der Stollen wird immer enger, je tiefer wir in den Berg eindringen. Ich zwänge mich an Holzstapeln vorbei, die bis zur niedrigen Decke reichen.

»Damit haben wir früher den Berg abgestützt«, erklärt Onkel Emma. »Heute stabilisiert man die Sprenglöcher mit Zement.«

Voller Zweifel sehe ich ihn an. Ich stolpere mehr, als dass ich gehe, versuche mir einzureden, dass nichts passieren kann. Hunderte von Arbeitern sind hier unten tätig, ihnen geschieht ja auch nichts. Dennoch tritt mir Schweiß auf die Stirn, meine Brust fühlt sich an, als würde ein Dreitonnengewicht darauf drücken. Es geht nicht mehr.

Ich will nur noch ans Tageslicht. Onkel Emma bemerkt die Angst in meinem Gesicht und gibt allen ein Zeichen zur Umkehr.

Wir steigen in den Eisenkäfig von Fahrstuhl, der uns wieder nach oben bringen soll. Noch nie im Leben habe ich mich so gefreut, wieder die Sonne zu sehen. Ich atme einige Minuten lang tief durch, dann setze ich mich auf einen Stein und schließe die Augen. Ich versuche meinen Körper mit autogenem Training zu entspannen, wie ich es auf Mallorca gelernt habe, aber es dauert noch eine Weile, bis ich das Gefühl der Beklemmung loswerde.

Nicholas zeigt uns jetzt einen zwei Kilo schweren Felsbrocken, der von einer Goldader durchzogen ist. Hier kommt also das Gold der Ashanti her.

»Ich habe noch etwas für dich, was dich interessieren könnte«, sagt Onkel Emma, als er mich wenig später zu seinem Haus führt, das ihm die Minenleitung zur Verfügung gestellt hat. Es liegt in einer Reihenhaussiedlung, ist in einem zarten Pastellgrün gestrichen und sieht tatsächlich viel einfacher aus als all die Wohnhäuser meiner Verwandten, die ich bisher kennengelernt habe.

Innen wirkt das Gebäude noch kleiner als von außen. Obwohl im Wohnzimmer nur drei Stühle, ein Tisch und eine Schrankwand mit Familienfotos stehen, ist der Raum schon vollgestellt. Es gibt keine Türen, weil kein Platz wäre, um sie zu öffnen, Vorhänge trennen die einzelnen Zimmer ab. Ich verstehe, warum Onkel Emma es lieber gesehen hat, dass wir in einem Hotel übernachten.

»Du hast gesagt, du hättest etwas für mich?«, erinnere ich ihn.

»Stimmt«, sagt er und gibt Tante Lucy ein Zeichen, das wie vereinbart wirkt. Sie verschwindet und kommt kurze Zeit später mit einer rotbraunen, etwas abgegriffenen Mappe zurück.

»Was ist das?«, frage ich.

»Sieh es dir einfach an«, sagt Tante Lucy und überreicht mir die Mappe. Der Einband ist aus Leder und fühlt sich angenehm weich an. Jetzt erst erkenne ich, dass es sich um ein Fotoalbum handelt.

»Das hat dein Vater für deine Mutter und dich angelegt«, erklärt Onkel Emma. »Ich weiß aber nicht, warum er es euch nie geschickt hat. Vielleicht wollte er es dir einmal persönlich überreichen. Vor seinem Tod hat Sammy das Fotoalbum mir gegeben, ich habe es für dich aufgehoben.«

Ich blättere die erste Seite auf und halte in der Sekunde inne. Links ist die Kopie – hatte mein Vater das Original bei sich behalten wollen? – eines Briefes auf Englisch mit Tesafilm eingeklebt, die Handschrift ist mir nur zu gut bekannt – es ist meine eigene:

Entschuldige, dass ich mich noch nicht bei deiner Familie und dir bedankt habe für den Stereo-Kassettenrekorder, die gelbe Hose und das weiße T-Shirt. Alles passt mir wunderbar.

Als ich siebzehn Jahre alt war, habe ich meinem Papa diese Zeilen geschrieben. Es sind belanglose Gedanken eines Teenagers, der seinem Vater berichtet, was in seiner Welt vor sich geht. Für mich ist es jetzt ein Zeitdokument.

Danke für die Uhr. Ich bewundere deinen Geschmack. Es ist so, als würdest du mich kennen.

Ich sitze eine Zeit lang stumm da, das Album mit den Fotos auf meinem Schoß. Ich sehe mich mit siebzehn Jahren, ein Mädchen, dessen Vater weit weg ist. Weit weg von zu Hause, weit von seinem Herzen.

Ich schicke dir ein paar Bilder mit, damit du weißt, wie ich aussehe. Ich hoffe, du bist nicht zu sehr enttäuscht. Meine Großmutter und meine Mutter sagen, dass ich dir sehr ähnlich bin.

Am linken Rand des Briefes ist ein wunderschönes Foto meiner Mutter aufgeklebt. Mit einem Pfeil habe ich dazugeschrieben: »Erkennst du sie? Das ist meine Mutter mit fünfundvierzig Jahren.« Ich habe heute den Eindruck, als hätte ich damals die beste Aufnahme von ihr ausgewählt, um meinem Vater zu zeigen, was er alles verlassen hat. Seltsam ist auch, dass ich am Ende des Briefes Grüße an meine »sisters« und meinen »brother« ausrichte. Erst hatte ich »brothers« (Brüder) geschrieben, dann aber das »s« durchgestrichen; mit »sisters« (Schwestern) meinte ich die Mädchen, die die afro-amerikanische Frau meines Vaters mit in die Ehe gebracht hatte.

Tante Lucy legt den Arm um mich. Sie sagt kein Wort. Gemeinsam blättern meine Mutter und ich nun die einzelnen Seiten um. Die meisten der mir, aber auch meiner Mutter unbekannten Aufnahmen zeigen meinen Vater in den USA. Bilder von meinem jüngsten Bruder Kwesi finden sich ebenfalls darin.

Ich kann nicht anders, ich falle Onkel Emma um den Hals.

»Wenn wir heute noch nach Kumasi wollen, dann müssen wir allmählich los.« Er versucht seine Verlegenheit zu überspielen. »Aber du musst wissen, Araba, die Familie ist nicht glücklich darüber, dass du zum Fest des Ashanti-Königs gehst. Und ich bin es auch nicht.«

Verständnislos sehe ich ihn an. Ich weiß von den Rivalitäten, die es zwischen den Ashanti und den Fanti gibt. Doch da keiner aus der Familie bislang mit mir darüber geredet hat, habe ich sie nicht so ernst genommen.

»Du bist keine Ashanti, du gehörst zu den Fanti«, sagt Onkel Emma mit Nachdruck.

»Das weiß ich doch erst seit Kurzem. Wenn ich früher von Ghana gehört habe, dann immer von den Ashanti«, sage ich. »Lange Zeit bin ich davon ausgegangen, dass ich selber eine Ashanti bin. Als Sammy starb, fing ich sogar an, afrikanische Masken zu sammeln, und zwar ausschließlich von diesem Stamm. Erst kurz vor meiner Abreise habe ich durch eure E-Mails erfahren, dass ich eigentlich eine Fanti bin. Da hatten aber schon einige Diplomaten-Freunde von mir einen Besuch beim König der Ashanti organisiert. Das kann ich nicht einfach wieder absagen. Bitte verzeiht.«

Ehrlich gesagt verstand ich nicht recht, was so schlimm daran sein sollte, zu der Feierlichkeit nach Kumasi zu reisen.

Onkel Emma musterte mich streng: »Die Ashanti sind ein eingebildetes Volk, überheblich und sehr hochnäsig. Die Familie fürchtet, dass sie dich für sich vereinnahmen könnten.«

»Das wird nicht passieren«, antworte ich. »Ich bin eine Fanti, und das werde ich auch immer bleiben.«

»Eine Fanti-Frau geht einfach nicht zu einem Ashanti-Fest.« Onkel Emma gibt nicht auf.

»Wieso?«, frage ich.

»Allein aus dem Grund, weil die Ashanti sämtliche Schüsselfunktionen der Regierung besetzen. Sie sorgen dafür, dass nur sie die besten Jobs und Aufträge bekommen. Da herrscht eine skrupellose Bevorzugung. Außerdem haben die Ashanti beim Sklavenhandel mit den weißen Kolonialherren kollaboriert. Sie haben die gutmütigen Fanti an diese verkauft.«

»Ich möchte doch nur alle Facetten Ghanas kennnenlernen«, verteidige ich mich schwach.

»Weißt du denn nicht, dass die Fanti bescheidene Menschen sind? Die Ashanti dagegen sind Krieger, sie sind aggressiv. Keine Fanti-Frau heiratet gern einen Ashanti-Mann, während Ashanti-Männer sich mit Vorliebe eine Fanti zur Frau nehmen. Da wissen sie, dass sie genügsam ist, sich um den Haushalt kümmert und die Kinder versorgt. Ashanti-Frauen dagegen sind rebellisch.«

Onkel Emma fallen immer neue Argumente ein, warum ich nicht zum Ashanti-König gehen soll. Dennoch lasse ich mich nicht von meinem Vorhaben abbringen.

»Du wohnst doch auch im Ashanti-Land«, sage ich.

»Noch, aber da ich jetzt in Rente bin, fange ich bald an ein Haus zu bauen, und zwar in meiner Heimat, an der Küste, in Takoradi.«

Ich stelle fest, dass es zwecklos ist, noch länger darüber zu diskutieren. Ich lasse Onkel Emma weiter wettern und beharre auf meinem Entschluss, die Einladung beim König der Ashanti anzunehmen.

Wir fahren Richtung Norden, Kumasi liegt gut zweihundert Kilometer von der Küste entfernt, Obuasi hundertfünfzig. In der Ashanti-Hauptstadt lädt uns Jennifer zum Essen ein. Sie hat vier Jahre hier gelebt und gearbeitet, in einer Filiale von »Vienna City«.

Als wir das Restaurant betreten, ist alles schon vorbereitet. Jennifers ehemalige Kollegen heißen uns willkommen, sie haben ein Büffet aufgebaut, mit paniertem Fisch, gebratenem Reis, Huhn und Tintenfisch mit Gemüse in schwarzer Pfeffersoße. Dazu gibt es Reis. Ich wundere mich, denn diese Speisen sind eindeutig nicht der afrikanischen Küche zuzurechnen. Später erfahre ich, dass der Koch des Lokals ein Chinese ist.

Als mich Jenny am nächsten Morgen betrachtet, bekommt sie regelrecht einen Lachanfall. Verständnislos schaue ich sie an.

»In dieser Hose und dem fliederfarbenen T-Shirt kannst du unmöglich vor den König treten«, sagt sie. »Das geht beim besten Willen nicht. Du musst dich in Weiß kleiden, das ist so üblich.«

Asantehene Otumfuo Nana Osei Tutu II., der Herrscher der Ashanti, feiert heute Durbar, ein zeremonielles Fest, bei dem er sich auf seinem Anwesen seinen Untertanen präsentiert. Diese Anlässe benutzt er, um sich effektvoll in Szene zu setzen, um die Versprechen seines Volkes entgegenzunehmen, ihm, dem Herrscher, zu dienen und ihm ewige Treue zu schwören.

Die Frauen, die zu dieser Durbar-Feier gehen, tragen einen bodenlangen, schmal geschnittenen Rock und ein passendes Oberteil mit rundem Halsausschnitt – alles in Weiß. Die Männer haben es einfacher, sie tragen ihren traditionellen Überwurf.

Für Ausländerinnen sind die Vorschriften zwar nicht ganz so streng, Hose und T-Shirt kommen trotzdem nicht in Frage. Jennifer durchforstet meinen Koffer. Es ist fast wie bei der Anprobe zum Wiener Opernball, ich muss mich mehrmals an- und ausziehen. Erst versuche ich es nach ihrer Anweisung mit einem weißen Rock, dazu ein Polo-Shirt – aber meine Schwester schüttelt nur den Kopf. Als Nächstes probiere ich eine Kombination aus einem orangefarbenen Rock und einer weißen Bluse. Wieder tut sie mein Outfit hinsichtlich des Anlasses als modische Entgleisung ab. Schließlich zeige ich auf eine graue Hose und eine türkisfarbene Bluse. Doch auch dieses Ensemble findet bei ihr keinen Anklang. Am Ende entscheidet Jennifer, dass ich in meinem gemusterten Cocktailkleid zum König der Ashanti gehen soll. Leider besteht sie auf meinen Pumps, die sie in meinem Koffer entdeckt hat. Da ich in den vergangenen Tagen ausschließlich in Sandalen unterwegs war, fühle ich in der nächsten Stunde, wie meine Füße auf die doppelte Größe anschwellen. Und das tut weh. Wer zum König will, muss offenbar leiden.

In der Lobby unseres Hotels erwartet uns Diffie Kusi, eine attraktive Endfünfzigerin. Sie hat dreißig Jahre lang in Paris gelebt, ihr Mann war dort Botschaftsangestellter. Mrs Kusi soll dafür sorgen, dass ich mich bei dem Asantehene (= König der Ashanti) richtig benehme. Sie ist deswegen samt Chauffeur und Chrysler-Limousine extra aus Accra angereist. Als leuchtendes Vorbild kann sie schon deshalb gelten, da alles an ihr perfekt ist, so, als hätte sie mehrere Tage darauf verwendet, sich für diesen Anlass zu stylen. Sie ist sehr distinguiert, schlank, hat langes, leicht gewelltes schwarzes Haar und trägt einen traditionellen Zweiteiler in Weiß mit schwarzen Spitzenbordüren, dazu High Heels und eine schwarze Lackhandtasche. Diffie ist Vizepräsidentin der Alumni Association, eines Vereins ehemaliger Studenten. Der König, so habe ich gehört, engagiert sich für Bildungsprogramme, aus diesem Grund kennt sie ihn sehr gut. Ich ahne noch nicht, wie hilfreich das sein wird.

Wir setzen uns in die Lobby und diskutieren über die Gastgeschenke. Mrs Kusi schlägt vor, vier Flaschen J. H. Henkes Schnapps und eine Flasche Brandy zum König mitzunehmen. Ich hoffe nur, dass nicht wieder alles ausgeschüttet wird, es wäre schade darum. Außerdem sollen wir zwei Millionen Cedis in bar dabeihaben, umgerechnet etwa 150 Euro. Unter den gestrengen Augen von Mrs Kusi beginne ich, wieder und wieder das Geld abzuzählen. Ich soll mir schließlich nicht nachsagen lassen, dass ich den König beschummelt habe.

Als ich zum dritten Mal auf die Summe von zwei Millionen Cedis komme, schnellt die Hand von Mrs Kusi vor, nimmt das Geld an sich und steckt es in ihre schwarze Lacktasche. Dann holt sie ein Bündel neuer Banknoten daraus hervor und übergibt sie mir. Ihre Scheine stammen frisch aus der Druckerpresse – diese solle ich nachher dem König übergeben, nicht meine abgegriffenen Banknoten. Aha.

Als wir zum Auto gehen, um die Fahrt zum König anzutreten, werfe ich, eher zufällig, einen Blick auf das Kennzeichen der Limousine: »Diffie 2«. Der Vorname leuchtet mir ein, aber die Zahl? Später erfahre ich: Die Ziffer ist ein Hinweis darauf, dass es auch ein Erstauto gibt.

Ungefähr fünfzehn Minuten fahren wir mit »Diffie 2« durch Kumasi, ehe wir am Königspalast ankommen. Das gesamte Areal ist so riesig, dass man kaum einen Überblick gewinnen kann, wie viele Verwaltungsgebäude es gibt. Außerdem gibt es eine beträchtliche Anzahl von Häusern, die der Mutter des Königs, dem Hofstaat und den Angestellten zur Verfügung stehen. Das gesamte Gelände ist von einer Mauer umgeben, in der schwarz-rote Eisenstäbe stecken, die das goldene Wappen der Ashanti als Verzierung tragen. Links und rechts neben dem Eingangstor stehen imposante Löwen, natürlich ebenfalls aus Gold.

Der erste Parkplatz ist für alle Untertanen zugänglich, die sich für das Fest angemeldet haben. Die Tickets kosten nichts, aber man musste sich im Vorfeld des Festes im Sekretariat des Königs um die Eintrittskarten bemühen. Wir fahren durch ein weiteres Tor auf einen zweiten Parkplatz, der besonderen Gästen vorbehalten ist. Nachdem einige Wächter dem Chrysler einen Stellplatz zugewiesen haben, betreten wir einen rechteckigen Innenhof. Ein Teil davon ist überdacht, hier sind auch die traditionellen kleinen Holzschemel für die Würdenträger und den Hofstaat aufgestellt.

Der goldene Stuhl, auf dem der König sitzen wird, ist noch nicht herbeigebracht worden. Später wird sich die Gesellschaft in Form eines Ts anordnen, wobei Asantehene Otumfuo Nana Osei Tutu II. den Querstrich bilden wird, der Hofstaat den Längsstrich. In etwa fünfundzwanzig Metern Entfernung stehen sechs Reihen mit jeweils dreißig Plastikstühlen, die alle Armlehnen haben. Dies ist der Bereich der VIP-Gäste. Hier werde ich in der zweiten Reihe platziert, Frau Kusi wacht an meiner Seite.

Im Hof sind weitere Reihen mit einfachen Sitzgelegenheiten verteilt, auf denen das »normale« Volk Platz nehmen darf. Sämtliche Stühle sind schon besetzt. Die Tore zu diesem Gelände haben sich um neun Uhr morgens geöffnet, seitdem strömen die Menschen herbei. Jetzt ist es zwölf Uhr, und noch gibt es keine Anzeichen, die den Anfang der Feier signalisieren.

Mrs Kusi nutzt die Wartezeit, um mich detaillierter mit der Biografie des Königs vertraut zu machen.

»Er hat in England studiert, und eigentlich ist er Geschäftsmann«, sagt sie mit unüberhörbarem Stolz in der Stimme. »Er hatte eine eigene Firma, bevor er vor acht Jahren zum Asantehene erklärt wurde.«

Tatsächlich lebte der König sechzehn Jahre lang in Großbritannien und Kanada, ehe er 1989 in seine Heimat zurückkehrte. Damals trug er noch seinen Geburtsnamen Barima Kwaku Dua. In Ghana gründete er sein eigenes Unternehmen, Transpomech International, in dem er immer noch als Geschäftsführer tätig ist. König und Manager zur selben Zeit?

Sollten Unvereinbarkeitsgesetze in Ghana existieren, dann werden sie zumindest nicht sehr streng gehandhabt.

»Wer aus der Königsfamilie entscheidet über den Nachfolger?«, frage ich. »Ist es immer der erstgeborene Sohn?«

»Keineswegs«, antwortet Mrs Kusi. »Der jetzige Asantehene ist der jüngste von fünf Brüdern. Aber die Königsmutter hat ihn für diese Funktion am geeignetsten gehalten, und sie verfügt über das Recht, denjenigen zum König zu ernennen, den sie für richtig hält. Das muss nicht gezwungenermaßen einer ihrer eigenen Söhne sein, auch die männlichen Nachkommen von den Geschwisters des vorherigen Königs stehen zur Wahl.«

Nana Otumfuo ist siebenundfünfzig Jahre alt und wird als Gottheit verehrt. Er erhält einen prozentualen Anteil aus den Ländereien im Ashanti-Land, die verpachtet sind – dabei kommt nicht gerade wenig an Einnahmen zusammen. Die Familie gilt als sehr reich.

»Der König verfügt formal gesehen zwar über keine politische Macht, trotzdem ist er sehr einflussreich«, sagt Mrs Kusi. »Er engagiert sich für Bildungs- und Wasserversorgungsprojekte, die in erster Linie den Ashanti, erst dann den anderen Stämmen wie den Fanti zugutekommen.«

Jetzt verstehe ich, was Onkel Emma mit »Bevorzugung« meinte.

Fünf Männer beginnen nun auf ihre über einen Meter hohen Fontomfroms, die »sprechenden Trommeln«, einzuschlagen.

»Jeder Schlag erzählt eine Geschichte«, schreit Mrs Kusi gegen den Lärm an. »So haben die Menschen früher von Ort zu Ort kommuniziert, eine Art drahtlose Telegrafie. Nun erzählen die Trommeln den Einwohnern der Stadt, dass der König heute ein Fest gibt und dass alle, die sich berufen fühlen, hier erscheinen sollen.«

Der König selbst lässt sich allerdings immer noch nicht blicken. Wir warten weiter. Zu den Trommlern gesellen sich drei Frauen, die einen schnellen Gesang anstimmen, passend zu den Rhythmen der Musiker. Plötzlich bricht er ab, eine gewisse Hektik breitet sich aus, und überall ist zu hören: »Der König kommt.«

Die Aufregung ist umsonst, das vermeintliche Eintreffen des Oberhaupts stellt sich als falscher Alarm heraus. Diese Prozedur wiederholt sich noch einige Male, stets ohne ein tatsächliches Erscheinen des Königs. Erst nach einer weiteren Stunde ist es endlich so weit.

Die Prozession läuft nach einem strengen Ritual ab, es erinnert mich ein wenig an eine militärische Parade: Zuerst erscheint ein Mann mit einem Korb voller Zweige auf dem Kopf. Das soll den Reichtum des Königs symbolisieren, in Hinblick auf seine Ländereien.

Als Nächstes folgen zwei Männer, die große, runde Schlüsselbunde tragen. Damit soll zum Ausdruck gebracht werden, dass der König Zugang zu allen Häusern hat. Anschließend zieht eine Musikgruppe aus zehn Männern vorbei, die in geschwungene, mit Leopardenfell überzogene Ochsenhörner blasen. Der Klang erinnert an eine Trompete. Ihre Bedeutung kann mir auch Mrs Kusi nicht genau erklären.

Als Nächstes zeigt sich der Hofstaat und setzt sich auf die frei gehaltenen Holzhocker. Ich wundere mich, denn ich entdecke ausschließlich Männer. Wo sind die Frauen? Habe ich nicht gelesen, erfahren und erzählt bekommen, dass starke Frauen den Aufbau Ghanas maßgeblich bestimmt haben?

Die Trommelschläge werden schneller, der Gesang nimmt an Intensität zu. Nun wird der goldene Stuhl des Asantehene hereingetragen, er selbst ist immer noch nicht zu sehen. Die Sub Chiefs, also die dem König untergeordneten Ashanti-Könige der verschiedenen Regionen und Städte, betreten stattdessen den Innenhof. Kurz danach erscheint der Sprecher des Königs. Er hält ein goldenes, eineinhalb Meter hohes Zepter in der Hand.

Endlich: Der König gibt sich die Ehre. Er geht zu Fuß, blickt links und rechts zu seinen Untertanen, nickt ihnen kurz zu.

»Normalerweise wird er in einer Sänfte in den Hof getragen«, flüstert mir Mrs Kusi zu. Hinter ihm geht ein Bediensteter, der einen goldenen Schirm über den König hält, um ihn vor der Sonne zu schützen. Ein zweiter Mann fächelt dem Asantehene mit einem geflochtenen Fächer Kühlung zu.

Hinter dem Königsgefolge befinden sich die Trommler, die jetzt noch einmal alles geben. Meine Ohren platzen fast, als die kleine Gruppe an mir vorbeizieht. Den Abschluss bilden zehn Männer, die mit Gewehren und Macheten ausgestattet sind – ein Symbol für die Streitkräfte des Königs, über die er heute eigentlich nicht mehr verfügt.

Schließlich haben alle ihren Platz eingenommen, auch der Asantehene, der auf einer erhöhten Bühne thront. Neben ihm kniet sein Handhalter, der in den nächsten zwei Stunden nichts anderes tun wird, als dem König den Arm zu stützen, während dieser fast ununterbrochen Hände schüttelt.

Das allein wäre schon anstrengend genug. Otumfuo Nana Osei Tutu II. trägt aber, was die Last des Handhalters vergrößert, reichlich Goldschmuck an den Fingern, manche Ringe sind so groß wie Taubeneier. Um seinen Hals hängt ein üppiges Geschmeide, das man für ein Jahrmarktherz halten könnte, wenn es nicht dreieckig und ebenfalls aus Gold wäre. Hinter dem König hat sich eine Armee von Bediensteten postiert.

Ich sehe mich um. Schräg vor mir sitzt ein Kardinal in roter Robe, der so beleibt ist, dass er nicht in seinen Plastikstuhl passt, sondern einen Stuhl ohne Armlehnen benutzen muss.

Nun erweist das Volk dem König seine Reverenz und defiliert in einer langen Schlange an ihm vorbei. Die Frauen machen einen Knicks, rechter Fuß nach vorne. Die Männer müssen die Schulter frei machen, ehe sie sich verbeugen dürfen.

Als das Defilee vorbei ist, zählen die Untertanen die vielen Namen des Asantehene auf, dann jene seiner Vorgänger und die der anderen ehrenvollen Mitglieder des Königshauses. Das Ganze tragen sie in einem eintönigen Singsang vor, was an die Litanei in einer Kirche erinnert. Jedes Wort wird von einem zweiten Sprecher wiederholt. Als Zugeständnis an die moderne Zeit kommt ein Mikrofon zum Einsatz. Der König sitzt mit stoischer Miene auf der Bühne und lässt alles über sich ergehen. Er hat bis jetzt kein einziges Wort gesagt.

Nun erhebt sich sein Sekretär und ruft die einzelnen VIP-Gäste auf: eine ukrainische Handelsdelegation, den ukrainischen Botschafter, auch den korpulenten Kardinal, er ist aus Zimbabwe, mitsamt seinen Priestern und Nonnen. Ich beobachte sie genau, um mir ihr Verhalten zu merken. Schließlich will ich bei meinem eigenen Auftritt keinen Fehler machen.

Dann bin ich an der Reihe. Mrs Kusi und ich stehen auf, es folgen meine Mutter, Onkel Emma, Tante Lucy und Jenny. In dieser Reihenfolge stellen wir uns auf. Der Sekretär liest meinen Namen vom Zettel ab, erklärt, wer ich bin und was ich hier mache. Der Sprecher des Königs wiederholt jedes einzelne Wort. Anschließend zählt der Sekretär laut meine Geschenke auf: vier Flaschen Schnapps, eine Flasche Brandy, zwei Millionen Cedis. Ein Raunen geht durch die Menge. Zur Bekräftigung werden die Geschenke von den Männern im Hintergrund in die Luft gehalten. Der König nickt wohlwollend. Ich bin offenbar die spendabelste Besucherin des Tages.

Nach diesem Nicken darf ich zum König vortreten. Er schüttelt mir die Hand und spricht mich persönlich an. Später erfahre ich, dass dies eine große Ehrenbezeugung ist, die nur wenigen widerfährt. Ob das auf meine Großzügigkeit bei den Spenden zurückzuführen ist? Der Verdacht liegt nahe.

»Was führt Sie nach Ghana?«, fragt mich der Asantehene auf Englisch.

»Mein Vater kommt von hier«, antworte ich. »Er ist in Ghana gestorben. Ich will jetzt meine Familie kennenlernen und mehr über meine Wurzeln in Erfahrung bringen.«

Der König lächelt. Er macht einen sympathischen Eindruck auf mich. »Wie gefällt Ihnen Ghana?«

»Es ist wunderbar«, erwidere ich. »Ein beeindruckendes Land.«

Der Rest meiner Familie darf nur auf einen Meter an den Asantehene heran. Alle haben ihre Schuhe ausgezogen, so will es die Tradition. Im Vorbeigehen raunt mir Onkel Emma zu: »Ich sollte gar nicht hier sein, ich bin ein Fanti!«

Danach beginnen die traditionellen Tänze. Ein Hüne mit entblößtem Oberkörper wiegt sich im Rhythmus der wiedereinsetzenden Trommelschläge. Weitere Männer folgen seinem Beispiel. Jeder Tanz erzählt eine eigene Geschichte, etwa: »Herrscher, wir sind alle deine Untertanen. Wir sind hier, um dir zu dienen.«

Am Ende erhebt sich der König und tanzt ebenfalls. Langsam löst sich das Fest auf, zum Schluss ist es eine fröhliche Zeremonie, trotz des anfänglich strengen Protokolls.

Ich erinnere Mrs Kusi an die Unterhaltung mit dem König, die sie für mich arrangiert hat. Vereinbart ist, dass ich im Anschluss an das Fest im Palast mit ihm sprechen darf. »Aber nur Sie allein dürfen zu Asantehene Otumfuo Nana Osei Tutu II. gehen«, sagt Mrs Kusi. »Ihre Familie hat keine Erlaubnis bekommen, den Palast zu betreten.«

Ich erkläre Onkel Emma das Dilemma. Er sieht mich an, als hätte ich ihm gerade einen Dolchstoß versetzt. »Lass dich bloß nicht von den Ashanti vereinnahmen«, gibt er mir wiederholt zu verstehen. »Vergiss bitte nicht, du bist eine Fanti!«

Mrs Kusi begleitet mich zum Palast. Wir folgen einem Angestellten, der uns durch zwei weitere Tore und eine Sicherheitsschleuse mit Metalldetektor führt. Schließlich stehen wir vor dem Palast, der aber eher den Eindruck einer luxuriösen Villa macht. Im Garten ist das Gras scheinbar mit der Nagelschere geschnitten, so kurz und gleichmäßig wirkt die grüne Fläche. Umgeben ist die Anlage von blühenden Sträuchern, die Auffahrt zum Gebäude ist von einer Allee aus Gummibäumen gesäumt.

Zwei Pfaue stolzieren vor mir über den Rasen und schlagen ein Rad. Der Asantehene ist die einzige Person, die in Ghana Pfaue halten darf.

Nicht unerheblich ist auch die private Wagenflotte des Königs, die ich auf dem Grundstück entdecke: eine Stretchlimousine, ein alter Mercedes aus den Dreißigerjahren, ein BMW-Cabrio, zwei weitere Mercedes-Karossen, mit Sicherheit alles Spezialanfertigungen.

Mir erscheinen die Bilder der Straßenkinder wieder im Kopf.

Welch grotesker Widerspruch. Hier der protzige Reichtum, und nur wenige Kilometer weiter im Land entfernt leben Mädchen und Jungen, die nichts zu essen haben, ihre Notdurft am Straßenrand verrichten müssen. Der König mag zwar keine politische Macht mehr besitzen, doch warum nutzt er seinen Einfluss nicht, damit die Güter in diesem Land gerechter verteilt werden? Es müsste sein Sinnen und Trachten sein, jedem seiner Untertanen ein menschenwürdiges Auskommen zu ermöglichen.

An der Rückseite des Palasts, wohin man Mrs Kusi und mich führt, geht es mit dem Prunk weiter. Hier ist alles für den Empfang der VIP-Gäste vorbereitet. Es gibt Wein, Bier, Whisky, Wasser. Ich erkundige mich, wann ich die Unterredung mit dem König führen könne. Ein Sekretär bedeutet mir, es sei gleich so weit. Aber als er mich zu einer schattigen Sitzgelegenheit unter einem Baum bringt, treffe ich dort nicht den König, sondern den Sprecher des Palastes an.

Ich frage ihn, warum ich nicht mit dem Asantehene persönlich reden könne, doch der Sekretär reagiert ungehalten. Offenbar ist ihm meine Forderung entschieden zu dreist. Die Stimmung wird von Minute zu Minute angespannter, es scheint, als würde man mich im nächsten Moment nachdrücklich bitten wollen, das Palastgelände zu verlassen.

Mrs Kusi erkennt den Ernst der Lage sofort. Sie läuft aufgeregt umher, interveniert und hastet schließlich in den Palast, um mit dem König über die Situation zu reden. Nach wenigen Minuten kehrt sie zurück und sagt triumphierend zu mir: »Wir sind bei dem Asantehene zum Lunch eingeladen.« Ganz Diplomatin hat sie die Eskalation gerade noch einmal abwenden können.

Bevor ich den Palast betreten darf, muss ich meine Schuhe ausziehen. Ich bin regelrecht froh darüber, weil ich es in meinen Pumps kaum noch aushalte. Wir werden in einen Vorraum mit spiegelglatten Fliesen, historischen Bildern an den Wänden und goldfarben bezogenen Barocksitzmöbeln gebracht. Danach dürfen wir das Esszimmer betreten, das mir wie ein kleiner Tanzsaal vorkommt: Die u-förmig angelegte Tafel ist mit goldenen Platztellern und Kristallgläsern für rund dreißig Gäste eingedeckt. Der König thront mitten in dem U, er hat kein Gegenüber.

Das Essen ist vom Feinsten. Es gibt ein Omelett mit Pilzen, Fisch in Thai-Curry, würzige Würstchen, Linsen und Ochsenschwanz. Nach der Nachspeise, Vanilleeis mit frischen Früchten, hebt der Asantehene die Tafel auf.

Der Kreis wird noch einmal kleiner, ganze zwölf Gäste werden in einen angrenzenden Raum zu Tee und Kaffee gebeten. Mrs Kusi scheint tatsächlich eine enge Beziehung zum König zu haben, denn auch wir dürfen daran teilnehmen.

In einem Barocksessel mit rotem Überzug nehme ich Platz. Ein Bediensteter bringt mir Tee mit Milch. Alles wirkt very british, was angesichts des langen Aufenthalts des Asantehenes in Großbritannien nicht weiter verwunderlich ist. Auf einem der antiken Beistelltischchen entdecke ich auch Porträts von Queen Elizabeth II. und Prinz Philipp.

Der König ist in Beschlag genommen, eine Frau mit blauem Turban und weißem Ensemble kniet vor ihm auf dem Boden. »Das ist seine Tochter«, sagt Mrs Kusi. »Sie nutzt die Feier, um persönlich mit ihrem Vater sprechen zu können. Sie hat sonst wenig Möglichkeiten, ihn zu sehen.«

»Warum?«, frage ich erstaunt.

»Weil der Ältestenrat, der den König umgibt und der die eigentlichen Entscheidungen trifft, dies nicht erlaubt. Der König durfte nicht einmal bei der Hochzeit seiner Tochter anwesend sein. Sein Sprecher hat ihn vertreten.«

Wenige Minuten später erhebt sich die Tochter des Königs und geht aus dem Raum. Mrs Kusi ergreift die Chance und führt mich zu ihm hin. Ich knie nieder, stelle mich noch einmal vor, schließlich fasse ich mir ein Herz und frage den König, ob ich nicht ein längeres Gespräch mit ihm führen könne. Er sieht mich nachdenklich an: »They wouldn't allow me«, sagt er. »Sie würden es mir nicht erlauben.«

»Wer würde es Ihnen nicht erlauben?«, frage ich.

»Der Ältestenrat.«

Jetzt weiß ich, dass dies die letzten Worte sind, die ich als Fanti-Frau mit Asantehene Otumfuo Nana Osei Tutu II. wechsle.

Als ich wieder bei meiner Familie bin, erzähle ich von meinem Fehlschlag. Onkel Emma grinst mich fröhlich an: »Siehst du, als Fanti-Frau hast du schlechte Karten, auch wenn du noch so viele Geschenke mitbringst.«

Gemeinsam fahren wir nach Tema zurück, wo wir wieder bei Nana Ato Dadzie wohnen werden. Als wir am Abend bei ihm eintreffen, geht es meiner Mutter schlecht. Vermutlich hat sie etwas Falsches zu sich genommen, ich tippe auf den Eintopf, den wir unterwegs gegessen haben. Obwohl ich genau das Gleiche bestellt habe wie sie, stelle ich bei mir keine Auswirkungen fest, bei ihr sind die Folgen jedoch fatal. Sie hat eindeutig eine Diarrhö, kann nichts im Körper behalten, ihr gesamter Flüssigkeitshaushalt ist durcheinandergeraten. Sie schwitzt, obwohl ihr nicht heiß ist. Sie sagt, dass sie kein Temperaturempfinden mehr habe.

Zunächst hoffe ich, dass sich alles bald wieder beruhigen wird, doch auch nach zwei Tagen tritt bei meiner Mutter keine Besserung ein. Krampfartige Bauchschmerzen befallen sie, die Attacken tauchen wie aus dem Nichts auf und verschwinden dann ebenso abrupt wieder. Leider werden die Erholungsphasen dazwischen immer kürzer. Ich mache mir große Sorgen um ihren Gesundheitszustand. Wie lange kann es ein Mensch aushalten, wenn sein Körper weder flüssige noch feste Nahrung bei sich behält?

Ich vertraue mich dem Nana an, meine Mutter muss dringend unter ärztliche Aufsicht, obwohl sie sich sträubt und abwinkt, sobald ich darauf zu sprechen komme. Ato Dadzie empfiehlt mir das Tema General Hospital, ein Privatkrankenhaus. Er kennt den Leiter der Klinik, Dr. Nah. Dieser sitzt jeden Sonntag schräg hinter ihm in der Kirche. Der Nana greift zum Telefon und ruft ihn an. Keine halbe Stunde später sind wir mit meiner Mutter im Krankenhaus.

Es besteht aus mehreren Gebäuden, die pavillonartig auf einem kleinen Areal verteilt sind. Eine weiß getünchte Mauer schützt sie vor zudringlichen Blicken. Wir gehen zu einem Pavillon, in dem die Patienten aufgenommen werden, meine Mutter schafft es nur mit Mühe zu einem der dort aufgestellten Stühle.

Die Kirchenbekanntschaft zeigt ihre Auswirkungen, denn kaum haben wir das Krankenhaus betreten, begrüßt uns Dr. Nah. Der Arzt ist ein älterer Herr mit an den Schläfen ergrauten, krausen Haaren, etwas zur Fülle neigend, anscheinend auch schüchtern, denn er traut sich nicht, mit uns Deutsch zu sprechen, obwohl er Medizin in Göttingen studiert hat. Er hat Angst, sich zu blamieren, wie mir später der Nana zuflüstert.

Dr. Nah geleitet meine Mutter und mich in ein Untersuchungszimmer, gibt ein paar Anweisungen an das Krankenhauspersonal und verabschiedet sich. Das Schicksal meiner Mutter liegt jetzt in den Händen von Dr. Obey – so jedenfalls steht es auf ihrem Namensschild –, einer schlanken Ärztin ungefähr Mitte dreißig.

Meine Mutter möchte, dass ich sie nicht allein lasse, Dr. Obey hat nichts dagegen, dass ich bei der Anamnese anwesend bin. Sie fragt detailliert nach den Beschwerden, kündigt dann an, dass meine Mutter an den Tropf müsse. »Drei Infusionen, vermutlich müssen wir sie die Nacht über hier behalten«, sagt sie auf Englisch. Ich bin erleichtert, weil ich das Gefühl habe, dass meine Mutter in guten Händen ist. Sie selbst ist so schwach, dass kein Widerspruch zu vernehmen ist.

Dr. Obey schreibt eine lange Liste von Medikamenten auf, die Onkel Emma – als der Nana ihn benachrichtigt hat, ist er sofort in die Klinik gekommen – in der Krankenhausapotheke besorgt.

Währenddessen fährt die Ärztin mit ihrer Untersuchung fort, tastet den gesamten Körper ab, auch den Bauchbereich. Ich beobachte, wie meine Mutter zusammenzuckt. »Mit den Antibiotika und Elektrolyten werden wir sie wieder gesund machen«, sagt sie.

Eine Schwester in hellblauer Uniform und mit weißer Schürze nimmt meine Mutter am Arm, um sie zu einem anderen Pavillon zu führen. Es ist eine Krankenstation. Im Erdgeschoss sind die Frauen untergebracht, im ersten Stock die Männer. Die Einteilung ist offenbar mehr Empfehlung als Vorschrift, denn die junge Frau bringt uns in den ersten Stock. Die Tür zu einem großen Raum steht offen. Hier zähle ich etwa zwanzig Betten, darauf sitzen Patientinnen mit Gipsbeinen, einige hängen am Tropf. Die Angehörigen sitzen in ihren farbenfrohen Gewändern neben den Betten, sie haben Speisen und Getränke mitgebracht. Das Bild, das sich mir darbietet, erinnert eher an einen Busbahnhof als an ein Krankenhaus, wirkt aber insgesamt freundlich, was auch daran liegen mag, dass mir hier kein typischer Krankenhausgeruch aus Formaldehyd und Putzmitteln in die Nase steigt. In der Mitte des Raumes befindet sich ein Fernseher, einige Schwestern sitzen davor und sehen sich eine afrikanische Soap-Opera an.

Meine Mutter wird in einem Doppelzimmer untergebracht. Ich habe zusätzlich Geld bezahlt, damit das zweite Bett leer bleibt. Ich will sie nicht allein lassen und auch über Nacht bei ihr bleiben.

Der Raum sieht aus wie ein beliebiges Krankenzimmer überall auf der Welt, selbst die zwei weißen Nachtkästchen fehlen nicht. Die Tür hängt schief in den Angeln, an der Wand ist ein Fernseher montiert, von dem Kabel lose herabbaumeln. Es gibt ein kleines Bad mit Dusche, Waschbecken und WC. Leider wird nach zwei Stunden im gesamten Krankenhaus das Wasser abgedreht …

Nachdem meine Mutter ihr Nachthemd angezogen hat und im Bett liegt, erscheint eine andere Schwester, viel jünger als die erste. Wenn sie lacht, verschwindet ihr Gesicht hinter einer Reihe makellos weißer Zähne. Sie legt den Tropf an und setzt die Nadel. Insgesamt soll meine Mutter dreimal am Tag Elektrolyte erhalten, dazu Antibiotika.

Aber daraus wird vorerst nichts, denn die Infusion hängt an einer Stange, die wiederum am Bettgestell fixiert ist. Nach zehn Minuten boykottiert die Schwerkraft diese Konstruktion und bringt sie zu Fall.

Als alles zu Boden stürzt, reißt es fast die Nadel aus dem Arm meiner Mutter. In ihrem Halbschlaf bekommt sie zum Glück kaum etwas davon mit.

Auf dem Flur suche ich nach der Schwester, der Schaden wird repariert, leider nicht dauerhaft, denn nach weiteren zehn Minuten passiert dasselbe noch einmal. Diesmal entscheidet sich die Schwester, ein anderes Gestell zu verwenden. Der Entschluss erweist sich als richtig, denn nun hält alles, und ich kann aufatmen.

Die Infusionen tröpfeln langsam in den Körper meiner Mutter. Jede braucht zwischen eineinhalb und zwei Stunden. Ich liege angezogen im Nebenbett und wache über ihren tiefen Schlaf. Ich bin froh, diese Entscheidung getroffen zu haben, nichts wäre schlimmer für mich, als meine Mutter hier auf dieser Reise zu meinem Vater zu verlieren.

Jennifer und Onkel Emma kommen immer wieder vorbei, bringen Kekse und Mineralwasser mit, die sie an einem Stand vor dem Krankenhaus gekauft haben.

In den Wachphasen bitte ich meine Mutter, etwas davon zu sich zu nehmen. Beides behält sie bei sich. Endlich!

Nach der ersten Infusion wird ihr Blut abgenommen. Die Ärztin will sichergehen, dass die Patientin keine Malaria hat.

Am nächsten Tag ist es, als wäre ein kleines Wunder passiert. Es geht meiner Mutter seit Langem wieder einmal richtig gut, die Blutwerte haben sich normalisiert, sie hat Appetit auf Kekse und trinkt durstig Wasser.

»Wahrscheinlich hat mich das alles so sehr mitgenommen, dass ich keine Abwehrkräfte mehr hatte«, sagt sie. »Die ganze Zeit habe ich mir überlegt, was dir Afrika bedeutet und ob du in Ghana leben könntest.«

»Ich mag diesen Zusammenhalt der Menschen hier, ebenso ihre große Herzlichkeit«, erwidere ich. »Es ist eine unglaubliche Bereicherung für mich. Aber mit der Arbeitsmoral hätte ich sicher genauso zu kämpfen wie Sammy. Um deine Frage zu beantworten: Nein, ich könnte niemals hier zu Hause sein. Dafür bin ich zu sehr Europäerin, wenigstens zu neunzig Prozent. Viel zu viel ist mir fremd und wird es auch immer bleiben, selbst wenn ich mich hier länger aufhalten würde.«

»Was ist mit deinen afrikanischen Wurzeln? Hast du sie gefunden?«

»Nie habe ich mich richtig getraut, mehr Gefühl zu zeigen, zu meinen eigenen Empfindungen zu stehen, mich in meine Emotionalität fallen zu lassen.

Heute habe ich die Gewissheit, dass diese verborgene Kraft, die in mir sehr ausgeprägt ist, ein Teil meines Vaters, meiner afrikanischen Ahnen ist.

Sie liegt mir sozusagen in den Genen – und ich kann sie jetzt mit mehr Selbstvertrauen betrachten.«

Meine Mutter sieht mich nachdenklich an. »Hat sich für dich ein Kreislauf geschlossen?«

»Es ist seltsam, zum einen ist genau dies passiert, besonders was meine Identität als Mischling betrifft. Ich habe gemerkt, dass meine Rezeptoren sich da andockten, wo sie immer schon hin wollten, obwohl ich es zuvor nie zugelassen habe. Endlich kann ich die andere Seite in mir, die ich stets gespürt habe, auch ausleben. Zum anderen hat sich hier in Ghana ein neuer Kreislauf aufgetan, dem ich mit Sicherheit weiter nachgehen werde.«

»Du kannst dich jetzt als Mischling sehen?«

»Die Menschen auf der Straße betrachten mich hier als *obruni*, als Weiße. Ihnen bin ich zu hell. Onkel Emma, Jennifer und viele andere aus der Familie dagegen betrachten mich als eine von ihnen. In Europa werde ich nie eine *obruni* sein. Wie mein Vater werde ich in beiden Welten nie vollkommen zu Hause sein. Doch vielleicht fällt mir jetzt eine Annäherung an beide Seiten leichter als vorher – und noch mehr meinem Kind.«

»Hast du in den vergangenen Wochen oft an das Baby gedacht?«

»Eigentlich erst in den vergangenen Tagen. Hier in Ghana war ich im Grunde ganz die Tochter meines Vaters. Das war ein völlig neues Gefühl für mich. Nie zuvor habe ich mich wirklich als Tochter meines Vaters empfunden. Aber da mich alle so behandelt haben, bin ich dazu geworden, und das ist für mich das größte Geschenk dieser Reise.«

Dr. Obey betritt das Krankenzimmer. Sie untersucht meine Mutter, ist zufrieden mit dem Ergebnis und gibt ihr zu verstehen, dass sie die Klinik verlassen darf. Ich bin so erleichtert, dass ich meine Mutter fest an mich drücke.

11

Die vergessenen Kinder

Als ich im Garten von Nana Ato Dadzie beim Frühstück sitze, ist die Krähe mit dem weißen Fleck auf der Brust wieder da. Unentwegt scheint mich der Vogel zu mustern. Nein, das ist nicht möglich, ich bin hier nicht mehr im Strandrestaurant im Anomabo Beach Resort, sondern in Tema. Wahrscheinlich ist es nur meine Wunschvorstellung, die mich die Krähe sehen lässt. Noch seltsamer ist, dass ich mich dabei ertappe, wie ich mit ihr zu sprechen anfange, als wäre sie tatsächlich mein Vater. »Daddy, ich bin froh, dass ich mich der afrikanischen Seite in mir mehr hingegeben habe. Auch wenn ich sehr europäisch bin, so zieht mich deine Heimat sehr an. Ich will sie unbedingt meinem Kind zeigen, damit es weiß, woher sein Großvater kommt ...«

Hat mich die ghanaische Magie erfasst? Lasse ich mich von ihr erfassen? Ich versuche mich wieder auf meine Tageszeitung zu konzentrieren. Da stoße ich auf einen Artikel über Sklaverei, der mein Interesse weckt. Ich lese die ersten Zeilen und kann es nicht fassen, was dort geschrieben steht. Kann das wahr sein? Hier in Ghana? Noch immer? In dem Beitrag wird berichtet, dass es in der Nähe von Kuntu ein Fischerdorf gibt, in dem Kinder verkauft werden. Jungen und Mädchen, die meisten zwischen acht und zwölf Jahre alt.

Sklaverei im 21. Jahrhundert.

Ich lese die Geschichte einer Frau, die ihre drei Kinder für vier

Millionen Cedis weggegeben hat. Sie wollte mit dem Geld das Begräbnis ihres verstorbenen Mannes finanzieren. Vermutlich flog der Deal nur auf, weil die Frau 400 000 Cedis als Anzahlung erhielt und vom Rest der vereinbarten Summe nichts mehr sah.

Ihre Kinder sind – laut dem Zeitungsartikel – ins Obervolta-Gebiet gebracht worden, wie die meisten der verkauften Kinder. Dort müssen sie in dem Seengebiet tauchen, um Fischernetze zu lösen, die sich verhakt haben. Sie erhalten nur eine Mahlzeit am Tag, werden wie Sklaven gehalten, der Schulbesuch wird ihnen verwehrt.

Als ich Onkel Emma später darauf anspreche, nickt er traurig. »Ja, es stimmt«, sagt er. »Offiziell ist dieses Vorgehen verboten; den Vermittlern, den Käufern und den Eltern drohen hohe Strafen. Aber es passiert natürlich trotzdem.«

Ich muss mehr über dieses moderne und das frühe Sklaventum in Erfahrung bringen – eine Tatsache, die das Land Ghana mitsamt dem damit verbundenen Kolonialismus geprägt hat. Onkel Emma erklärt sich bereit, mich in seinem Toyota nach Cape Coast Castle zu fahren und zu dem Ort, in dem die Frauen ihre Kinder verkaufen.

Nur wenig später sind wir nach Cape Coast Castle unterwegs, der legendären Sklavenburg, von der aus Tausende von Ghanaern als Sklaven nach Amerika verkauft worden sind. Das Fort liegt gut zwei Stunden von Tema entfernt, Richtung Elfenbeinküste. Am Straßenrand werden die üblichen kunsthandwerklichen Gegenstände verkauft, daneben gebrauchte Stoßstangen, Eisengitter, handgeschnitzte Möbel, sogar Fitnessgeräte. Immer wieder stehen dazwischen kleine Bretterbuden. Auf einer lese ich die Aufschrift: »Jesus is my salvation.« Aber noch hat Jesus dieses Land nicht für die Erlösung auserkoren.

Wir fahren durch eine ländliche Region – und das viel zu schnell. 50 Meilen pro Stunde sind erlaubt, aber es gibt wenig Verkehr. Deshalb zeigt das Tachometer bald das Doppelte an. Das fällt auch einer Polizeistreife auf einem Motorrad auf, die uns sofort an den Straßenrand eskortiert. Der Polizist in weißer Uniform und mit schwarzem

Helm steigt so langsam von seinem Gefährt ab, dass ich für einen Augenblick an einen Bud-Spencer-Film denken muss. Als er zu uns in den Wagen blickt, sagt mir sein Gesichtsausdruck, dass dies hier allerdings kein Spaß ist.

Onkel Emma lässt das Fenster auf der Beifahrerseite heruntergleiten. »Sind Sie für das zu schnelle Fahren verantwortlich?«, fragt der Polizist.

»Ja«, antwortet Onkel Emma.

»Dann steigen Sie bitte aus.«

Mein Onkel folgt der Anweisung. Ich beobachte, wie die beiden eine Zeit lang wild gestikulieren. Der Polizist sieht immer wieder zum Auto hinüber und scheint etwas zum Ausdruck bringen zu wollen. Schließlich kommt Onkel Emma zurück und holt 20 000 Cedis aus seiner Briefasche.

»Ist das die Strafe?«, frage ich.

»Nein«, antwortet er, »das ist das Bestechungsgeld.« Er rollt die Banknoten in einen Zettel ein und geht zu dem Polizisten zurück. Der Staatsdiener setzt sich augenblicklich aufs Motorrad und rast davon.

Nachdem Onkel Emma wieder eingestiegen ist, blickt er zufrieden drein.

»Warum schmunzelst du?«

»Weil wir Glück hatten. Ich habe dem Polizisten erzählt, dass ich mit meiner Tochter und meiner Frau unterwegs bin, die ich erst jetzt wiedergefunden habe. Er hat sofort Verständnis gezeigt und mir Rabatt gegeben.«

Nach kurzer Fahrt erreichen wir Cape Coast; dieser Ort an der Goldküste war noch um 1800 die Hauptstadt von Ghana. In den Straßen stehen schöne Steinhäuser, die meisten davon ein wenig verwittert. Die Fassaden schimmern in einem blassen Rosé oder Gelb, von den Fensterläden blättert die Farbe ab. Viele Gebäude tragen in Stein gemeißelte Inschriften. Die ganze Stadt wirkt sauber, ansprechend.

Cape Coast Castle, die Sklavenburg, liegt direkt am Meer. Vor dem Eingang breiten Fischer ihre riesigen Netze aus. Die Burg liegt auf einem Felsen, über dem schwarzen Holztor lese ich die Inschrift »Freedom & Justice«, »Freiheit & Gerechtigkeit« – was für eine Ironie angesichts der historischen Bestimmung.

Das Fort stellt sich als eine Ansammlung von verschiedenen Gebäudekomplexen und Höfen heraus. Als wir im dritten Hof auf unseren Führer warten, blättere ich im Gästebuch, das auf einem Holzstehpult liegt. Hunderte von Afro-Amerikanern haben sich bereits eingetragen. Der Besuch muss für viele eine schmerzvolle Konfrontation mit der eigenen Vergangenheit gewesen sein. »Ich habe geweint, als ich das erste Mal hier war«, schreibt eine Amerikanerin. »Ich habe die Gebete meiner Vorfahren erhört und bin nach Hause zurückgekehrt.«

Da tritt der Guide an uns heran. Er ist etwa fünfzig Jahre alt und hat keinen einzigen Zahn mehr im Oberkiefer. Er geleitet uns in den größten Hof, mit Blick aufs offene Meer. Die Brandung ist stürmisch, die Gischt spritzt hoch, sogar über die Befestigungsmauer. An den Mauern stehen Kanonen, ihre Rohre sind aufs Meer gerichtet. Sie waren damals immer schussbereit, um »Piraten« abzuwehren. Waren es tatsächlich Piraten oder nur Menschen, die den Gefangenen die Freiheit wiedergeben wollten?

Cape Coast Castle wurde 1630 von den Briten errichtet. Es ist nicht die einzige Sklavenburg in Ghana, die am Golf von Guinea liegt. Mit einem Abstand von einigen Kilometern stehen unzählige weitere – die vielen Burgen und Ruinen lassen etwas von dem Ausmaß der Sklavenhatz und dem Konkurrenzgedrängel der Europäer erahnen. Nicht nur die Briten trieben hier eifrig Menschenhandel, sondern auch Portugiesen, Holländer, Dänen und Deutsche. Die Gefangenen kamen aus allen Teilen Ghanas, aber auch aus den Nachbarstaaten, der Elfenbeinküste oder Togo. Teilweise waren die Einheimischen mehrere Wochen unterwegs, vorher haben schwarze Mittelsmänner – vielfach Ashanti, wie Onkel Emma nochmals betont – sie eingefangen und aneinandergekettet. Kurz vor dem Fort hat man sie im nahe gelegenen Fluss gewaschen und mit Sheabutter eingerieben, dadurch bekam die Haut einen schönen Glanz, und die Händler konnten einen höheren Preis erzielen.

Nach der Ankunft hat man die Gefesselten in den ersten Stock des Verwaltungsgebäudes gebracht, in die sogenannte »Palaver Hall«. Dort saßen die weißen Sklavenhändler hinter einem Schreibtisch und begutachteten die Neuankömmlinge wie Pferdehändler. Zähne, Muskeln, die gesamte körperliche Verfassung nahmen sie in Augenschein, schlimmer noch, sie tasteten die Männer brutal ab. Wer kann am meisten arbeiten? Wer wird am längsten durchhalten? Danach richtete sich der Preis, den sie mit dem Mittelsmann aushandelten. Menschen wurden dabei gegen Waffen, Schnaps, Tabak, Metall eingetauscht, wobei Männer mehr wert waren als Frauen. Zumindest zu Beginn des Menschenhandels – bis man die Frauen als Gebärmaschinen für neue Sklaven entdeckte.

Nach der Musterung warfen sie die Gefangenen in den Kerker, Männer und Frauen getrennt. Dort mussten sie ausharren, bis das nächste Schiff nach Nordamerika, Südamerika oder in die Karibik auslief. Das konnte bis zu sechs Wochen dauern. Als ich mir die Zellen anschaue, in denen die Menschen dahinvegetieren mussten, erfasst mich eine ähnliche Beklommenheit wie in der Goldmine. Es ist dunkel dort unten, feucht, und es riecht muffig.

Die Kerker liegen sechs Meter unterhalb der Erde, jeder ist mit zwei bis drei winzigen Öffnungen für Licht und Luft ausgestattet. Teilweise hielt man damals in einem einzigen Kerker bis zu tausend Menschen gefangen. Wer aufbegehrte, den ketteten sie mit Hand- und Fußschellen an der Wand fest, zentimeterhoch lagen die Gefangenen in ihren eigenen Exkrementen. Die Stärksten unter ihnen durften tagsüber ans Tageslicht, weil man sie zum Ausbau des Forts einsetzte. Die weiblichen Sklaven mussten im Hof die kargen Mahlzeiten zubereiten.

Rund 80 Prozent der Afro-Amerikaner stammen von afrikanischen

Sklaven ab. Der Menschenhandel wurde über dreihundert Jahre lang betrieben, vollzogen mit dem Segen der Kirche. 1830 verschiffte man von Cape Coast Castle aus die letzten Sklaven, aber auch danach ging der Handel illegal weiter.

In einem der Kerker ist ein kleiner Altar aufgebaut, zum Gedenken an die Ahnen. Schnapps- und Bierflaschen stehen darauf, einzelne Geldscheine liegen lose herum. Ein Mann sitzt am Boden. Als er uns sieht, gießt er etwas von dem Hochprozentigen über den Opferstein in bereitgestellte kleine Schälchen. Meine Mutter und ich ahnen, dass hier wieder eine Geldspende fällig ist und legen 10 000 Cedis auf den Altar.

Von diesem Verlies aus hat man die Gefangenen durch einen unterirdischen Tunnel direkt vor das »Tor ohne Wiederkehr« geführt, um sie von dort auf die Sklavenschiffe zu verfrachten. Viele überlebten die Überfahrt in die neue Heimat nicht. Für die Menschenhändler ein rein buchhalterischer Verlust.

Ich trete bedächtig durch das Tor und blicke aufs Meer hinaus. An der Küste sitzen Fischer auf ihren Booten und reparieren ihre Netze. Alles wirkt friedlich, fast malerisch. Von den unendlichen und grausamen Qualen, die die Menschen hier durchlitten haben, ist äußerlich nichts mehr zu spüren. Mich schaudert. Ich fühle mich wie von Geistern umgeben, als würden die Ahnen der toten Sklaven auferstehen und mir ihre Geschichten ins Ohr flüstern. Als ich mich umdrehe, erblicke ich die Inschrift »Tor der Wiederkehr«.

»Was hat das zu bedeuten?«, frage ich Onkel Emma.

»Im Jahr 1997 haben wir das vierzigjährige Jubiläum der Unabhängigkeit Ghanas gefeiert«, antwortet er. »Für diese Feier ließ die Regierung zwei Skelette von einstigen Sklaven ausgraben, eines in Amerika und eines kam aus Jamaika. Diese ließ man dann mitsamt der noch lebenden Nachfahren in ihre frühere Heimat zurückbringen. Als man sie durch dieses Tor getragen hat, war das ein großer Moment für Ghana.«

Der Guide führt uns noch einmal in den großen Hof zurück, weist uns auf drei Gräber hin, in denen Geistliche bestattet sind. Es handelt sich um Ehrengräber. Den Sklaven hat man vor ihrer Verschiffung noch Gottes Segen mit auf den Weg gegeben. Was für ein Hohn. Diese Priester waren nicht nur Mitwisser, nicht nur Unterstützer, sondern Teil dieser todbringenden Maschinerie. Ich reagiere ungehalten und weigere mich lautstark, diesen Toten Respekt zu zollen. Wutentbrannt ziehe ich meine Mutter nach draußen. Ich bin aufgebracht und verletzt und spüre fast körperlich den Schmerz und das Leiden, das immer noch diesen geschichtsträchtigen Ort beherrscht. Onkel Emma hat mein Temperament mittlerweile kennengelernt und bedeutet dem Guide, es gut sein zu lassen.

Wir fahren Richtung Accra zurück. In unser Schweigen hinein frage ich: »Musste auch unsere Familie unter dem Sklavenhandel leiden?«

»Wir vermuten es. Da die Sippen in Ghana sehr groß sind, ist davon auszugehen. Einige aus der Familie sagen, dass Vorfahren von uns, die aus Techiman stammen, einer Stadt hundert Kilometer nördlich von Kumasi, in Gefangenschaft geraten sind. Andere sollen von Mankessim aus als Sklaven über den Atlantischen Ozean nach Amerika verfrachtet worden sein.«

Als ich meine Mutter frage, ob sie uns noch in das Fischerdorf begleiten möchte, in dem die Frauen ihre Kinder verkauft haben sollen, winkt sie ab. Auch sie hat der Besuch der Sklavenburg mitgenommen, sie möchte lieber schon heute mit dem Taxi zurück nach Tema fahren und sich im Haus von Nana Ato Dadzie erholen. Wir suchen für sie nach einem geeigneten fahrbaren Untersatz und setzen unseren Weg fort.

Nach vierzig Kilometern erreichen Onkel Emma und ich das Fischerdorf Ekum Pa, das ob des modernen Sklavenhandels in die Schlagzeilen geraten ist

Als wir von der Hauptstraße abbiegen, wundere ich mich. Die Zufahrtsstraße zum Dorf ist asphaltiert – eine Seltenheit.

»Der Vizepräsident des Landes kommt aus dieser Gegend«, erklärt Onkel Emma, der meine Gedanken erraten hat. Noch ehe ich etwas darauf erwidern kann, ist die geteerte Straße abrupt zu Ende, und ein Sandweg schüttelt mich mit solcher Gewalt durch, dass ich Angst habe, mein Frühstück wieder von mir zu geben.

Wir parken das Auto am Ortseingang und gehen zu Fuß einen Weg entlang, aller Wahrscheinlichkeit nach die »Hauptstraße« des Dorfes. Es ist eher ein schmaler Pfad zwischen zwei Häuserreihen, hin und wieder taucht unvermittelt ein kleines Geschäft oder eine noch kleinere Bar auf. Die Gebäude sind aus Ziegeln, Lehm und Palmwedeln gefertigt. Frauen sitzen auf der Straße, manche lächeln und grüßen freundlich, andere laufen vor uns davon. Sie haben mit Fremden wohl schlechte Erfahrungen gemacht. Die letzten Besucher waren Journalisten oder Regierungsleute, die die Einwohner angeklagt haben, ihre Kinder zu verkaufen.

Onkel Emma ist immer noch bestürzt über diese Tatsache. »Ausgerechnet Fanti haben so etwas verbrochen«, sagt er mehr zu sich als zu mir, während wir weiter auf der »Hauptstraße« gehen. Sie führt direkt auf eine Kirche zu.

Das Gotteshaus hat einen roten Turm und ein rosafarbenes Kirchenschiff und steht in krassem Widerspruch zum Rest des Dorfes. Angesichts der ärmlichen Verhältnisse in Ekum Pa erscheint sie wie eine Entgleisung.

Ich möchte mich unbedingt bei jemandem über den Verkauf der Kinder informieren. Onkel Emma bringt in Erfahrung, dass ich dazu erst den Häuptling des Ortes, Nana Korsah, um Erlaubnis bitten muss. Bevor ich wiederum mit ihm sprechen darf, habe ich mich bei seinem Vertreter zu melden, denn er allein erteilt die Genehmigung für eine solche Unterredung. Das klingt nach sehr vielen Cedis, die ich hier in den nächsten Stunden auch tatsächlich loswerde.

Als Onkel Emma nach dem Vertreter des Häuptlings fragt, zeigt eine ältere Frau mit dem Finger in Richtung eines Seitenweges. Wir biegen in den Pfad ein, und da sehen wir ihn auch schon. Er hat es sich im Liegestuhl vor seiner Hütte im Schatten bequem gemacht, sein Oberkörper ist nackt. Offenbar ist er der einzige Mann im Ort, der heute nicht arbeiten muss.

Wir gehen auf ihn zu, um ihn zu begrüßen. Er steht nicht auf, genaugenommen tut er so, als ob ich gar nicht da wäre, und verzieht auch keine Miene, als ich ihm mein Anliegen vortrage.

Bevor ich etwas Unüberlegtes sagen kann, ergreift Onkel Emma das Wort. Er redet insgesamt zwanzig Minuten in Fanti auf den Mann im Liegestuhl ein. Mit Erfolg, denn auf einmal zieht der Häuptlingsvertreter ein Kente-Hemd über und macht eine Handbewegung, die wohl bedeutet, dass wir mitkommen sollen. Dabei wirkt er so motiviert wie ein Beamter, den man in seiner Mittagspause gestört hat.

Nana Korsah will mich im Innenhof des Versammlungsgebäudes empfangen, wie der Stellvertreter uns zu verstehen gibt, nachdem er in einem dunkelrot gestrichenen Gebäude verschwunden ist. Wir sollen Platz nehmen, erst dann werde der Nana in Erscheinung treten. Als der Chief nach einer Weile aus dem Haus tritt, sehe ich einen gut aussehenden Mann um die vierzig, sein Körper wirkt gestählt, als trainiere er für die nächsten Olympischen Spiele. Er trägt ein hellgelbes Polo-Shirt und eine grüne Hose, dazu Flip-Flops. Als er zu sprechen anfängt, vernehme ich ein perfektes Englisch.

»Ich habe viele Jahre mit meiner Frau und meinen Kindern in Accra gewohnt«, sagt er. »Aber nach dem Skandal um die verkauften Kinder bin ich in mein Heimatdorf zurückgekehrt, um hier einige Dinge zum Besseren zu wenden.«

Die Täter hat er schon ausgemacht. Es sind die Medien, die Regierung und die NGOs, also regierungsunabhängige Hilfsorganisationen wie die Unicef, die Schuld an der Misere tragen. »Die Medien haben den Ort an den Pranger gestellt«, wettert er. »Die NGOs haben viel versprochen und nichts gehalten.«

Da er mein Interesse nicht einordnen kann, lehnt er meine Bitte um Gespräche mit Dorfbewohnern rundweg ab. Ich bin enttäuscht. Er zuckt bedauernd mit den Schultern, spielt mit seinem goldenen

Ring, den eine Schildkröte ziert (den gleichen trug auch der Nana in Kuntu), wiegt den Kopf hin und her. Wenn ich allerdings bereit wäre, 200 000 Cedis, also umgerechnet 15 Euro zu bezahlen, dann wäre es vielleicht möglich. Ich könnte dann mit seinem Stellvertreter durch den Ort gehen und mit den Leuten reden.

Die ganze Litanei zuvor war wieder einmal nur Taktik gewesen. Eigentlich dürfte ich darauf nicht mehr reinfallen.

Ich seufze und hole das Geld aus meiner Tasche. Onkel Emma wickelt es in ein weißes Blatt Papier und übergibt es gemeinsam mit der Flasche Schnapps – wir hatten sie wohlweislich zuvor in einer der Bars erstanden – an den Stellvertreter.

Wenig später machen wir einen Rundgang durch das Dorf. Am Brunnen steht eine Frau mit einem roten Tuch auf dem Kopf und zieht eine schwarze Plastiktüte nach oben, die mit Wasser gefüllt ist. Den Inhalt gießt sie in einige bereitgestellte Plastikeimer. Ich sehe ihr eine Zeit lang zu, mit uns sprechen will sie nicht.

In einem der unverputzten Ziegelhäuser blickt ein Mann aus dem Fenster, das keine Scheibe hat. In der Hand hält er einen zerbrochenen Spiegel, mit der anderen Hand rasiert er sich so gut es geht. Wir gehen weiter, denn ich habe das Gefühl, dass dieser Mann ebenfalls nicht zu einem Gespräch bereit ist. Wir kommen nun an frisch gewaschener Wäsche vorbei, die zum Trocknen im Sand ausliegt. Kinder in zerrissenen Unterhosen spielen barfuß Fangen. Immer wieder treffe ich auf Frauen, die schwere Lasten auf dem Kopf tragen, große Aluminiumschüsseln, die mit Wasser, Ästen oder Yam-Wurzeln gefüllt sind.

Wir machen uns auf den Weg zur Lagune, dort träfe ich auf Kinder, so hat man uns gesagt, die nicht zur Schule gehen können, weil sie für die Familie Krebse sammeln müssen. In dem Fluss, der ins Meer führt, soll es Krokodile und Schlangen geben.

Ein zahnloser Fischer mit wettergegerbtem Gesicht und weißem Bart kommt mir entgegen. Er trägt eine Tasche auf der Schulter, gewoben aus zerschnittenen bunten Plastikstreifen. Ich darf hineinschauen. Lauter kleine, silbrig glänzende Fische zucken darin herum.

Wir gehen weiter, bis wir zu einer Lichtung gelangen – vor uns liegt der Fluss. Mäanderförmig zieht er sich kilometerweit ins Land, an seinen Ufern steht das Gras einen halben Meter hoch. Es ist ein Anblick wie auf einer Postkarte. Der schönste Platz der Welt inmitten größter Armut. Es ist das Bild von Ghana, das sich in mein Gedächtnis einzuprägen beginnt. Ein Land der Gegensätze, landschaftlich, gesellschaftlich, überhaupt.

Kaum sehen mich die Kinder, die dort im Fluss arbeiten, kommen einige von ihnen angerannt. Sie sind zwischen drei und zehn Jahren alt. Manche von ihnen sind nur mit abgewetzten Shorts bekleidet, die Mädchen tragen zerschlissene Kleider mit nicht mehr funktionierenden Reißverschlüssen. Alle haben dieselben, fast kahl geschorenen Köpfe, man kann die Mädchen oft nur an den gestochenen Ohrlöchern erkennen.

Sie lächeln, fassen mich an. Auch für sie bin ich eine *obruni*, eine Weiße. Sie blicken neugierig auf meine Haut, vergleichen sie mit ihrer. Ein Mädchen, kaum drei Jahre alt, in einem blaurot gemusterten Kleid, ergreift meine Hand und weicht in der nächsten Stunde nicht mehr von meiner Seite. Ein anderes, vielleicht sechs Jahre alt, trägt im Tragetuch ein Baby auf dem Rücken.

Ich begleite sie zum Ufer des Flusses, wo weitere Kinder mit Plastikeimern ausgestattet durch das hohe Ufergras ziehen und mit der bloßen Hand nach kleinen Flusskrebsen und Krabben fischen. Einige Frauen waschen sich nicht weit von ihnen entfernt die Haare, ziehen ihre Wäsche durch das Wasser, manche baden. Sie gehen komplett bekleidet ins Wasser.

Ich versuche mit diesen Frauen ins Gespräch zu kommen, doch sie geben sich wortkarg und beschwichtigend. Sklavenarbeit? Natürlich habe es das gegeben, aber das sei schon lange her. Nun seien alle Kinder aus dem Ort wieder zurück und glücklich.

Enttäuscht gehe ich an der Seite von Onkel Emma wieder ins

Dorf. Was hatte ich eigentlich gehofft herauszufinden? War es reiner Reflex? Sprach da in mir die Fernsehfrau, die einer anzuklagenden Sache auf den Grund gehen wollte? Wollte ich auch die Schattenseiten meiner zweiten Heimat intensiver kennenlernen? Oder berührte mich das Schicksal der Kinder so sehr, weil ich bald selbst eines zur Welt bringen werde?

Es wird langsam dunkel. In Ekum Pa gehen die Lichter an. Nicht alle Häuser haben Strom, das wird durch die einbrechende Nacht sichtbar. Die Glühbirnen in den einzelnen Räumen sind schwach und tauchen den Ort in ein weiches gelbes Licht. Die Armut wird dadurch unsichtbar. Offene Feuerstellen leuchten rot, über ihnen hängen bauchige Kessel, in denen Eintöpfe köcheln. Rauchschwaden ziehen durch das Dorf und verstärken den leicht surrealen Eindruck. Ich merke, dass ich seit Stunden nichts mehr gegessen habe. Neben mir auf dem Boden bearbeitet eine Frau mit einem Holzmörser Mais. Sie bereitet gerade *kenkey* zu. Ich verabschiede mich beim Nana. Wir sollen nicht vergessen, Ekum Pa zu helfen, gibt er mir am Schluss zu verstehen.

»Was passiert mit den 200 000 Cedis?«, frage ich Onkel Emma, während wir uns auf den Weg zu seinem Toyota machen. »Kommt das Geld den Bewohnern von Ekum Pa zugute?«

Er zuckt mit den Achseln. »Ich weiß es nicht.«

Ich gebe mich mit dieser Antwort nicht zufrieden. »Du hast doch zumindest eine Ahnung davon, was damit passiert.«

»Ich bezweifle, dass es verwendet wird, um jemandem damit zu helfen«, meint er nach einer Weile.

An der »Hauptstraße« entdecken wir einige schwach beleuchtete kleine Stände, die in der Zwischenzeit aufgebaut worden sind. Auf Bananenblättern sind kleine Mahlzeiten ausgebreitet. Alles liegt offen da, nichts ist abgedeckt. Fliegen und Mücken können sich reichlich bedienen und nutzen die günstige Gelegenheit.

Bevor ich ins Auto einsteige, bedanke ich mich beim Stellvertreter des Dorfhäuptlings für seine Bemühungen, wie auch immer sie ausgesehen haben mögen. Als ich ihm ins Gesicht blicke, erkenne ich, dass ein Händedruck wohl nicht reichen wird. Ich hole also ein weiteres Mal mein Portemonnaie hervor und zähle Geld. Als ich bei 40 000 Cedis aufhöre, zieht er ein Gesicht wie ein Kind, das Spinat essen muss. Doch ich will ihm nicht mehr geben und nehme in Kauf, dass unsere nie begonnene Freundschaft hier und heute endet. Für ein Leben im Liegestuhl müssen 40 000 Cedis reichen.

12

Eine Ziege zum Abschied

Wir fahren mit dem Auto nach Kuntu, die letzten Tage in Ghana sind angebrochen. Ich will mir noch einmal die Schule ansehen, in die mein Daddy ging, und mir Gedanken darüber machen, wie ich mit Geld helfen könnte. Nach all meinen bisherigen Erfahrungen mit Bestechung, Korruption und den vielen Händen, die hier so aufgehalten werden, habe ich Angst, dass die Spenden in falsche Kanäle fließen könnten oder denen zugutekommen, die ohnehin schon ausreichend haben. Ich brauche für mein Vorhaben eine absolute Vertrauensperson, die gute Kontakte hat, alles managt und erst Geld auszahlt, wenn die Arbeit tatsächlich erledigt ist.

»Könntest du dir vorstellen, bei einer Foundation mitzuarbeiten, einer Stiftung für die Kinder in Kuntu?«, frage ich Onkel Emma. »Du müsstest dann hin und wieder dorthin fahren und nach dem Rechten sehen.«

Ich bin glücklich, als er ohne Umschweife »Ja« sagt, dann fügt er noch den Satz hinzu: »Wir haben damit längst angefangen.«

Ich sehe ihn irritiert an.

»Lass dich überraschen.«

In Kuntu stellen wir das Auto wieder kurz nach dem Ortseingang ab. Über ausgewaschene Wege steigen wir den Hügel hinauf zur Schule. Vor dem Gebäude sehe ich viele Schüler, sie halten Metalldosen in den Händen, in die sie Steine sammeln. Sobald eine voll ist, werfen sie den Inhalt auf einen Haufen. Es ist schon ein ansehnlicher Berg zusammengekommen.

»Was machen die Kinder da?«, frage ich Onkel Emma.

Er antwortet nicht, sondern zeigt auf das Dach. Ich kann im ersten Moment nichts erkennen, weil mich die Sonne blendet, dann wird das Wunder sichtbar: Es ist repariert.

»Ich habe dein Entsetzen und das Unverständnis in deinem Blick bemerkt, als wir zuletzt hier waren«, sagt er.

Das stimmt. Was ich nicht ahnen konnte: Onkel Emma hat Kofi, den Lehrer, beiseitegenommen, während ich mir die Schule genauer ansah. Er sagte ihm, dass er die Kosten für die Reparatur übernehmen wolle.

Jetzt erfahre ich, dass die Arbeiten nur 350 000 Cedis gekostet haben, nicht einmal 35 Dollar. Später werde ich sie Onkel Emma zurückgeben, ohne dass er sich verletzt fühlt. Ich weiß, dass er nicht so viel Geld hat.

»Aber ich verstehe noch immer nicht, was die Schüler mit den Steinen anstellen wollen.«

»Nachher holen sie noch Sand vom Strand«, erklärt Kofi, der zu uns getreten ist. »Das Ganze wird mit Wasser zu einer Art Zement verrührt. Damit wird das Dach zusätzlich abgedichtet, das ist bislang nicht geschehen.«

Die Kinder grüßen wieder im Chor: »Good morning madam! How are you today?«

»Fine. And how are you?«, frage ich zurück und erhalte das strahlendste Lächeln der Welt als Antwort.

Immerhin ist der Anfang mit dem Dach gemacht, denke ich. Allerdings muss noch viel passieren, als Nächstes müssen die sanitären Anlagen in Ordnung gebracht werden.

Auf dem Weg zurück zum Toyota nehme ich den Pfad, der durch die Häuserreihen führt. Ich sehe nirgendwo Männer, sie fischen entweder am Meer oder im Westen Ghanas, wo sie aufgrund besserer Fangmöglichkeiten mehr verdienen können.

Morgen werde ich den Nana des Ortes treffen, Kwesi Brebo. Ich will mich bei ihm bedanken, dass er mich zur Bürgerin Kuntus ernannt und mir ein Stück Land geschenkt hat.

»Ein bloßes Händeschütteln wird nicht reichen«, warnt mich Onkel Emma. »Er will mit Sicherheit Geld.«

»Wie viel?«, frage ich.

»500 000 Cedis.«

Ich seufze und überlege zugleich, wie man das Thema Entwicklungshilfe anders anpacken könnte. Darüber haben sich gewiss schon viele Menschen den Kopf zerbrochen, ich werde in dieser Hinsicht wohl kaum neue Ideen einbringen können.

Weil ich nicht so viel Bargeld bei mir habe, frage ich Onkel Emma, ob er mich zur Bank nach Cape Coast fahren könne. Wie immer nickt er freundlich. Könnte er mir überhaupt etwas abschlagen?, überlege ich.

In der Bank läuft die Klimaanlage auf Hochtouren. Als ich mich am Schalter anstelle, bin ich innerhalb weniger Sekunden ein Eisklotz. Ich möchte 500 Dollar in Cedis wechseln. Der Bankbeamte drückt mir ein Bündel Scheine in die Hand, das ich kaum umfassen kann. Ich stopfe es in eine kleine Plastiktüte. So viel Geld passt nicht in meine Geldbörse.

Als wir nach Mankessim fahren, wo wir übernachten wollen, erzählt mir Emma, dass die Straße, auf der wir gerade sind, von Japanern gebaut worden sei.

»Wie ist es dazu gekommen?«, frage ich.

»Die japanische Regierung hatte der ghanaischen Geld für den Straßenbau zugesichert«, erklärt Onkel Emma. »Ghana hat daraufhin den Bauauftrag einer japanischen Firma erteilt. Das war der Deal.«

So ist die Wertschöpfung im Land wieder gleich null. So funktioniert Entwicklungshilfe!

»Warum gibt die ghanaische Regierung den Bauauftrag nicht an eine einheimische Firma weiter?«

»Weil sich der ghanaische Bauunternehmer von dem Geld erst mal einen neuen Mercedes kaufen würde. Dann würde er sich ein neues Haus bauen und drei weitere Frauen heiraten. Von einer Straße würden wir hier nichts sehen. So läuft das in Afrika!«

Ich schüttle den Kopf.

»*We are the creators of our own poverty*«, sagt Onkel Emma nur. »Wir sind die Schöpfer unserer eigenen Armut.«

Auch wenn er möglicherweise recht damit hat, es fällt mir schwer, das anzunehmen.

Ich sitze gerade beim Frühstück in unserem Hotel in Mankessim, als Jennifer auf meinem Handy anruft. Sie will nur wissen, wie es mir geht.

»Jenny, kannst du mir einen Gefallen tun?«, frage ich sie.

»Gern.«

»Heute Abend ist doch das Abschiedsessen. Kannst du mir eine Ziege besorgen? Wir hätten dann schönes Grillfleisch.«

Nach zehn Minuten meldet sich Jennifer wieder. Alles ist organisiert. Sie ist wirklich eine perfekte Managerin.

Wenig später bin ich mit Onkel Emma auf dem Weg zum Privathaus von Kwesi Brebo, dem Nana von Kuntu. Er wohnt in Saltpond und hält sich nur an den Wochenenden in Kuntu auf. Sein Haus befindet sich in einem ärmlich wirkenden Viertel. Die Kanalisation liegt offen und verschmutzt da. Wohin ich auch blicke, überall entdecke ich nichts als Gestrüpp, ganze Häuserzeilen bestehen einzig aus Ruinenresten.

In Ghana wird kaum etwas restauriert. Aber es wird auch nicht abgerissen, was alt ist, sondern es verfällt und vermodert. Man baut sich lieber ein neues Haus und lässt das nicht mehr bewohnbare einfach stehen.

Das Gebäude, in dem der Nana wohnt, ist sehr einfach und hat eine rote Außenfassade. Der Innenhof ist komplett zementiert, nirgendwo gibt es Blumen. Mitten in der prallen Sonne sitzt eine

Frau auf einem Stuhl. Als sie uns sieht, ruft sie laut ins Innere des Hauses, um uns anzukündigen.

Dann führt sie uns ins Wohnzimmer, einen kleinen Raum mit seltsam rosafarbenen und blauen Wänden und einem Linoleumboden mit angedeutetem Kachelmuster. Ich erkenne eine Gefriertruhe und auf einem Tisch einen Computer, wohl aus den Achtzigerjahren. Der Nana scheint eine Vorliebe für technische Geräte zu haben, denn es gibt auch einen Fernseher, einen Ghettoblaster mit Doppelkassettendeck und einen DVD-Player. Die Fernbedienungen für alle drei Geräte liegen fein säuberlich aufgereiht auf dem Wohnzimmertisch.

Der Raum ist voll von Menschen, die von dem Nana offenbar etwas möchten – oder er von ihnen. Der Sprecher des Nanas geht nun vor die Tür und vollführt das bekannte Schnappsritual, um für mich um eine gute Heimreise zu bitten. Ich soll mich auf einen eilig herbeigetragenen Plastikstuhl setzen. Sobald ich Platz genommen habe, wendet sich der Nana mir zu. So, als wären über Nacht alle Rituale abgeschafft worden, beginnt er höchstpersönlich mit mir zu sprechen, kümmert sich nicht im Geringsten darum, dass sein Sprecher in Hörweite steht und dies eigentlich sein Job ist. Plötzlich überreicht mir der Nana seine private E-Mail-Adresse. Was für ein merkwürdiger Kontrast zu all den verfallenen Häusern, der schlechten Kanalisation, der Armut ringsum. In Gedanken zähle ich die Cedis in meiner Tasche und überlege, ob ich für diese spezielle Form des Entgegenkommens genug Geld eingesteckt habe. Aber als Onkel Emma den Sprecher nach den Cedi-Gaben fragt, erhält er eine verblüffende Antwort: »Nein, kein Geld!«

Nach der Verabschiedung möchte ich noch das WC aufsuchen, die Fahrt bis Tema ist noch lang. Ich frage eine Frau nach dem Weg. Sie murmelt entschuldigend: »*Ghanaian toilet.*« Ich ahne Schlimmes – und meine Befürchtungen bewahrheiten sich. Die Frau führt mich hinter eine kleine Wand, es existiert keine Tür, nur ein Loch im Boden, kein Papier, kein Wasser. Als ich wieder aus dem Verschlag heraustrete, deutet die Frau auf einen kleinen Plastikeimer. Hier soll ich mir die Hände waschen. Sie holt Wasser aus einem anderen, größeren Eimer und gießt es mir über die Hände.

Ich bedanke mich bei ihr, und wir gehen zum Auto, um nach Tema zurückzufahren. In den vergangenen Tagen hatte ich immer den grün-goldenen Stoff aus dem Koffer meines Vaters bei mir. Ich lege ihn auf meinen Schoß. Ich brauche die Nähe, seine Nähe.

Nana Ato Dadzie und meine Mutter unterhalten sich im Garten, als Onkel Emma und ich in Tema ankommen. Ich freue mich, die beiden wiederzusehen, aber auch alle anderen Familienmitglieder, die sich schon für das Fest versammelt haben.

Jennifer hat eine neue Frisur. Die Perücke – ich habe also richtig vermutet – hat sie abgelegt und stattdessen die Haare geglättet, aus der Stirn gekämmt und zu einem Pferdeschwanz geknotet – genau wie ich. Jetzt erkennt man ihre hohe Stirn und sieht auch, dass wir uns ähnlich sehen, dass wir Geschwister sind. Meine Baby Sis ist nur ein bisschen afrikanischer als ich und hat eine dunklere Hautfarbe, so dunkel und schön wie Ebenholz.

Nachdem wir uns alle umarmt haben, bemerke ich, dass es schon herrlich nach Ziege duftet. Als ich hinaustrete, erblicke ich meinen Cousin Eko, den Reverend, der am Grab meines Vaters geredet hat, mit seiner Frau Franziska, meine Großeltern, die Colemans mit ihrem Sohn Kuuku, meinen Cousin Atu und viele Freunde von Jennifer und von Nana Ato Dadzie.

Die Stimmung ist fröhlich, und ich bedanke mich bei allen für die liebevolle Aufnahme von meiner Mutter und mir in den vergangenen Wochen.

Alle warten nun darauf, das ich mir als Erste von der Ziege nehme. Sie schmeckt sehr gut, ist jedoch leider etwas zäh. In Ghana wird das Fleisch immer durchgebraten. Während die anderen noch essen, blicke ich hinauf in den Sternenhimmel. Um mich herum höre ich wie von ferne das Klirren von Gläsern, höre, wie sich die Menschen unterhalten. Alles wirkt sehr friedlich und harmonisch, so als wäre es nie anders gewesen. Nur ich bin eine andere geworden, ich, die Tochter meines Vaters. Ich muss daran denken, wie mich meine afrikanische Familie mit der größten Selbstverständlichkeit aufgenommen hat, wie sie mich mit all ihrer Liebe – man kann es nicht anders sagen – vereinnahmt hat.

Nie haben sie sich Gedanken darüber gemacht, dass ich mich fremd fühlen könnte, dass ich aus Europa komme und eine Europäerin bin. Für sie bin ich eine Tochter oder eine Schwester, die endlich nach Hause gekommen ist. Dafür haben sie gebetet, und Gott hat sie erhört. Für sie gehöre ich hierher. Ich kann auch wieder weggehen, wie ich auf diesem Abschiedsfest erfahre. Keiner drängt mich, hierzubleiben, in ihrem unerschütterlichen Glauben gehen sie davon aus, dass ich wiederkommen werde. Sie sind stolz darauf, dass sie mich bei sich haben können, so wie sie davon ausgehen, dass auch ich stolz bin, eine Ghanaerin zu sein.

Als ich mich auf die Suche nach meinem Vater machte, wusste ich nicht, wohin mich diese Reise führen würde. Mosaiksteinchen für Mosaiksteinchen habe ich zusammengefügt und habe endlich ein Bild von meinem Vater. Wenn mich heute jemand nach ihm fragt, werde ich etwas über ihn erzählen können, was mir vorher nicht möglich war, über seinen Charakter, über seinen beruflichen Werdegang, über seine Schwierigkeiten, verschiedene Welten in sein Leben zu integrieren. Der Charmeur, der Filou hat sich bestätigt, aber dies war nur eine Facette seiner Persönlichkeit, viele andere haben ihn weitaus mehr geprägt. Wofür ich ihn am wenigsten gehalten habe, das hat sich am meisten bestätigt: Er hat sich mir als Familienmensch offenbart.

In der Garagenauffahrt wird eine improvisierte Tanzfläche eingerichtet. Der DJ spielt typische ghanaische Musik, Highlife Musik. In allen Clubs und Bars, aber auch im Radio vernimmt man diesen speziellen Sound aus Jazz und traditioneller Musik, kombiniert mit westlichen Einflüssen.

Ein Freund von Jennifer fordert mich zum Tanzen auf. Ich will erst nicht, sage, dass ich noch nie zu einer solchen Musik getanzt habe. Doch er lacht nur und zieht mich auf die Tanzfläche. Später macht er mir ein Kompliment: »Du hast den Rhythmus im Blut.«

Kurz darauf bitten mich Grandpa und Grandma zu sich. Ich werde sie am morgigen Tag nicht mehr sehen, deshalb soll ich schon jetzt ein Abschiedsgeschenk von ihnen erhalten: ein rotes Tischtuch mit prachtvollen Kente-Verzierungen. Die ersten Verwandten gehen, es wird immer stiller im Garten. Stiller auch in meinem Herzen.

Weit nach Mitternacht fängt es an zu tröpfeln. Es ist Regenzeit – wir gehen ins Haus. Jenny schenkt mir ghanaischen Wandschmuck. Es sind zehn aus Holz geschnitzte Vögel mit langen Hälsen, auch eine Zeichnung ist dabei, die ausdrücken soll, was ich fühle: »Kehre zu deinen Wurzeln zurück.«

Am nächsten Morgen sind Jennifer und ich als Erste wach. Sie hilft mir beim Packen, alles geht automatisch, als hätten wir es tagelang geübt. Am Anfang lachen wir beide noch, dann befällt meine Schwester eine tiefe Traurigkeit – wir beide müssen weinen.

»Es ist kein Abschied für immer, Baby Sis«, sage ich leise zu ihr. Aber es hilft nicht, die Tränen fließen weiter.

Meine Mutter kommt ins Zimmer, ihr Gesicht hat wieder eine rosige Farbe angenommen. Sie verwandelt sich wieder zurück in die Frau, die ich kenne. Sie freut sich, wieder nach Wien zu fliegen, das ist nicht zu übersehen.

Nach einem ausgiebigen Mittagessen fahren meine Mutter, Onkel Emma, Jennifer und ich zum Flughafen. Im Auto sagt keiner ein Wort. Alle starren aus dem Fenster, als könnte man da draußen etwas Wichtiges verpassen.

Als wir den Flughafen erreichen, weigert sich meine Schwester, uns ins Gebäude zu begleiten. Jenny versteckt sich hinter einer Säule. Sie will nicht, dass ich ihre Tränen sehe. Sie will mir den Abschied nicht noch schwerer machen.

Dann betrete ich die Abflughalle.

Die ersten Schritte gehe ich ganz langsam, als hoffte ich, dass mich jemand an der Schulter packt und mich aufhält. Dann werde ich schneller und immer schneller. Aber keiner ruft mich. Ich trage eine Sonnenbrille.

Ich will nicht, dass man meine Augen sieht. Ich blicke auf den Boden, so, als müsste ich darauf achten nicht zu stolpern. Aber da ist kein Hindernis. Meine Mutter geht zielstrebig voraus, in ihren Gedanken scheint sie schon in Europa zu sein.

Onkel Emma sagt kein Wort. Er hat unser Gepäck auf einen Wagen geladen, den er vor sich herschiebt, als wollte er einfach nur im Supermarkt einkaufen.

Meine Mutter und ich stellen uns in der langen Schlange vor dem Abfertigungsschalter im Flughafen an. Wir sind viel zu früh da, doch das macht nichts. Ich will alles möglichst schnell hinter mich bringen.

»Onkel Emma«, sage ich. »Können wir bitte sofort voneinander Abschied nehmen?«

Er sieht mich fragend an. »Eure Maschine geht doch erst in vier Stunden.«

»Ich weiß«, antworte ich. Aber er hat mich verstanden.

Ich stelle mein Handgepäck auf den Boden, drehe mich zu ihm um und falle ihm wortlos in die Arme. »Danke«, stammele ich. »Danke, dass du uns geholfen hast.«

»Ich habe dir und deiner Mutter nur die Wege gezeigt«, sagt er. »Gegangen seid ihr sie allein. Ich hoffe, du hast gefunden, was du gesucht hast.«

»Ich habe mehr erfahren als erwartet«, antworte ich. »Und viel gelernt. Über Ghana, meine Familie und mich. Afrika wird immer ein Teil von mir sein, das weiß ich jetzt.« Onkel Emmas Gesicht hellt sich auf. »Ohne dich hätte ich das nie geschafft«, sage ich.

»Ich war es deinem Vater schuldig«, antwortet er. »Ich habe es geahnt, dass du einmal kommen wirst. Ich habe mich auf diesen Tag lange gefreut, und nun ist die Zeit so schnell vergangen. Kaum hast du afrikanischen Boden betreten, verlässt du ihn auch schon wieder.«

»Im Herzen werde ich Afrika nie mehr verlassen«, erwidere ich. »Es gehört zu mir. Das Leben meines Vaters war für mich bisher eine unentdeckte Welt. Jetzt bin ich das erste Mal ein kleines Stück in sie vorgestoßen. Ich weiß, dass ich noch einen weiten Weg vor mir habe. Aber ich will mich aufmachen, ihn zu gehen.«

»Araba, ich hoffe, dass wir uns bald wiedersehen«, sagt Onkel Emma.

Er löst sich aus meiner Umklammerung, um meiner Mutter Lebewohl zu sagen. Dann verlässt er das Flughafengebäude, ohne sich noch einmal umzudrehen.

Wir sehen ihm nach und ich nehme meine Mutter in den Arm, drücke sie fest an mich. »Ich habe meine Mission erfüllt«, sagt sie zu mir. »Die Reise hierher war sehr wichtig. Auch für mich. Ich habe dich endlich deinem Vater zugeführt. Nach Ghana werde ich nie wieder zurückkehren. Dieses Kapitel meines Lebens ist nun beendet.«

Für mich dagegen fängt es erst an. Schließlich kenne ich meine Familie großväterlicherseits noch gar nicht. Das sollen auch noch mal zweihundert Tanten, Onkel, Cousins und Cousinen sein.

Brief an mein Kind

Vier Monate sind seit der Reise nach Ghana vergangen. Vier Monate, um das Erlebte zu verarbeiten. Vier Monate, in denen ich Kontakt zu meiner neuen Familie hielt. Zu Jenny, zu Baba, zu Grandma und Grandpa, zu Onkel Emma. Vier Monate, in denen das neue Leben in mir weiter wachsen konnte. Mein Bauch hat sich gerundet, ich spüre, wie das kleine Wesen, unser Kind, lebendig ist. Und ich weiß, dass es anders aufwachsen wird als ich. Dass ich ihm die schmerzliche Sehnsucht nach der fehlenden Hälfte, wie ich sie erlebte, ersparen will.

Es hat, genau wie ich vor achtunddreißig Jahren, den afrikanischen Teil seiner Heimat schon jetzt kennengelernt: unbewusst, durch die schützende Membran meines Körpers. Aber es wird ihn, anders als ich, nicht verloren haben, wenn es das Licht der Welt erblickt. Afrika wird von Beginn an Teil seines Lebens sein. Denn es steht in einer Tradition, die lange zurückreicht. »Asereba« ist der dritte Name, den meine Eltern mir gaben. Es war der Wunsch meines Vaters, nachdem meine Mutter mir mit Arabella – La belle arabe, die schöne Araberin – bereits einen Namen mit auf den Lebensweg gab, der mich zwischen zwei Kulturen einordnete. Asereba, das war der Name meiner ghanaischen Großmutter. Sie war, wie Onkel Emma mir auf meiner Reise erzählte, aus der Art geschlagen – ähnlich wie ich, nur auf etwas andere Weise. Anders als in den meisten afrikanischen Familien warteten meine Urgroßmutter und mein Urgroßvater viele Jahre auf ein Kind. Als es sich endlich ankündigte und auf die Welt kam – das einzige Kind, das die beiden inmitten all der afrikanischen Großfamilien je hatten –, nannten sie es als Ausdruck ihres Glücks und ihrer Sehnsucht Asereba: »Was wir uns gewünscht haben.«

Indem er mir diesen Namen gab, hat mein Vater eine Brücke geschlagen. Eine Brücke über die Zeiten, eine Brücke zwischen zwei Kontinenten, eine Brücke aber auch zwischen zwei Kulturen. Zugleich ist sie Ausdruck seiner Liebe zu mir– auch wenn er schon bald aus meinem Leben verschwand.

Diese Liebe soll mein Kind – eine Tochter – auf ihrem Lebensweg begleiten. Es ist eine Liebe, die ich in Ghana im Übermaß erfahren habe. Und zugleich eine Liebe, der es gelingen kann, das, was für mich lange Zeit eine Zerrissenheit zwischen zwei Welten war, das, was mir im Leben fehlte, zu überwinden. In Ghana eine obruni, eine Weiße, hier bei uns eine Farbige, eine Schwarze. In beiden Kulturen verwurzelt zu sein, das weiß ich seit meiner Reise zu meiner afrikanischen Familie, muss kein Schmerz, sondern kann das genaue Gegenteil sein: ein Gewinn. Ein Mehr an Wissen, ein Mehr an Erfahrung, ein Mehr an Familie. Reicher kann das Leben einen nicht beschenken. Die Offenheit, dieses Geschenk anzunehmen, das will ich, das wollen wir unseren Kind vermitteln.

Asereba – was wir uns gewünscht haben. Akwaaba wo wiadze akɔ aprow ebaa si – willkommen auf dieser Welt. M'ekyeri nnk ye no, ono nye me wiadze ɔbra fofor n'ahyasie. Dzi ma me ba, me mi na henyinara – ein Kreis hat sich geschlossen. Das Schließen dieses Kreises, die Versöhnung mit den Wurzeln, ist der Beginn eines neuen Lebens: für mein Kind, für mich, für uns.

Urgroßvater
James Alfred Coleman (Kwesi Mensah
geboren in Kuntu
Großmutter
Mary Coleman (Asereba)
†
Großonkel
W.F.K. Coleman
(Nana Kobina Kesse) †
4 Kinder, davon eines †
Ama Adoma
Takoradi
10 Kinder,
davon eines †
Vater
Sammy
Amissah †
6 Kinder,
davon zwei †
Kwesi Ahrin
†
6 Kinder
Araba
Kwakyewa
USA
6 Kinder
Aba
Okyerewa
4 Kinder,
davon eine
Comfort
Ama Amissah
†
Ida Nana Esi
Amissah
†
Ruth Barbara Nana
Aba Amissah
48